■中国城市科学研究系列报告

U0366011

中国智慧城市发展报告
2018

中国城市科学研究会　编

中国城市出版社

图书在版编目（CIP）数据

中国智慧城市发展报告.2018 / 中国城市科学研究
会编.—北京：中国城市出版社，2020.5
（中国城市科学研究系列报告）
ISBN 978-7-5074-3280-0

Ⅰ.①中…　Ⅱ.①中…　Ⅲ.①现代化城市—城市建设
—研究报告—中国—2018　Ⅳ.①C912.81

中国版本图书馆 CIP 数据核字（2020）第 067630 号

责任编辑：宋　凯　张智芊
责任校对：王　瑞

中国城市科学研究系列报告

中国智慧城市发展报告2018
中国城市科学研究会　编
*

中国城市出版社出版、发行（北京海淀三里河路9号）
各地新华书店、建筑书店经销
逸品书装设计制版
天津安泰印刷有限公司印刷
*

开本：787×1092 毫米　1/16　印张：14　字数：272千字
2020年6月第一版　　2020年6月第一次印刷
定价：**45.00**元
ISBN 978-7-5074-3280-0
（904263）

编委会成员名单

前　言

　　智慧城市建设是我国新型城镇化的重要内容，是利用大数据、云计算、物联网、互联网及人工智能等多种信息技术集成应用于城市发展的创新路径，是实现城市经济转型、精细化管理、优化服务的重要途径。自 2012 年住房和城乡建设部开展国家智慧城市试点工作以来，智慧城市已经从概念探讨、理论研究阶段前行到了目前全面落地实施及部分运行管理的阶段，许多城市将智慧城市明确写入了本地"十三五"规划纲要及政府工作报告。2016 年 2 月 6 日《中共中央　国务院关于进一步加强城市规划建设管理工作的若干意见》中明确提出推进城市智慧管理，强调"加强城市管理和服务体系智能化建设，促进大数据、物联网、云计算等现代信息技术与城市管理服务融合，提升城市治理和服务水平。加强市政设施运行管理、交通管理、环境管理、应急管理等城市管理数字化平台建设和功能整合，建设综合性城市管理数据库。推进城市宽带信息基础设施建设，强化网络安全保障。积极发展民生服务智慧应用。到 2020 年，建成一批特色鲜明的智慧城市"。

　　截至目前，各地智慧城市重点项目建设已经逐渐从基础设施建设转向重点应用领域智慧化发展阶段。经过几年的探索与实践，一系列智慧化应用场景：如"互联网＋电子政务""无人驾驶""智慧支付""智慧出行""智慧物流"等已经成为现实，大大提升了政府管理效能，提高了企业生产经营水平，为居民生活带来便捷。

　　智慧城市的建设和发展是一项长期而复杂的工作，是城市管理者"政、产、学、研、用、资"各方面充分协调、充分利用、充分融合发展的过程。《中国智慧城市发展报告（2012—2013 年度）》首次出版以来，报告按年度陆续发布，细述年度智慧城市的建设和发展情况，对智慧城市的重点发展领域和重点建设项目进行了详细的介绍，对智慧城市的运营和投融资体系进行了深入的阐述，同时对智慧城市的专项探索和指标体系也进行了系统的描述和阶段回顾，阐述了社会各界关于智慧城市试点工作以来的智慧城市发展路径和建设成效的观点和实践探索。《中国智慧城市发展报告 2018》共分为综述篇、战略篇、理论篇、实践篇、创新篇五个篇章，分别从智慧城市总体发展、智慧城市宏观战略思考、智慧城市标准化研究、地方政府和企业智慧城市典型案例实践、智慧城市专项学组发展情况等方面阐述了 2018 年中国智慧城市建设发展的总体情况。该报告还梳理了与智慧城市相关的重大事件及重要文件。期望该报告能为城市管理者、建设者提供决策参考和借鉴，也希望对智慧城市的研究者和相关企业家有所裨益。

本报告在编写过程中得到了试点城市有关领导、城市管理机构领导、相关企业管理者和专家学者的大力支持和帮助，值此，编辑组全体同仁向住房和城乡建设部各位领导、试点城市领导、城市管理机构领导、全国智能建筑及居住区数字化标准化技术委员会、中关村乐家智慧居住区产业技术联盟、华为技术有限公司、上海浦东智慧城市发展研究院、首都经济贸易大学、北京交通大学、美的置业集团有限公司、青岛海尔智能家电科技有限公司、北京时锥科技有限公司、北京清华同衡规划设计研究院有限公司、浙江大华技术股份有限公司、城云科技（中国）有限公司、杭州高锦科技有限公司、苏州吴江东太湖度假区管委会、人网（北京）信息科技有限公司等企业领导、专家表示衷心的感谢。同时也向关注报告的专家、学者及各界友人表示谢意。该报告中相关文章版权属于作者本人，相关观点也仅代表作者个人观点。本报告在内容收集、观点阐述和编辑出版中可能会存在不足甚至错误的地方，也希望大家给予批评和指正。

《中国智慧城市发展报告2018》编写组

2019 年 12 月

目 录

第一篇

综述篇

中国智慧城市发展"十年"

随着我国城镇化的不断发展，大量农村人口涌入一二线核心城市，导致我国城市人口数量快速增加，城市人口密度持续攀升，从而使得城市的资源承载能力无法与快速增长的城市人口匹配，我国面临着交通拥堵、环境污染等各种城市问题挑战，亟须满足当今城市运行需求的新城市治理模式。城市发展至今已基本完成了基础设施建设，开始由外部建设向内部治理转变。以城市政府为城市管理唯一主体的传统治理模式与现有的城市规模产生矛盾。一方面，伴随城镇化进程的加快，交通拥堵、环境污染等城市问题凸显；另一方面，伴随人民经济水平的提升，更加宜居、便捷、安全的城市生活成为人们的新追求。

在日益成熟的人工智能、大数据、云计算等技术推动下，智慧城市成功驶入城市建设轨道，并在政府的引领和企业的支持下取得快速发展。从国内外的实践现状来看，智慧城市建设能够有效解决城市病问题，优化城市运行流程，提高城市运行效率。例如，智慧交通管理系统可以实现交通信号灯的智能管控，有效提高路口的通行效率，同时达到节能减排、减少污染、改善城市空气质量的目的；智慧安防系统可有效降低犯罪率，维护城市公共安全等。

伴随我国网络通信技术（ICT）在安防、交通、金融等多个领域的规模化商用，且以人工智能、云计算、大数据、物联网为主的新一代网络通信技术开始协同作用，为智慧城市的发展奠定丰富技术支撑，使智慧城市具备感知互联、交互共享的能力，促进智慧城市更快发展。

目前，我国智慧城市建设发展已经经历了三次浪潮。

2008—2012 年，我国智慧城市经历第一次浪潮，可称为概念导入期。该时期智慧城市建设以行业应用为驱动，重点技术包括无线通信、光纤宽带、HTTP、GIS、GPS 技术等，信息系统以单个部门、单个系统、独立建设为主要方式，形成大量信息孤岛，信息共享多采用点对点自发共享方式。产业力量较为单一，国外软件系统集成商引入概念后主导智慧城市产业发展。

2012—2015 年，为试点探索期，智慧城市开始走出中国特色道路，掀起第二次浪潮。该阶段在中国城镇化加速发展的大背景下，重点推进 RFID、3G/4G、云计算、SOA 等信息技术全面应用，系统建设呈现横纵分割特征，信息共享基于共享交换平台、以重点项目或协同型应用为抓手。推进主体上，中央部委层面由住房和城乡建设部牵头，在全国选取了 284 个试点，广泛探索智慧城市建设路径和模式。国内外软件开发商、系统集成商、设备商等积极参与各环节建设。

2016 年之后，国家提出新型智慧城市概念，强调以数据为驱动，以人为本、统筹集约、注重实效，重点技术包括 NB-IoT、5G、大数据、人工智能、区块链等，信息系统向横纵联合大系统方向演变，信息共享方式从运动式向依职能共享转变。推进方式上逐步形成政府引导、市场主导的格局，政府方面 25 个国家部委全面统筹，市场方面电信运营商、软件商、集成商、互联网企业各聚生态。

标准规范体系方面从建立逐步走向健全。继 2014 年《国家智慧城市建设指南》、2016 年《智慧城市评价指标》GB/T 33356—2016 出台以来，2017 年我国发布了五项智慧城市国家标准，而 2018 年智慧城市标准发布高达 11 项，覆盖顶层设计、平台、技术应用和数据融合等各方面，成为智慧城市标准规范体系全面建立的关键年。多层次、全方位、密集发布的标准体系为智慧城市健康有序发展指明方向，也为各产业主体协同合作奠定基础，标志着智慧城市从探索阶段走向规范化发展阶段。

在智能化基础设施方面，智慧城市建设逐步助力提升城市承载能力。各类城市基础设施基于移动互联、物联网等技术，逐步实现大范围智能化升级。目前，基于 NB-IoT 的智能抄表、智能停车、智能井盖等应用层出不穷。而对未来影响最大的智能基础设施当属多功能智能杆柱和道路设施智能化升级。随着城市级感知基础设施的建设需求快速增长，智能感知基础设施建设需求愈加迫切，多功能智能杆柱集无线通信、信息交互、智慧照明、视频监控、交通管理、环境监测、应急求助等多功能于一体，可成为新型智能感知设施的集成载体。2018 年深圳市出台《深圳市多功能杆智能化系统技术与工程建设规范》，开展多功能智能杆建设行动，全市范围全面铺开安装。无人驾驶技术带动城市道路设施智能化升级，多个城市抢先部署试验场地设施。如北京亦庄建设全国首条无人驾驶试点道路，对信号、标志、标线等进行改造，便于自动驾驶车辆识别；上海 2018 年将无人驾驶开放道路从 5.6km 扩大到 12km，并积极研发全国首套新型道路标志标线系统；武汉部署了首批 260 套基于 NB-IoT 的智慧交通标志牌，为无人驾驶奠定道路设施基础条件。

同时，人工智能技术的广泛应用也大幅提升城市治理服务水平。习近平总书记强调，要加强人工智能同社会治理的结合，推进智慧城市建设，运用人工智能提高公共服务和社会治理水平。近年来，人工智能技术在智慧城市公共安全、健康医疗、交通出行、城市管理等领域应用，已经取得了显著成效。如北京公安系统使用人工智能技术高效处理海量案件和警情数据，利用机器大脑每小时可处理 1.2 万封信件，在 0.3s 内检索到关键词匹配的结果，在每万份举报信中可建立 800

万条线索，对于警情的预测精度高达 92%。

互联网企业逐步成为智慧城市建设的明星主体。除设备商、集成商等智慧城市传统从业者，互联网企业成为"门口的野蛮人"，以人工智能或互联网入口为抓手抢滩智慧城市，以技术、用户、平台和创新能力等优势快速抢占市场份额，丰富了智慧城市产业生态体系。如阿里巴巴 2016 年在杭州提出"城市大脑"，2017 年、2018 年又分别推出"城市大脑"1.0 和 2.0 版，并提出将全面开放"城市大脑"平台 AI 能力，提供城市交通、医疗等八大领域的计算能力、数据算法、管理模型等，汇聚上下游产业，构建以阿里巴巴为中心的智慧城市超级生态圈。腾讯 2017 年与电信、移动、联通共同出资成立数字广东网络建设有限公司，为广东数字政府改革提供全流程技术支撑，并于 2018 年上线"粤省事"APP，以微信为入口整合广东省公共服务，形成智慧城市领域的超级 APP。

城市的分级分类成为智慧城市建设的基本导向。不同区域、不同级别、不同类型的城市发展定位不同，不同城市经济社会、地理区位、自然环境、产业基础条件也不尽相同，因此智慧城市建设内容和发展目标均存在较大差异，没有一套单一的适用于所有城市的统一解决方案。要综合考虑城市发展定位、经济社会发展水平、人口规模、区位特点，因地制宜，找准定位，找到各类城市有针对性的发展路径。总体而言，应支持特大型城市对标国际先进水平，打造世界级的智慧城市群；省级城市发挥辐射带动作用，形成区域性经济社会活动中心；地级市、县级市着眼城乡统筹，缩小数字鸿沟，促进均衡发展；推动新城新区、小城镇特色化、差异化发展。在各类智慧城市中，新城新区将成为下一阶段率先探索创新的亮点。新城新区是新型城镇化的新载体，是发展智慧城市的试验田，新城新区以城市信息模型为关键技术建设数字孪生城市或将成为下一个风口。数字孪生城市是基于数据驱动、软件定义、平台支撑、虚实交互的城市信息模型（CIM），使数字城市与现实城市同步规划、同步建设，实现全过程、全要素数字化，做到城市全状态实时化和可视化、城市管理决策与服务协同化和智能化。雄安新区、北京城市副中心均已广泛应用 CIM 技术开展数字孪生城市建设。

中国智慧城市市场发展趋势

随着经济社会的发展，城市人口不断挑战历史新高，城市规模持续加速增长。2009 年全球实现城镇化，2011 年中国实现城镇化，全球已有一半的人口生活在城市，全球城镇化率仍将不断上升，预计到 2050 年达到 70%。随着城市的数量和城市人口的不断增多，城市被赋予了前所未有的经济、政治和技术的能力，城市已不可避免地成为各国的政治、经济、文化等多元化中心。

在过去，城市管理者没有办法预测和影响城市的运行和发展，更无法解决随着城镇化而带来的日益加剧的社会问题。随着科技的进步，城市数字化进程使管理者能更好地运用新科技来管理城市，随着智慧城市建设不断推进，大量的智慧应用以及海量的城市数据通过大数据、云计算等技术手段，为城市管理者的决策提供依据。

自住房和城乡建设部 2012 年底启动首批国家智慧城市试点项目以来，我国智慧城市试点数量持续增加，全国已有 73.68% 的地级以上城市启动了智慧城市建设。

智慧城市的发展很大一部分是由政策支撑的，国内宏观经济保持长期稳定地增长是智慧城市可持续发展的重要保证。同时城镇化加速发展遇到的问题，促使城市规划、建设和管理手段往现代化、信息化方面发展。而信息化与城镇化的融合，则为智慧城市打开了广阔市场空间。城镇化加速对于智慧城市建设的推动，体现在两个方面：一方面随着城市规模扩大，城市综合管理、城市治理任务越来越艰巨，对于交通、建筑以及城市基础设施等领域的智能化需求日益增加；另一方面以企业内迁、人才回流为标志的二三线城市城镇化步伐明显加快，二三线城市的智慧城市建设需求强烈。

截至 2017 年 12 月，中国 95% 的副省级城市、83% 的地级城市，总计超过 500 个城市，在政府工作计划中提出建设智慧城市。

从产业链角度来看，智慧城市建设涉及的主体包括：政府、运营商、解决方案提供商、设备供应商以及终端用户等。从智慧城市解决方案来看，其产业链上下游涵盖了 RFID 等芯片制造商；传感器、物联网终端制造商；电信网络设备、IT 设备提供商；终端应用软件开发商、系统集成商、智慧城市相关业务运营商以及顶层规划服务提供商等多种科技型企业。在行业竞争合作中，行业巨头由于具有较强的整合能力，能够提供从顶层设计到解决方案的智慧城市服务，因此能够在自身优势产品的基础上扩展服务范围，进行智慧城市相关业务的纵向整合。同时，激烈的竞争使每一家厂商需要在扩展业务链条的同时，深耕自身优势领域，保证核心竞争力。

未来的智慧城市建设将更多地介入城市开发的各个环节。从规划设计、开发计划阶段开始，引入智慧城市发展理念，结合城市建设的不同阶段配置智慧城市基础设施，并通过持续的运营和服务为城市创造价值。这将带动资本方、地产商等角色进入智慧城市领域，成为智慧城市建设的中坚力量。同时智慧城市发展的复杂化和专业化将催生"智慧城市运营商"这一新型行业，帮助公共部门进行智慧城市的建设、运营和管理。在智慧城市运营商的帮助下，政府可以通过购买服务的方式减少自身的投资和管理成本，为社会提供更专业和多样化的服务，智慧城市运营商也可以向受益者和其他企业提供增值服务并盈利。智慧城市运营商将成为公共部门与受益者之间的关键桥梁，促进智慧城市的建设和整体发展。

智慧城市在公共领域、生活领域和生产领域都存在创新机会，在公共服务领域的机会包括物联网基础设施建设和城市应用、服务于城市精细化管理的大数据与算法提升、城市资源共享与优化利用、人工智能与城市专家的协同管理；在生活领域的机会包括各类公共服务与生活品质提升服务；在生产领域的机会主要包括数字化转型相关的产业互联网及云服务、供应链管理、智慧园区等。同时智慧城市系统安全与维护的重要性将不断提升。自 2013 年以来，我国政府部门、银行、民航等重要信息系统部门，电信、传媒、公共卫生、教育等行业的漏洞事件数量大幅增长，这意味着智慧城市运行过程中的网络安全和系统安全隐患增加。这些网络安全问题极具攻击价值，可能会对现实世界造成大范围的直接影响，如交通瘫痪、公共设施运转停滞（停水、停电、停气、停供暖）、物联网设备远程操控、环境污染甚至人员伤亡。而随着智慧城市系统复杂度的提升，大多数城市尚不具备系统性维护城市网络安全的能力，对安全厂商和系统安全解决方案的需求必将快速增长。

智慧城市运营商和多种智慧城市参与角色的出现，将使智慧城市的建设运营脱离政府（或开发商）主导的单一模式，使公私合营、多方参与的城市建设运营成为可能。多样化的建设运营模式，使城市、园区、社区等主体能够根据自身能力和需求选择智慧城市服务，参与智慧城市建设运营过程。智慧城市的建设是一个需要多方参与的开放过程，政府、企业、研究机构、市民等不同角色都可以参与到智慧城市的建设过程中，并实现多方角色的效益最大化。当前，多方参与型的智慧城市建设运营仍需要不断探索和实践，形成有效的参与机制、权责分配与互动机制和管理者角色的转变。

"十四五"智慧城市再思考

一、从人力驱动到数据驱动

智慧城市管理和运营模式随着智慧城市的发展发生了质的变化，开始从人的管理为主向数据驱动转变。随着ICT技术尤其是物联网、人工智能技术的发展，城市的基础设施体系逐渐完成数字化改造之后，实现万物互联、实时在线、可感可控，其中很多也就具备了无人值守自主运营的能力。共享单车、无人驾驶公交车、智能垃圾桶、智能环卫车辆、智能路灯等城市智能硬件从局部的产品创新开始，逐渐在改变着整个基础设施和公共服务体系的运营模式。数据驱动已经成为城市设施和服务运营的新趋势。

城市运营的全程数字化，带来的除了本身的系统优化以外，也为精细化的城市管理提供了可能性。各种城市基础设施和公共服务的数据实现全面的汇聚之后，政府无须大量的巡查人员和行政程序，就可以对所有的城市事件和基础设施部件进行实时监管，并通过算法对异常事件识别和预警，实现基于规则的数字化管理。例如智能井盖、智能路灯能够自动检测，并随时上报，城市管理系统可以根据智能工作流程自动分配处置单位。

未来如何建立一个以数据为主线的产业生态，贯穿智慧城市的规划、建设、运营、管理全流程，拥有包括顶层设计、软硬件、数据运营在内的全面能力，是每一个智慧城市规划建设者所应该思考的。在技术上从标准体系方面、基于数据的产业生态链方面、商业模式方面都需要进一步探讨。

二、从信息系统建设到智慧场景规划

智慧城市和未来城市的发展，一类是面向当下，用当前的成熟新技术解决痛点问题；一类是面向未来，探索未来技术和新模式。我们通过对城市系统流程的再造，通过自上而下的顶层设计，由政府或大型企业（联盟）去抉择和定义整个城市的演进方向和关键技术方案，通过大规模产业协作自上而下完成研发组织过程。智慧城市场景的规划首先是对城市场景复杂性的理解；是对城市大数据的深刻理解；是对综合技术的敏感性；是对城市问题和人的需求理解；对城市基础设施运行规律的理解；是对城市经济规律的理解等。

三、多维赋能城市智慧发展

借助大数据深度挖掘技术、人工智能、物联网、5G 技术等新一代信息技术，实现数字城市与物理城市同步，建设数字孪生城市。数字孪生城市是在城市累积数据从量变到质变，在物联网、5G、云计算等信息技术取得重大突破的背景下，建设新型智慧城市的一条新兴技术路径，是城市智能化、运营可持续化的前沿先进模式，也是一个吸引高端智力资源共同参与，从局部应用到全局优化，持续迭代更新的城市级创新平台。

数字孪生城市的本质是城市数据闭环赋能体系，通过数据全域标识、动态精确感知、数据实时分析、模型科学决策、智能精确执行，实现城市的模拟、监控、诊断、预测和控制，解决城市规划、设计、建设、管理、服务闭环过程中的复杂性和不确定问题，全面提高城市物质资源、智力资源、信息资源配置和运转状态，实现智能城市的内生发展力。

第二篇

战略篇

中国新型智慧城市发展进程与趋势

城镇化进程的不断推进，给城市规划、建设、管理和发展带来更多的挑战和压力。在此背景下，中国在以往智慧城市理论和实践基础上，进一步提出建设新型智慧城市。近年来，中国很多城市先后开展了智慧城市试点工作，有效地改善了公共服务水平、提升了管理能力、促进了城市经济发展。

2016 年 4 月 11 日，国家发展和改革委员会、中国共产党中央网络安全和信息化委员会共同主持召开"新型智慧城市'部际协调工作组'第一次会议"，会议指出，推进新型智慧城市建设是党中央、国务院立足于中国信息化和新型城镇化发展实际，为提升城市管理服务水平、促进城市科学发展而做出的重大决策，是落实新型工业化、信息化、城镇化、农业现代化、绿色化同步发展的积极实践，要以"五大发展理念"为指引，用新思路、新方式、新手段推动中国智慧城市新的发展。

2016 年 10 月 9 日，习近平总书记在中共中央政治局第 36 次集体学习时明确指出：要深刻认识互联网在国家管理和社会治理中的作用，以推行电子政务、建设新型智慧城市等为抓手，以数据集中和共享为途径，建设全国一体化的国家大数据中心，推进技术融合、业务融合、数据融合，实现跨层级、跨地域、跨系统、跨部门、跨业务的协同管理和服务。

近年来，中国新型智慧城市发展呈现出良好的发展态势，在政策环境、基础设施、应用体系三个方面进展显著，并正在人工智能支撑下向纵深方向发展。

一、政策环境持续利好，领航新型智慧城市发展

国家高度重视信息化与智慧城市建设。围绕"互联网＋政务服务"、信息整合、新一代人工智能等多个领域，相继出台了多项政策措施，部分地方政府紧抓发展机遇，发布相关政策文件，统筹谋划城市信息化和智慧城市建设。

（一）国家层面

党的十九大明确提出数字中国、智慧社会、网络强国的发展远景，要求围绕

人民的教育、社保、优质就业、精准扶贫、健康管理和社会治理开展工作，为智慧城市的建设明确了新的发展路径。提出要推动互联网、大数据、人工智能和实体经济深度融合，发展数字经济、共享经济，培育新的增长点、形成新动能，加强水利、铁路、公路、水运、航空、管道、电网、信息、物流基础设施网络建设等举措，也将为城市信息化发展提供新的支撑。

中共中央、国务院先后颁布了《新一代人工智能发展规划》《关于进一步扩大和升级信息消费持续释放内需潜力的指导意见》《关于深化"互联网＋先进制造业"发展工业互联网的指导意见》《推进互联网协议第六版（IPv6）规模部署行动计划》《国家创新驱动发展战略纲要》《关于促进移动互联网健康有序发展的意见》等政策，明确提出以信息化驱动现代化为主线，推动大数据、信息共享和智慧社会的发展。

（二）部委层面

2017年4月，中华人民共和国工业和信息化部印发了《云计算发展三年行动计划（2017—2019年）》，提出中国云计算发展的指导思想、基本原则、发展目标、重点任务和保障措施；推出《移动互联网综合标准化体系建设指南》，着力构建移动互联网标准体系。《国家发展改革委关于印发"十三五"国家政务信息化工程建设规划的通知》中指出，要形成共建共享的一体化政务信息公共基础设施大平台，总体满足政务应用需要。

原国土资源部和原国家测绘地理信息局颁布《关于推进国土空间基础信息平台建设的通知》，明确了国土空间基础信息平台建设的目标任务和总体要求；国家标准化管理委员会发布国家标准《智慧城市——技术参考模型》及《新型智慧城市评价指标》。

其中，《智慧城市——技术参考模型》指出了智慧城市概念参考框架，规定了信息通信技术支撑的智慧城市业务框架、知识管理参考模型和技术参考模型，以及智慧城市建设的技术原则和要求。《新型智慧城市评价指标》包括惠民服务、精准治理、生态宜居、智能设施、信息资源、网络安全、改革创新以及市民体验八个一级评价指标，是开展新型智慧城市评价工作的主要依据，是引导中国各地新型智慧城市健康发展的重要手段。

国家发展和改革委员会办公厅印发了《关于组织实施2018年新一代信息基础设施建设工程的通知》，指出加快推进"宽带中国"战略实施，要求以直辖市、省会城市及珠三角、长三角、京津冀地区等为重点，开展5G规模组网建设及应用示范工程。构建量子保密通信网络运营服务体系，进一步推进其在信息通信领域及政务、金融、电力等行业的应用，也为新型智慧城市的发展提供更好的网络支撑。

（三）地方层面

北京、天津、上海、重庆、广东、江苏、浙江、安徽、山东、宁夏等省级政府大力推进新型智慧城市建设。对"互联网＋"公共资源交易、政务信息系统整合共享、智慧监管、智慧消防、智慧审批、智慧金融、智慧家庭等做出具体工作部署。同时，广州、深圳、南京、杭州、宁波、福州、合肥、银川等城市政府发布了贯彻落实中央有关云计算、大数据、物联网及信息化建设政策法规的文件，积极打造新型智慧城市，推动智慧医院、智慧社区、智慧菜市、智慧交通、智慧网络、智慧人防、智慧物流、智慧城管等领域的广泛应用。

二、基础设施创新发展　支撑新型智慧城市建设

基础设施是智慧城市的核心，是支撑智慧城市健康运转的生命线和可持续发展的基石，其建设水平直接决定了智慧城市的发展前景。相关研究指出，智慧城市是硬件基础设施（或物质资本）和知识通信与社会基础设施使用及其质量的集合，通过使用新的数字技术协同和整合传统的基础设施是推动智慧城市基础设施升级的重要途径。

（1）经过智能化改造的传统基础设施，包括对水、电、气、热管网，以及道路、桥梁、车站、机场等设施的感知化与智能化建设；

（2）信息网络基础设施，包括宽带、物联网、三网融合等，这是智慧城市的信息传输系统；

（3）信息共享基础设施，包括时空信息云平台、信息安全服务设施等，这是智慧城市的公共数据存储、信息交换及运营支撑平台。

目前，中国新型智慧城市基础设施建设不断深入。宽带中国战略稳步推进、5G试点开始启动，进一步提高了城市信息基础设施能力。通信卫星与导航技术的新成果，提升了城市信息获取能力及其在城市建设、环境监测、应急减灾等领域的应用。大数据中心和时空信息云平台的不断建设与演进，拓展了大数据与云计算在智慧政务、智慧城管、智慧交通、智慧医疗、智慧养老、智慧环保等领域的应用。

（一）互联网和通信技术新发展，提高城市信息基础设施水平

宽带网络是中国新型智慧城市发展的战略性公共基础设施，发展宽带网络对促进信息消费、拉动发展方式转变具有重要支撑作用。近几年，中央提出转变经济发展方式，加速"宽带中国"建设和信息化与工业化深度融合，从根本上转变

经济发展方式。随着"宽带中国"建设的稳步推进，宽带提速效果明显。中国移动宽带用户使用 4G 网络访问互联网的速率明显提升，5G 发展也再次取得突破，在全球范围内首次实现基于 3GPP R15 标准的 5G 基站到终端的连通。

2018 年 1 月，中国互联网络信息中心（China Internet Network Information Center，CNNIC）发布第 41 次《中国互联网络发展状况统计报告》，报告显示，截至 2017 年 12 月，中国网民规模达到 7.72 亿，占全球网民总数的 25%，互联网普及率为 55.8%，超过全球平均水平（51.7%）4.1%，超过亚洲平均水平（46.7%）9.1%，手机网民规模达 7.53 亿，占总网民的 97.5%。《全球城市信息化发展报告 2017》也显示，在选取的当今世界最具规模的 20 个城市中，北京、上海在全球智慧城市排名分别为第 14、15 位。

智慧城市是新的信息技术革命和科技变革的产物，用更加智慧、便捷的方式处理城市问题，方便城市居民生活、提升城市竞争力和创新力。发展互联网通信技术与推进智慧城市建设相辅相成，密不可分，通过通信技术发展能够实现经济结构的调整，将新的思维模式、新型服务模式在传统产业、政府服务、社会管理、文化娱乐等领域得到广泛应用，打造移动互联网，有助于实现信息惠民和新型智慧城市建设。

如在文化娱乐行业，移动直播有望迎来爆发式增长，据《网络直播行业商业模式创新与投资机会深度研究报告》指出，2017 年在线直播用户规模达到 3.98 亿人，增长率为 28.4%，预计 2018 年在线直播用户规模达 4.60 亿人，2019 年达 5.07 亿人。

（二）遥感卫星与导航技术新成果，拓宽城市信息获取途径

遥感技术是智慧城市"六个一"建设理念（即一个体系架构、一张天地一体栅格网、一个通用功能平台、一个数据集合、一个城市运行中心、一套标准）中，"一张天地一体化的城市信息服务栅格网"的关键技术之一，其具有空间覆盖广阔、快速高效、信息丰富等特点，是城市空间信息的动态采集与监测不可或缺的重要技术手段。随着遥感技术的发展，遥感数据已经具有明显的大数据特征，遥感进入大数据时代。

中国卫星遥感获取数据技术不断成熟，取得新的进展。中国气象局与国防科工局联合发布了中国新一代静止轨道气象卫星风云四号获取的首批图像与数据，标志着中国静止轨道气象卫星成功实现了升级换代，并成功发射"风云三号 04 星"，成为国际上最先进的宽幅成像遥感仪器之一。中国也因此成为世界上在轨气象卫星数量最多、种类最全的国家，全方位提供气象、海洋、林业、农业等应用领域的观测信息。

中国自主研制的"高景一号"（SuperView-1）01/02 高分辨率商业遥感卫星成功接收了全球范围内的影像，标志着中国首个完全自主研制的 0.5m 级高分辨率商业遥感卫星星座正式具备运营能力。

北斗卫星导航系统是中国正在实施的自主发展、独立运行的全球卫星导航系统，使中国成为继美国、俄罗斯之后又一个拥有独立自主卫星导航系统的国家。该导航系统性能稳定、使用方便，具有定位、测速、授时、短报文通信功能，是智慧城市的重要基础设施，对智慧城市中的抗震救灾、海洋渔业、交通运输、物流、物联网等行业的发展发挥至关重要的支撑作用。

目前，中国自主研制的北斗全球导航卫星系统进入快速发展的第三个阶段。中国国家认证认可监督管理委员会与工业和信息化部电子司指导下的汽车联网产品认证联盟，推出了中国自主研制的"米级快速定位北斗芯片"，导航精度从原来的 10m 提升到 1～2m，结束了中国高精度卫星导航定位产品"有机无芯"的历史，标志着中国自主可控的北斗卫星导航即将进入米级定位时代。

此外，中国卫星导航定位基准服务系统建成并启用。该系统是目前中国规模最大、覆盖范围最广的卫星导航定位服务系统，可向公众提供免费开放、实时亚米级导航定位服务，并向专业用户提供厘米级、毫米级定位服务。该系统包括 410 座国家级卫星导航定位基准站，统筹了各省级测绘地理信息部门的 2300 余座基准站，利用高速数据传输网络连接国家和 30 个省级数据中心，形成了覆盖全国的卫星导航定位服务"一张网"。

（三）大数据中心建设日臻完善，提升城市信息处理能力

随着城市物联网的完善以及网络信息的增加，大量用户生成的内容、音频、文本、视频、图片等非结构性数据成为大数据的主体，单一的大数据技术无法满足数据储存和分析，亟须构建大数据平台来适应新的需求。大数据平台可以促进数据的共享、开放和交换，有利于推进简政放权、创新政府治理方式、优化市场服务并加强市场监管。

从应用领域看，大数据平台主要应用在电子商务、公共安全、公共交通、电信、仿真等领域，可以划分为电力大数据平台、公共交通大数据评估、电信大数据平台、水务大数据平台等。

从系统构建看，通常分为数据采集层、计算存储层、能力服务层、应用层、平台管理层等。通过对国内外在大数据方面的研究工作进行分析，可以发现目前大数据平台的研究还比较零散，许多公共安全、电子政务等业务信息系统还停留在初级处理水平，缺乏综合性的开发应用。

在实践层面，随着新型城镇化和"互联网 +"的不断推进，新型智慧城市发

展进入以海量数据为主的阶段，为深化互联网与社会经济领域的融合并推进大数据发展和应用，各省市相继开展政府大数据平台的建设实践。2017年11月，第二届"中国数坝"暨中国互联网大会"支撑冬奥张家口赛区"峰会在张家口召开，会议围绕京津冀大数据综试区的建设，大数据资源的汇聚与应用为核心，打造对接互联网、大数据资源的合作平台，与业界共同探讨和分享利用大数据推动京冀产业结构转型升级的模式与经验。

2017年12月，在世界智能制造大会"制造业＋大数据技术"主题论坛上，江苏省、浙江省、上海市大数据联盟举办了合作备忘录签署仪式，共同推动江浙沪三地工业云、工业大数据平台建设，加快相应大数据应用，推动大数据共性技术在制作行业的推广及应用，助力完善行业大数据标准建设和大数据发展资源流通与互补，实现资源共享、共同发展。

（四）时空信息云平台建设，支撑城市管理与服务决策

随着智慧城市的发展，数字城市阶段的地理信息公共服务平台体现出一些不足，如数据应用内容单一、共享方式单一、实时数据稀缺、运行维护工作量大等，直接导致对时空信息云平台的建设需求。

智慧城市时空信息云平台是通过泛在网络、传感设备、智能计算等新型高科技手段，实时汇集城市各种时空信息，而形成的更透彻感知、更广泛互联、更智能决策、更灵性服务和更安全可靠的地理信息服务平台，智慧城市地理空间信息基础设施的重要的、基础性的内容。

智慧城市时空信息云平台具有体验性更好、实时性更强、移动性更大、可控性更高、自主性更多等优点，通过云平台建设可以实现智慧城市内地理信息资源的广泛共享和充分应用，降低各部门、行业获取信息的难度。从技术架构体系来看，新型智慧城市时空信息云平台基于云架构，由基础设施服务层（Infrastructure as a Service，IaaS）、大数据层（Data-as-a-service，DaaS）、平台服务层（Platform-as-a-Service，PaaS）、多维应用层（Software-as-a-Service，SaaS）构成。

原国家测绘地理信息局于2017年发布《智慧城市时空大数据与云平台建设技术大纲》，要求各地区加快智慧城市时空信息云平台建设试点，指导开展时空大数据及时空信息云平台构建。该技术大纲为各个城市时空信息云平台建设提供了基本指导，平台的建设能够充分发挥时空信息的基础性和纽带作用，规范和引导智慧城市空间信息化发展。

随着新型智慧城市规划建设的深入，中国掀起了建设新型智慧城市时空信息云平台的热潮。济宁市、宁波市、武汉市、雄安新区、郑州市、云南省等地相继启动了智慧城市时空信息云平台建设的序幕。

2017 年 10 月，雄安新区举行"智慧时空大数据助力雄安新区建设高端论坛"，提出要建设"智慧雄安时空大数据与云平台"，并在空间规划、生态监测、智慧社区、公众服务等多方面开展示范应用。同时，要求开展雄安新区新型基础测绘建设示范。创新建立雄安新区实体化、三维化、时空化、地上地下一体化的新型基础测绘产品。

2017 年 11 月初，"智慧武汉时空信息云平台"作为中国首个智慧城市时空信息云平台建成，平台以时空信息为载体，整合了城市人口、法人、房屋等基础信息 8500 项 2.5 亿条，积聚了 1803 层专题信息，在城市规划、国土资源管理、社会管理创新、智慧税务、智慧水务、网上群众服务、智慧城管、应急指挥及公众服务等 30 多个领域开展应用。

2017 年 11 月底，"智慧重庆时空信息云平台国家试点"项目通过验收，该平台以云计算、物联网、大数据、智能计算、移动互联网等新型技术为依托，是重庆市信息化建设的重要时空基础设施和全市社会公共信息资源共享交换唯一权威平台。

三、应用体系不断拓展　彰显新型智慧城市作用

在城市信息基础设施支撑下，新型智慧城市应用体系不断拓展，智慧应用已涵盖智慧政务、智慧城管、智慧规划、智慧商务、智慧交通、智慧医疗、智慧养老、智慧环保等城市规划、建设、管理、运维等诸多领域。

（一）智慧政务取得新突破，支撑政府管理服务能力提升

大数据和智能化设备的相继出现和应用，移动互联网大潮的到来，使当前的社会治理模式迫切需要进行现代化变革，促进了新型电子政务组织即智慧政务的形成与发展。智慧政务并非是一种全新的政务形式，而是电子政务发展到一定程度以后的高级阶段，其实质是将信息高效处置机制引入公共部门政务流程中，进而实现政务透明化、科学化与智能化。

学界普遍认为智慧政务是依托大数据、云计算等信息技术，优化政府治理的理念、方式、手段、内容，以实现政府运行廉洁高效、公共治理集约精准、公共服务便捷惠民、社会效益显著突出的一种全新政务运营模式，智慧政务的提出是基于智慧城市和智慧社会这一大背景和宏观体系，在新型智慧城市的规划与建设中，智慧政府无疑是其中的一个重点领域，智慧政务是搞好智慧城市建设的关键因素。

由于智慧政务呈现出简便、透明、自治、移动、实时、智能和无缝对接等特征，通过智慧政务建设可以使得城市的智慧之路更加顺畅，其优势主要表现在三

个方面。

（1）可以充分利用网络信息化的优势，转变传统政务工作模式以及政府管理工作模式，使政府信息资源由原来的"分散"管理模式逐步转变为"集中"管理模式；

（2）可以为城市各个单元之间协调行动、政府与公众之间有效合作提供基础；

（3）在公共安全、医疗卫生、城市管理、民生服务等领域，围绕管理模式和服务模式创新，构建便捷高效和安全可靠的智能化社会管理和公共服务体系。

国家有关部委从制度设计和顶层规划层面推动智慧政务健康发展。2017 年，国家发展和改革委员会印发了《"十三五"国家政务信息化工程建设规划》，对于推动政务信息化建设集约创新和高效发展，形成满足国家治理体系和治理能力现代化要求的政务信息化体系具有重要意义。

同时，一些城市积极地进行智慧政务的实践探索，取得了一系列进展。如银川市推进实体政务服务大厅与网上市民大厅线上、线下深度融合，推进行政审批全程电子化、网络化，促进"不见面，马上办"式审批全面提速；建立起"24 小时不打烊"自助便民服务体系，通过多端口、多渠道为市民提供全天候、多领域、自动化"不见面"的政务服务。

合肥市召开"互联网＋政务服务"工作推进会，依托市级大数据平台建设，大力推进政务信息系统和资源整合共享，为"互联网＋政务服务"平台提供数据信息；已经建成市级政务信息资源交换共享平台，汇集了 50 家单位、161 个业务系统、15.5 亿条数据信息；完成市级平台与省级平台对接工作，实现了省级统一身份认证、统一支付功能调用，确保省、市平台之间政务服务事项的实时下发和市级全过程办件信息的实时上报。

（二）建设智慧规划信息平台，助力城市协同发展

目前，智慧城市建设速度很快，在"天地图""互联网＋政务服务"等政府改革措施大力推进的背景下，开展"多规合一"信息平台建设，不仅可以协调不同空间规划在规划期限、规划目标、功能定位等方面存在明显的差异，还可以整合国家发展改革委、自然资源部、住房和城乡建设部、生态环境部、交通运输部、国家林草局等十几个部门的专业规划与管理数据，实现"多规"数据在同一个平台上的信息联动共享和实时更新，实现一个市县一本规划、一张蓝图，解决现有各类规划自成体系、内容冲突、缺乏衔接等问题，进一步提升城市信息化和智慧城市建设。

因而，在智慧城市视角下考虑"多规合一"信息平台，将智慧城市相关大数据、云服务、物联网等信息技术应用于多规合一平台，成为促进空间信息数据共享共建、

加强各规划编制过程衔接、消除部门壁垒、强化政府职能的重要手段。

2014 年 8 月，国家发展改革委、国土资源部、住房和城乡建设部、生态环境部推动了"多规合一"试点工作，"多规合一"信息平台陆续在全国各省地市投入建设并不断发展完善。海南省、宁夏回族自治区、厦门市、广州市、南京市、沈阳市、长春市、温岭市、嘉兴市、大理市、德清县等地均建设了"多规合一"信息平台。

（三）建设智慧城管大数据平台，提高城市管理质量

城市管理是城市健康运行和经济社会持续发展的基础保障，城市管理数字化、精细化、智能化、社会化是中国新型智慧城市发展战略的重大要求。

伴随中国城市化进程的不断推进，城市管理面临着新形势下的一系列挑战，为破解城市管理困局，智慧城管应运而生。本质上，智慧城管建设起源于数字城管，是数字城管的升华与拓展，指充分利用物联网、云计算、移动互联网等新一代信息技术，强化信息获取自动化、监督管理精细化、业务职能协同化、服务手段多样化、辅助决策智能化、执法手段人性化，最终实现城市管理要素、城市管理过程、城市管理决策等全方位的智慧化。

智慧城管是智慧城市建设的重要构成部分，在智慧城市建设中，进一步合理运用城管信息技术，会不断提升城市经济和环境的检测指标，推进辅助城市进行管理。智慧城管是基于物联网总体架构，自下向上分为感知层、传输层、支撑层、应用层，同时建设安全保障体系、标准规范体系作为支撑。

通过智慧城管大数据平台建设，可以整合城市管理资源，规范城市管理行为，提高城市管理效能。借助于城管地图，实现科学部署和智能指挥，满足对城市全天候、无缝隙、精细化管理的要求，其采用"万米单元网格法"实现城市部件和事件的管理，及时发现并处理各类城市问题，提高了城市管理的效率。智慧城管已成为智慧城市建设的重要构成部分，在智慧城市建设中，进一步合理运用城管信息技术，会不断提升城市经济和环境的检测指标，推进辅助城市进行管理。

住房和城乡建设部于 2012 年底发布的《国家智慧城市试点暂行管理办法》，为推进智慧城管建设提出了新的要求，也明确了新的方向。很多城市勇于创新实践，进行了智慧城管管理平台建设，取得了显著的成效，为开展推进智慧城管积累了宝贵的经验。

2017 年 1 月，长沙市雨花区智慧城市管理平台正式运行，实现了信息采集智能化，实现了"大城管"，将城管、环卫、园林等纳入统一管理，系统与公安部门的"天网"实现对接，并启用无人飞机，对重点区域和管理盲区实行实时监控。

2017 年 12 月，嘉兴市秀洲区正式启用智慧城管系统，通过视频监控点位、无人机、手机终端等移动终端设备及监控平台、办案系统、审批系统、派单系统

等功能板块，形成了"天眼监控、鼠标巡逻、智能派单、人员处置"的高效化城市管理模式。

（四）建设智慧医疗与智慧养老体系，提升信息惠民水平

（1）中国智慧医疗的建设阶段性成果明显

目前，中国人口老龄化加剧、慢性病发病率居高不下，居民的整体医疗健康服务仍待提高。"互联网＋医疗"成为医疗服务发展的新契机，智慧医疗的提出和实践顺应了新医改对医疗信息化建设的需求。

智慧医疗指利用物联网技术，实现患者与医务人员、医疗机构、医疗设备间的互动，推动医疗信息化模式创新，最终实现实时、智能化、自动化、互联互通的动态服务。智慧医疗是智慧城市战略规划中一项重要的民生领域应用，也是民生经济带动下的产业升级和经济增长点，其建设应用是大势所趋。

智慧医疗可使公众、医院及监管部门多方受益。对公众而言，可提供更加便捷、优惠、全面的优质医疗服务；对医疗机构而言，可对医疗资源更加合理、有效分配，可提供更安全的医疗服务及更加高效的管理；对于监管部门来说，智慧医疗意味着更科学、及时的决策和应急响应。

在国家的大力倡导和支持下，中国智慧医疗建设快速发展、卫生信息化建设框架已显现、区域医疗信息化平台建设开展顺利，不同地区之间实现医疗信息资源共享，其主要应用于医疗服务、公共卫生、医疗保障、用药监管、综合管理等领域，智慧医疗体系在不断完善。一些城市进行了有益的探索和尝试，并取得了阶段性成果。

2017年9月，合肥市滨湖智慧医院揭牌，为深化医改、建设现代医院提供了有益探索。

2017年10月，"北大医学"健康医疗大数据共享平台在北京启动，不仅借助平台把已有各个队列资源进行规范化的信息展示、建立了多层次立体化的合作策略和共享机制，还整合了优质、多源的健康医疗领域数据，逐步形成安全、共赢的数据共享机制，并与其他数据平台建立深度合作。

2017年12月，国家健康医疗大数据常州中心正式启动，常州市已建成了"市县一体化"的区域全民健康信息平台，形成了比较完善的全员人口、电子病历和电子居民健康档案数据库，存储数据总量达480TB，其中300TB已入驻大数据中心，市级平台已汇集460多万条人口信息、365万份电子居民健康档案和6856万条诊疗记录。

（2）中国智慧养老建设迅速发展

在已有养老模式难以化解老龄化难题的现实背景下，伴随着信息化技术的快

速发展，智慧养老应运而生。它借助现代化信息技术（如互联网、社交网、物联网、移动计算等），围绕老年人生活，提供医疗保健、娱乐休闲、学习交流等服务，对涉老信息自动监测、预警甚至主动处置。

与传统养老模式相比，智慧养老的优势在服务能力方面，利用信息技术的集成提高服务质量和效率，从多个层面完善社会保障体系；在服务形式方面，运用实惠便捷的包对点服务形式，从家庭及社区层面创新社会保障形式；在服务内容方面，满足老人多层次需求，延伸人工养老服务的能力。

养老智慧化是智慧城市在发展过程中重要组成部分，同时也是智慧城市的重要实践形式和必然趋势。中国智慧养老正在迅速发展，但现阶段仍然存在很多问题亟待解决，包括其研究主要局限在智能穿戴设备、智能家居和智慧医疗领域相关的产品上。另外，物联网、信息安全等相关技术还处在萌芽期，甚至在某些技术方面仍相对空白等。

尽管如此，各省市已经在智慧养老方面做了很多工作，积极开发基于信息化和技术化的城市智能养老服务系统。

2017 年 1 月，乌镇推出"智慧养老"线上平台，为老人在家中安装"智能居家照护设备""远程健康照护设备""SOS 呼叫跌倒与报警定位"，并利用阿里云服务器、微信、APP 等进行远程管理。

2017 年 4 月，青岛"智慧养老"平台上线，平台以资源整合为重点，以实现全市养老服务供需平衡、构建养老服务体系、制定养老信息化标准及应用养老大数据为目标，将居家养老、社区养老、机构养老等养老方式纳入平台统一管理并对外提供服务。

2017 年 12 月，安庆市依托大数据技术，建设安庆市养老综合信息数据平台，开通 12349 公益服务热线，可提供慢性病管理、居家照护、健康咨询、视频监控、远程医疗等健康养老服务。

（五）建设智慧环保应用体系，创新城市生态环境监管模式

近年来，城市都出现了交通拥堵、人口膨胀、环境恶化、资源短缺等"城市病"，采用合理有效的措施治理城市环境问题已成为城市管理者面临的新挑战，智慧城市的发展给城市环境治理带来新的机遇。

"智慧环保"是物联网技术与环境信息化相结合的产物，是物联网技术在环境保护这一特定领域的应用。为了适应新形势发展的要求，充分发挥信息技术在环保领域中的巨大作用，借助物联网技术，把传感器装备嵌入到各种环境监控对象（物体）中，通过超级计算机和云计算将环保领域物联网整合起来，实现人类社会与环境业务系统的整合，以更加精细和动态的方式实现环境管理和决策的"智慧"。

智慧环保应用于城市管理、治理和决策具有重要意义，不仅可以有效应对快速城市化带来的一系列环境问题，而且有助于构建多元化的城市治理体系，实现有效信息甄别与信息处置。目前，智慧环保主要应用于监测数据采集分析、环境质量与污染源监测、危险废弃物移动管理、环境应急管理、环境质量模拟与评估系统等领域。

2009 年，智慧城市的理念刚提出时，智慧环保就被尝试应用和推广，但目前中国智慧环保的发展仍处在起步阶段。随着政府投入力度的不断加大、物联网技术的不断推广，不少城市在智慧环保实践中依然取得了诸多成果。

2017 年 1 月，济宁智慧环保监管平台正式运行，平台依托智慧城市数据中心的硬件设备，接入各类监督、监测点位 10800 余个，各类数据每日即时更新，在线监测街道各项环保数据，截至 2017 年 12 月，平台的生态环境质量监测和污染源监测动态数据库已包含废气、废水、污水、空气质量等监测信息 600 多万条，上报环保事件 5.6 万件，转办查处违规行为 650 起。

2017 年 8 月，青海省政府和环保部推进"互联网+"行动及生态环境大数据建设要求，依托已建成的生态环境数据资源中心，构建了"资源共享、集中管理、动态管控、业务感知"的智慧城市信息科技与产业基础架构，支撑生态环境监测监管、空气质量预报预警、环境风险监控预警等工作。

2017 年 10 月，江苏省人民政府办公厅印发《江苏省生态环境监测网络建设实施方案》，提出到 2020 年全省生态环境监测网络实现环境质量、重点污染源、生态状况监测全覆盖，各级各类监测数据系统互联共享，初步建成陆海统筹、天地一体、上下协同、信息共享的全省生态环境监测网络。

四、人工智能新时代　推动新型智慧城市纵深发展

人工智能技术及其应用发展改变着人们的生活方式，必将推动新型智慧城市向纵深方向发展，呈现出公共服务、城市治理、共享经济三个方面的发展趋势。

（一）建设新型无线城市，实现"一站式"公共服务

无线城市，是指采用 WiMAX、WiFi 等低成本的无线接入技术，结合 Skype 等 VoIP 技术，在整个城市范围内实现无线网络的覆盖，达到随时随地提供接入速度更快的无线互联网服务的目的。

智慧城市对基础设施网络层的要求是高宽带、广覆盖、海量数据、移动状态、协同工作，基于光缆、WLAN、4G/5G 为基础的无线城市建设，解决了实现智慧城市中的基础设施网络建设。无线城市不仅能给智慧城市带来丰富多彩网络生活，

还能带来强大的社会发展新动力，如与现代服务业相结合，能够全面丰富现代服务业的业务功能，提高现代服务业的知识含量，促进现代服务业的快速发展。

目前，中国多个大中城市积极建设无线城市网络，为市民的购物、出行、学习、教育、保健等方面提供便利。

2017 年 1 月，上海市计划未来 3 年将累计投入资金超过 300 亿元建设新型无线城市，包括网络、平台、示范、产业集聚和公共服务平台打造等 5 大领域。

2017 年 5 月，上海市构建新型无线城市框架，提出建成 4G 网络优化覆盖和 5G 网络率先试点部署的无线宽带网络体系，建成以 i-Shanghai 为核心的公益 WLAN 网络服务体系，实现了城乡全覆盖的千兆接入宽带网络体系等目标。北京市通州区已经建有 416 个 "My Beijing" 免费无线上网点，陆续开通了 11 个办事服务大厅的免费无线上网服务，实现 89 条主要道路基本覆盖，共计 416 个上网点。随着中国经济的结构调整和转型升级，新的商业形态对支付方式创新提出了新的需求，为移动支付的快速发展提供了强大的动力。《2017 中国智慧生活报告》指出，84% 中国人不带现金出门。据报道，截至 2017 年 11 月，西安地区的支付宝收钱码商户增幅高达 53%，已经有 76% 的线下实体店铺接入了移动支付。

2017 年 12 月，厦门市民卡的 APP 正式上线，统一了市民电子身份，市民可以通过 APP 进行先乘车后付款的信用乘车、扫二维码支付以及自助扫码借还书等体验，并在医疗健康、政务服务、生活服务等领域享受便利。2017 年，杭州市成为 "移动支付之城"，出门只带手机成新常态，杭州市主城区所有公交路线实现 "公交卡 + 支付宝 + 银联云闪付和移动支付" 全覆盖。

（二）构建 "城市大脑"，推动城市治理智能化发展

"城市大脑" 是指综合运用大数据、云计算、人工智能等新一代信息技术，对整个城市多源多维信息进行动态实时分析，实现资源共享并达到可以自动调配公共资源，实时修正城市动态运行中的缺陷和问题。

"城市大脑" 是提升智慧城市发展质量的有效路径，推动 "城市大脑" 建设可以提升智慧城市民生服务、监测预警、应急管理的能力，提高智慧城市动态规划管理能力。从 "城市大脑" 架构来看，主要包括数据资源平台、一体化计算平台和 IT 服务平台三个层级。目前，"城市大脑" 主要应用于交通治堵、犯罪预防、民生监测评估、公共安全管理等方面。

不少城市进行了 "城市大脑" 建设实践探索活动，积累的丰富经验，取得了显著的效果。自 2016 年 10 月阿里巴巴在杭州市构建 "城市大脑" 以来，已整合管理杭州 128 个信号灯路口，100 余路口已实现信号灯无人调控，高架道路出行时间节省 4.6 分钟；在杭州市主城区，日均交通事件报警数达 500 次以上，准确

率达92%，极大提高了执法效率和指向性。2017年2月，苏州市与阿里巴巴签订"城市大脑"建设深化合作框架协议，目的是用数据思维重塑城市管理模式，提升整个城市管理水平，打造新型智慧城市典范。2017年8月，苏州"城市大脑"项目已采集、汇聚、清洗、存储了涉及公安、市容市政、交通、旅游、轨交公司等部门、三大运营商以及主要互联网企业的各类数据，累计处理历史业务数据3000多亿条，同时打通了数据实时传输通道，每天汇聚数据6.8亿条，推进城市治理智能化发展。

（三）发展"互联网+"产业，迈向共享经济新时代

随着信息技术发展和移动互联网的成熟应用，"互联网+"在各行各业产生了革命性的影响，共享经济正是在这样的背景下产生并蓬勃发展起来。共享经济是以互联网技术为支撑、以网络平台为基础、以信任为纽带、以所有者生活不受影响为前提，形成的个人闲置物品或资源使用权（住房、汽车、技能、时间）共享的开放性交换系统，主要呈现了以现代信息技术为支撑、以资源的使用权交易为本质、以资源的高效利用为目标三个方面的特点。

共享经济带来的不仅仅是消费观念和消费模式的变迁，更为深刻的变革是加快经济社会绿色转型步伐。目前，共享经济也正加速渗透到人们衣食住行的诸多领域，深刻改变着人们生产和消费的方式。共享经济涵盖教育、健康、食品、物流仓储、交通、服务、基础设施、城市建设以及金融等各个领域。

得益于移动互联技术的快速发展，人们对过剩产能的共享成为可能，共享经济出现了实质性大幅增长。国家信息中心分享经济研究中心与中国互联网协会分享经济工作委员会联合发布了《中国共享经济发展年度报告》，报告显示，2017年中国共享经济市场交易额约为49205亿元人民币，比上年增长47.2%；提供共享经济服务的服务者人数约为7000万人，比上年增加1000万人；共享经济平台企业员工数约716万人，占当年城镇新增就业人数的9.7%。

截至2017年底，全球224家独角兽企业中有60家中国企业，其中具有典型共享经济属性的中国企业31家，占中国独角兽企业总数的51.7%，表明中国成为全球共享经济创新者和引领者。

作为共享经济领域的新生事物，共享单车一经问世就得到了大众的普遍关注。2017年8月，无锡市召开的人力资源策略会议暨"闲不闲"服务商大会，以"人力共享，灵活用工"为主题，探讨共享经济下人力资源的转型与创新。浙江省卫生计生委批复同意杭州全程健康医疗门诊部开展医技等共享服务试点，2017年9月，批复的"全程国际Medical Mall"试点，提供检验、病理、超声、医学影像等医技科室及药房、手术室等共享服务试点，共享医院横空出世。

五、结论

物联网、大数据、云计算、人工智能等新一代信息技术的应用为城市的智慧化发展带来契机，智慧城市是城市信息化发展的高级阶段，更是工业化、城市化、信息化深度融合，为解决人口膨胀、资源紧缺、环境污染、交通拥堵、公共安全隐患日增等一系列"城市病"提供了有效途径。

截至 2018 年 6 月，中国总计超过 500 座城市，明确提出构建智慧城市的相关方案。"十三五"期间，以"互联网＋政务"为核心的新型智慧城市，将进一步提高城市精细管理与精准治理能力、促进城市功能和品质提升、推动政府信息化管理创新、推进城市经济新发展。

目前，中国新型智慧城市的理论研究与实践探索仅处于起步阶段，对智慧城市建设现状进行研究具有重要意义。本研究基于新型智慧城市建设框架与评价体系，分析了中国新型智慧城市建设现状，包括政策环境持续利好、基础设施创新发展、应用体系不断扩展、人工智能推动智慧城市纵深发展。

但是，新型智慧城市是战略性的复杂系统工程，在经后仍然存在诸多建设问题。新型智慧城市的建设和发展，应从顶层设计、网络安全、建设时序等方面进一步讨论和完善。

顶层设计。由于各个地区对智慧城市理解不一、建设方式不同，容易造成信息孤岛，需从国家层面出台相应的建设规划和指导方案，指导各地的智慧城市建设。

网络安全。新型智慧城市极大地依赖物联网、云计算、大数据、人工智能等新技术的使用，安全问题比数字城市时代更为严峻，需要建立健全信息网络安全保障机制与技术体系，保证新型智慧城市的安全稳定运行。

建设时序。智慧城市近期建设规划应以物联网、信息技术等基础网络和系统建设为重点，中远期规划逐步扩展智慧应用领域，提升城市功能品质和可持续发展能力。

（撰稿人：党安荣，甄茂成等）

关于推动智慧城市建设的若干思考

　　智慧城市概念源于 2008 年 IBM 公司提出的"智慧地球"理念，是数字城市与物联网相结合的产物，被认为是信息时代城市发展的大方向、文明发展的大趋势。其实质，就是运用现代信息技术，推动城市运行系统的互联、高效和智能，赋予城市智慧感知、智慧反应、智慧管理的能力，从而为城市人创造更加美好的生活，使城市发展更加和谐、更具活力、更可持续。

　　推进智慧城市建设，主要有三重意义：

　　一是提高城镇化质量。智慧城市以智慧的理念规划城市，以智慧的方式建设城市，以智慧的手段管理城市，用智慧的策略发展城市，有助于促进城市各个关键系统和谐高效运行，促进城市经济社会与资源环境协调发展，从而有效缓解"城市病"。

　　二是推动高质量发展。智慧城市是创新 2.0 时代的城市形态，它基于全面透彻的感知、宽带泛在的互联以及智能融合的应用，构建起有利于创新的制度环境和生态系统，促进城市产业链、价值链、创新链优化升级，推动以用户创新、开放创新、大众创新、协同创新为特征的全面创新，从而为新旧动能转换和经济高质量发展注入蓬勃动力。

　　三是创造高品质生活。智慧城市通过物与物、物与人、人与人的互联互通互动，极大增强城市信息获取、实时反馈和随时随地服务的能力，可以有效解决民生领域长期存在的信息不对称、服务不公平等问题，促进公共服务均等化、优质化，从而更好满足人民群众对美好生活的向往。对建设智慧城市的意义，还可以进行多视角、多层面的解读，但无论如何解读，加快建设智慧城市的方向是无可争辩的，智慧城市的发展前景是毋庸置疑的。

　　智慧城市有两个关键词：一是"智慧"，二是"城市"。其中，"城市"是承载智慧的基础、是母体。推进智慧城市建设，首先要遵循新型城镇化规律，完善城市产业布局、功能配套和治理体系，建设和谐宜居、富有活力、各具特色的城市形态。离开"城市"谈"智慧"，寄望于通过智慧化让一个乱糟糟的城市脱胎换骨，那是不切实际的空想。"智慧"是城市文明的灵魂、是精气神。推进智慧城市建设，必须善用现代技术、现代理念、现代思维，夯实城市数字基底、中枢神经和智慧大脑，让城市学会思考，如果沿用工业时代的思维方式，只能是照猫画虎、低水平重复。对智慧城市建设而言，推进新型城镇化是基础性根本性层面的任务，推进城市智慧化是战略性、集约化层面的举措，两者缺一不可，唯有无缝衔接、有机融合，才能最终实现智慧城市建设的目标。

首先，从基础性、根本性层面思考智慧城市建设，就是要运用供给侧结构性改革的理念，在城市的功能定位、人口、土地房屋、基础设施、公共设施、就业岗位等方面的要素供给上，按照产业跟着功能走、人口跟着产业走、土地跟着人口和产业走的思路，做好五个方面的结构性平衡。

第一，城市功能定位的平衡。任何城市都不是孤立存在的，都是依托城市群来发展。城市群是人口大国城镇化的主要空间载体，代表着城镇化发展的主体方向。考察世界主要城市群或大都市连绵带，一般有四个基本特征：一是城镇化水平较高，城镇化率一般在 70% 以上；二是大中小城市规模协调，相邻等级城市人口比例大多在 1:5 以内，最高不超过 1:10；三是以交通为重点的基础设施网络完善，各城市之间交通便捷、信讯畅通；四是城市功能布局合理、分工明确，产业优势互补。我们建设智慧城市，必须在城市群层面思考谋划，合理确定自身功能定位，是建设大城市还是中小城市，是金融贸易中心城市还是工业物流基地城市？总之，要科学设定城市定位、彰显特色、有机联动、协调发展，决不能各自为政、盲目建设。

第二，人口供给的平衡。人是新型城镇化的核心要素，以人为本是建设智慧城市的核心要义。当前，制约我国城镇化健康发展的重大问题之一是城镇化率刚刚达到 60%，国民经济的人口红利却已逐渐淡出，很多城市出现了劳动力供给不足的现象。造成这个现象的重要原因，就是 2.8 亿多农民工没有真正市民化。一般来说，城镇职工 20 岁左右参加工作，60 岁退休，一生工作近 40 年。农民工因为户籍问题，往往到了 45 岁就会不被企业招聘而返回农村，这就损失了人生 1/3 左右的工作时间，加之农民工每年候鸟式迁徙，春节前后回家探亲用掉 2 个多月，两者加起来，1/3+1/6=1/2，农民工一半的工作时间就耗费了。欧美国家一般城镇化率超过 70% 才会出现"刘易斯拐点"，我国城镇化率刚到 60% 左右就遭遇了用工难，农民工的人口红利 50% 的浪费是重要原因。我们推进智慧城市建设，不能只关注那些"高大上"的东西，还必须"接地气"，加快推进户籍制度改革，让农民工落户城市、扎根城市，为城市提供人力资源供给，让农民工共享城市机遇。

第三，土地房屋的供应平衡。以智慧城市促进城市"精明增长"，很重要的一环就是配置好土地房屋资源。这就要求城市管理者做到心中有"数"。比如，城市建成区面积，土地配置一般是每人 100 平方米、每万人 1 平方公里，100 万人口的城市建成区面积就是 100 平方公里。再如，住房面积，人均大体在 40 平方米左右，1000 万人口的城市建设 4 亿平方米住房是合理的。又如，商业设施面积，一般每 2 ～ 3 万元的商业零售额可配置 1 平方米的商铺，每 2 万元 GDP 可配置 1 平方米写字楼。在城市土地房屋资源配置中，如果大手大脚，房地产总量供过于求，势必出现"空城""鬼城"；如果土地长期供应不足，则会造成土地稀缺、房价畸高。推进智慧城市建设，一定要把握好这个基本面需求的"度"。

第四，基础设施与公共设施的平衡。基础设施是城市的脊梁骨。我们推进智慧城市建设，重要的出发点是想解决交通拥堵、环境污染等"城市病"。但是，在总体不平衡的基础设施上增加再多的智慧元素，也解决不了问题，前提还是要做好城市基础设施的供给平衡。这里面，也有一些比例关系。比如，国家规定，城市建成区平均路网密度要达到 8 公里 / 平方公里，新建住宅配建车位要达到 1:1。再如，城市人群每人每天综合用水 0.3 吨，产生 0.25 吨污水和 1 公斤垃圾，城市供水和污水、垃圾处理设施应按此配建。又如，一个城市每 100 平方米土地，应有 55 平方米用于铁路港口、道路交通、园林绿化、仓储物流等市政基础设施以及医院、学校等公共设施建设，才能满足需求。推进智慧城市建设，首先要让这些基础设施达标，满足城市基本运行需求，这是绕不过去的硬指标。

第五，产业布局的平衡。产业集聚，人口才能聚集，政府才有收入，智慧城市建设才有基础。这方面，要做好两个平衡：一是就业总量平衡。一座 100 万人的城市，扣除未成年人和老人，起码有五六十万人需要就业，城市产业必须能够提供同等数量的就业机会并适度超前布局，这样城市才有活力。二是结构平衡，就是城市的一二三产业之间要保持平衡，上中下游产业链与生产性服务业之间要平衡，并重点发展战略性新兴制造业和现代服务业，更好满足不同层次人群就业需求。做好了这两个平衡，智慧城市建设所依赖的创新才会有雄厚的产业根基，智慧城市发展才会有广阔的市场空间。

上述五个方面，是城市建设的 ABC，是供给侧结构性改革的理念对智慧城市提出的基本要求，是新型城市化建设的大智慧。在此基础上，才有可能锦上添花的进行智慧城市建设。可以说，智慧城市的建设，首先就是以城市要素供给有效、结构平衡的理念规划城市、建设城市、管理城市，用有效供给的策略发展城市，从而提高城市的效率和活力。智慧城市是新型城市化的升级版，是未来城市的高级形态，是以大数据、云计算、互联网、物联网等新一代信息技术为支撑、致力于城市发展的智慧化，使城市具有智慧感知、反应、调控能力，实现城市的可持续发展。

从战术层面推进智慧城市建设，还务必要把握其内在逻辑规律，抓住五个关键点。

第一，智慧城市建设的基础是万物互联。世界是普遍联系的，事物的普遍联系和相互作用，推动着事物的运动、变化和发展。随着手机等智能终端和移动互联网的普及，全球 70 多亿人口已打破地域限制，实现了人与人跨时空的即时互联，这深刻改变了人类社会的形态和生产生活方式。当前，我们正步入物联网时代，5G 通信、物联网、云计算、大数据、人工智能等现代技术的迅猛发展，让物理世界数字化智能化成为可能，推动自然世界与人类社会深度融合，从而将人与人之间的沟通连接逐步扩大到人与物、物与物的沟通连接，一个万物互联的时代即将到来。智慧城市正是以此为支撑的城市形态。推动智慧城市建设，必须全面掌握并熟练运用互联网时代的新技术、新理念、新思维，更加科学主动地推动"城市"与"智慧"融合，否则，很难有大的突破。

第二，智慧城市建设可分为四个阶段循序渐进。从大逻辑来讲，智慧城市建设起码要经历四步，首先让城市的物能说话，其次让物与物之间能对话，再次让物与人能交流，最后让城市会思考。这决定了智慧城市建设分为四个版本：1.0 版是数字化，这是智慧城市的初级形态，目的是让我们生活的世界可以通过数字表述出来；2.0 版是网络化，就是通过网络将数字化的城市要件连接起来，实现数据交互共享；3.0 版是智能化，就是在网络传输的基础上实现局部智能反应与调控，如智能收费、智能交通、智能工厂等；4.0 版是智慧化，就是借助万物互联，使城市各部分功能在人类智慧的驱动下优化运行，到了这个版本，智慧城市才算基本建成。这四个版本，前一版是后一版的基础，但又不是截然分开、泾渭分明。推进智慧城市建设，要循序渐进、适度超前，但不要好高骛远、急于求成。总想着一步到位，往往只会事倍功半。

第三，智慧城市建设要自下而上、由点到面的推进。智慧城市的内在逻辑，决定了它很难先有一张"施工总图"，然后照图推进。智慧城市建设只能是自下而上，成熟一个推一个、积少成多、聚沙成塔。也就是说，我们要按照现实需求，区分轻重缓急，逐一构建城市各条战线、各个领域的智慧子系统，如智慧制造、智慧交通、智慧环保、智慧教育、智慧社区等，先把智慧城市的四梁八柱搭好，再添砖加瓦、封顶竣工，这样才能根基深厚。智慧城市建设中，尤其要避免热衷于搞"大规划""大方案"却不务实功、不作细功的倾向。

第四，智慧城市建设要坚持市场导向。智慧城市意味着高效率，而效率能够产生效益，这就能够吸引社会资本参与。比如，物流领域，2017 年我国社会物流总费用 12.1 万亿元，占 GDP 的 14.6%，比世界平均水平高 5 个百分点左右。如果通过发展智慧物流，把物流成本降到世界平均水平，就会节约 4 万亿元，这部分就可以成为包括工商企业、物流企业、金融企业以及大数据、云计算、物联网平台等各类企业的收入。再如，停车问题，目前我国缺近 2 亿个停车位，但又有约 8000 万个停车位平均空置率超过 50%，如果通过智能停车将空置率降到 10%，按每个车位每年收费 2000 元计算，也有 640 亿的收益。可见，智慧城市建设具有良好的发展前景和丰厚的投资收益。我们要尊重市场规律，坚持市场导向，以物联网平台及其受益企业的活动为中心，吸引更多企业参与智慧城市建设，决不能仅靠政府力量强推，那往往是缺乏智慧、烧钱而低效的，也容易搞成"政绩工程""形象工程"。

第五，智慧城市建设要法制化标准化。智慧城市是复杂系统，也是新生事物，其健康发展需要良好的外部环境。其中，有三个方面尤为重要：一是标准。要统筹协调，加快构建包括信息技术标准、城市建设标准、信息应用标准在内的智慧城市标准体系，确保有序建设、高效集约。二是安全。这是智慧城市正常运转的基础。要加强网络安全立法和监管，强化知识产权保护，积极发展网络安全技术，解决关键核心技术受制于人的问题。三是扶持。政府要带头打破"信息孤岛"，出台鼓励社会参与的政策措施，建立容错纠错机制，为智慧城市营造良好宽松的发展环境。

总之，推进智慧城市建设，战略上要坚定，战术上要灵活，要尊重规律、尊重市场、尊重创造，把准方向、少走弯路、不走错路，以更低成本、更高效率加以推进，真正实现"城市，让生活更美好"的目标。

（撰稿人：黄奇帆，重庆市原市长，十二届全国人大财经委副主任委员）

基于复杂适应理论视角，
5G 时代的智慧城市设计

面对 5G 时代，新的智慧城市该用什么办法去设计，设计的新思路是什么呢？

人类在科学方法论方面经历了三个阶段。第一个阶段是 20 世纪 50 年代的第一代的系统论（即控制论，一般系统论和信息论为主）。现在的手机、导弹、通信都是基于第一代的系统论产生，它现在还在发生作用。但是第一代系统论存在一个非常明显的缺陷，它的系统中每一个结构、每一个细节都是确定的，它讨论的问题都是确定性的。然而世界是不确定的，到了 20 世纪 60 年代的时候，第二代系统（以耗散结构、图辩论、协同论为主）就应运而生了。但是第二代系统论也存在一个缺陷，即它把主体看成是静止被动的，没有生命的对象。

而现实世界，特别 5G 时代，或者智能手机所武装的真实社会上的个体是能动的，它是会算计的。多数智慧城市的终端跟以前的终端完全不一样了，这就需要第三代系统，第三个系统是 20 世纪 90 年代提出来的复杂适应系统理论，即 CAS（Complex Adaptive Systems）。复杂适应系统理论认为系统中每个主体都能对外界的信息做出适度的反应，并且能够根据这些信息和经验进行深度的学习转型，续而自适应地应对外界的变化。系统内元素都具有能动性，这样的系统才符合我们智慧城市真正的设计基础。

一、智慧城市的主体简化

智慧城市的主体是复杂的具有自适应的，但同时所有的主体活动也具备某种共同特征。如果将一个系统的基本元素看成是智慧的，它肯定是感知的，感知以后会运算，运算以后会进行执行，执行之后再反馈，反馈之后再感知，它是一个无限式的循环闭环。在这个过程中间，无论是一个基本的细胞，还是构成系统，只要是智慧，就包含或可以演化成这四个步骤，现代城市正是由成千上万个这样具备四个环节运行能力的主体所构成（图 1）。

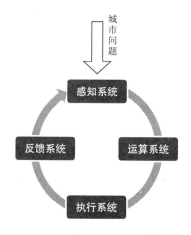

图 1　智慧城市的主体简化图

根据这四个步骤，我们来打造一个智慧城市。首先它必须是一个城市，同时必须符合三大目标，第一它必须有安全的韧性，第二它必须是有活力的、宜居的，第三它是生态可持续的。符合这三大目标，它就是一个理想的"铁三角"城市。这个铁三角如果我们再叠加一个智慧，我们就把第一代系统论切入到智慧城市当中去了（图 2）。

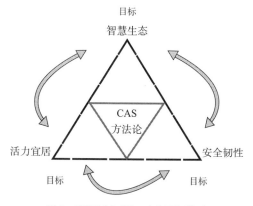

图 2　理想城市"铁三角"目标模型

二、智慧城市设计七个新规则

随着 5G 时代的到来，根据第三代系统论，我们有新的手段来实现三大目标。即多样性、非线性、内部模型、流、积木、标识。前四个方面是特征，后三个方面是它运行的机制。

（一）新设计规则之一：新集聚

首先，我们可以把整个系统简化成它是在 5G 时代的新的"集聚"。任何城市都有非常明确的集聚体，由市民、建筑、企业、社区等一个一个套叠起来。但是每个主体都是有能动性的，这和前两代的系统论是有区别的，这样更有适应性。作为一个科技社区或者新科技城市，除了显性知识，隐形的沉默知识的获取更重要，因为隐性知识占人类知识的 90% 以上，所有新技术都是沉默知识的碰撞，乔布斯在设计新的苹果总部的时候，就要求建筑师把人的无意识的界面交谈提高 30%，这就成功了。互联网时代，一个工业的开发区或一个科技新城最追求的是创造条件，人们更需要坐在一起讨论，需要捕捉演讲者交流者所有的肢体语言和潜在信息，让更多人产生更多沉默知识的碰撞。

5G 为什么会产生这样的作用？因为 5G 是无处不连，无处不智的。一个主体无处不连，无处不智的时候，它就使沉默知识和显性知识碰撞的概率提高了。

万物互联、万物集聚、万物智能的时代，是我们可以期待的。因为 5G 给我们带来了海量的通信信息，如车联网、智慧农业、智慧家居等，它为创新做了准备。我们的人工智能无处不智，从一开始的计算智能走向感知智能，再到认知智能，进一步走向环境和情感智能，人工智能与人类的生活越来越密切地结合在一起，且逐步升级，5G 使得人工智能大幅往前跨越了一大步。

（二）新设计规则之二：多样化

第二个设计规则就是大大注重它的丰富性。

一个系统为什么会呈现多样性呢？因为这个系统里面，只要有一个子系统被取代被淘汰，新的子系统就会马上补位。新的子系统与前面的系统相比是改良过的，具有适应能力。随着多样性特点在城市里越来越普遍，通过对无数多样性通道的扩展，特别在 5G 时代，它跟海量计算是直接有关系的，这种新的适应能力将迅速增长，飞速发展。

看看我们 3G 到 4G，网速增加几倍，人们从来没有预料几百万 APP 出现，我们正在进入一个无人区，进入一个不确定的时代，这个不确定是什么，就是多样性极大的涌现和丰富。5G 将造成需求、新技术、新路径、组合、供给模式、网联、产业链等方面的多样性、爆炸性涌现。5G 有一个典型应用就是"增强移动宽带"，这将大大降低"宽带"成本。我们的 VR 虚拟现实或者增强虚拟现实可加速人与人之间的互动。原来需要长时间迟延的变成瞬间就完成了，使人们远距离的互动，就如近在咫尺，伸手可以触摸，这就是把多种层次的知识聚集在一起后的应用效果。

（三）新设计规则之三：非线性

第三个规则，我们要从线性转入非线性。非线性实际上就是一个生命体，真实系统存在的特性，无非是前二代系统论简化了而已。我们通过对滇池的一个污染治理过程便可以看出生命的矩阵，它的蓝藻是非线性爆发的，因此治理也是非线性维持的。

每个系统都具有非线性维持，整个社会只要有生命，只要有自适应，就都存在这个矩阵，而这个重要规则是在此前一直被忽略的。5G时代的到来，使这个矩阵更加的明显，更加的不容忽视。

（四）新设计规则之四：流

5G时代到来之后，使各类"流"的特性得到了数倍的强化，使价值也开始流动。每个人的自适应性提高了，使系统更加矩阵化、非线性化。整个系统更加注重非物质流的演变。

系统是由流构成的，现代城市是一个高度的"流"空间。各种各样流之间，从1G到4G都是中心组装，而从4G到5G飞跃发展将实现任何一个端口之间能够自己组网。所以能够自组网和中心组网实际就是一个图谱，这种图谱会使得许多原来必须要通过中心来处理的流的演变轨迹，变得更丰富多彩。使很多原来不能流动的也变成无障碍的流动了。

区块链号称物联网的2.0，它是分布式计算的系统，这种分布式计算系统使人类第一次摆脱了中心控制性质的任何体系。区块链使价值能够"无成本、无摩擦"超越空间流动，也就是说资产财富能够跨越所有的障碍进行流动。区块链的另外一个技术价值核心就是穿透式的追溯，任何信息都可以追溯，这样把物的时间链、人的时间链、货币的时间链和资产的时间链全部跟流巧妙的组合在一起，这实际上是一种新的划时代的发明，我们此前没有认识到这些东西而已。

一个新的革命即将到来。我们过去的计算很慢，这种时延大大影响区块链的应用。但是5G时代不同，第一，它是海量的，它的速度大大提高了；第二，它是自组网的，这样的性能是革命性的创新，将发挥出巨大的威力。这就是5G加上区块链给人们带来的可能的未来。

（五）新设计规则之五：积木

积木是人对知识的传承、是成熟的经验，事物本身是大大小小的积木完成的。任何一个知识结构，比如从物理学角度来看，它向宏观和微观两个方向发展，现代的物理学越来越深入到微观的体系，但是到了量子阶段，所有的规矩完全变了。我们引入了新的一些积木，无穷无尽新的积木在我们眼前展开，跟老的完全不一样，所谓积木就是不同的认识世界的一种方法，所有的创新，都是对既有"积木"以不同方式进行的重新组合。我们再从生物学角度来看，生物学、生态学是向另外一个角度发展的，现在群体的智慧越来越重要，群体的智慧是单个的物体所完全不具备的，我们在群体上发现的单个物体是全新的，而且是无中心的一些智慧体系。智慧城市就是这样，它是由个体的智慧涌现产生的新的多层次的智慧体系，这种智慧体系是由无穷的新的和旧的积木巧妙的组合在一起。所以说现代物理学如果代表从宏观到微观，生物学则代表另外一种从微观到宏观的一个"积木"模式。

任何一种积木都会带来革命性的变化，老积木重新组合会产生革命性的变化，如果老的积木组合跟新的积木再进行组合就是爆炸性的。我们面临什么新的积木？大家可以看到，大数据是一个人类从来没有过的积木，第一次使人类认识到，原来我们还有相关性；人工智能是另一个革命性的积木，虽然它 20 世纪 60 年代就产生了，但是到了 5G 的时候，才真正可以发挥出无处不智这样奇妙的境界；区块链、AI、VR 这些都是革命性的新的积木，这些积木到了 5G 时代被唤醒，自动和老的积木重新组合，真正革命性的时代已经到来了。

（六）新设计规则之六：内部模型

人类作为系统中间最基本的最能动性的主体，遇到新情况时，会将老积木进行组合，将新的积木进行应用，用于应对新的情况。为什么每个积木会产生一种认识世界的新动力呢？因为它存在着内部的模型。在我们的认知上，人类的一些内部模型是隐性的。比如一种细菌可以沿着我们营养品不同的方向移动，因为这个机制的存在，因此千百万年以来，它是一种本能的存在，这种本能非常顽固，难以改变。再比如人类的 DNA 是非常顽固的，非常坚强具有韧性的隐性的内部模型。尽管爆炸了一个原子弹，依然会因为它的顽固，让人类在演化过程中，不会变成其他动物。

但是世界上更加重要的是要形成显性的内部模型。因为这种线性模型能够进行自主前瞻性的运算，在无处不传感，无处不感知，无处不智能的情况下，我们潜在的能力大大提高了，这种潜在的能力是可以通过"积木"快速组合的，演变非常快。基于这些特点，5G 的应用上一个很重要特点就是低时延高可靠性。内部模型在过去的高时延环境下是无法产生效果的，因为相互之间叠加，时间上会产生错位，模型与模型之间不会产生共鸣共振，但是到了低时延的时候，非线性的共振就产生了，这种非线性的共振使得我们原来没有想象到的东西都突然涌现了，就突然可以实现了。

（七）新设计规则之七：标识

最后一个运行机制也是比较重要的，就是标识。标识是为了在系统中聚集和边界的形成而普遍存在的一种机制。标识是真实世界存在的，市场经济充满着各种各样的标识，品牌就是人类创造的标识，博士、硕士、院士也是标识，一个人有了标识，可以使对方观察他的时候，更易于发现他背后的特性，这些标识的出现符合自然的规律，符合社会演化的规律。我们在座的那么多人，为什么有的人得感冒，有的人就有很强的抵抗力，因为所有人免疫系统是不一样的，免疫系统里边最活跃的 T 细胞体积很小，可以在任何人体体液中间穿越。当病毒入侵时，T 细胞首先会对入侵者打上标记，标记然后白细胞就出来了，包括杀伤性的细胞一看到就杀掉了。为什么会得癌症呢，癌症是自己人体 DNA 复制出了差错，T 细胞识别不了，这样一来，人类攻克癌症最主要的手段是打标记，打标记就是我们的靶向治疗，它使人类有望最终克服癌症，因为它使 T 细胞具有识别癌症的能力，如此一来，癌症就像感冒一样可以得到治疗。人类进一步认识到原来有 60 多种肺癌，将来可能几百种，每一种都应该培育 T 细胞抗癌才能制服。同样的肺癌可以发现 30% 的抗癌疗法，我们在这方面取得了突飞猛进的进展。所以标识天然就隐含在我们所有的系统中间。所有智慧城市，实际上就是把标识排列组合，把标识系统发挥作用，这样所有的主体都能够认识到在混乱中间，什么样的主体是其必须进行配对的，是其必须进行组合的，一切就会变得很流畅。

人脸识别就是打上隐性的标记。我们为雄安做设计，它 99% 人口是外来的，如果混进恐怖分子，一进来我们就打标识，整个系统就会围绕着这个被打上标记的信息体进行持续跟踪和观察，而其他人可以放掉，能有效地使城市管理系统具有防范危险分子的功能，社会的安全管理就会变得简易。

再比如说无人驾驶。无人驾驶有两种，一种是车辆本身具有三至五个多线性雷达，但雷达仅属于"第一感知"，且一个雷达相当一辆车，非常昂贵，这种模式在中国行不通。另外一种是车联网，通过 5G 的低延时使得行进的车辆在几百平方米范围内，能够形成识别照，这个识别照通过多点低延时传感，能够产生"环境感知"，使驾驶员能够及时了解车周边的情况，前瞻能力大幅提高。这种车联网使无人驾驶的成本成百倍的下降，将来可以成千倍的下降，同时，通过车联网的周边感知识别，还能在一定范围内观察和辨别到对车辆运行的安全影响因素，把所有周边危险的都在瞬间打上标识，并作分类处理，行驶将变得简单。不需要通过高敏感性的，非常昂贵的车载雷达来处理周边的信息。

进入万物互联，无处不智的 5G 时代，就可以将各种各样的东西、对象、事件都打上标签，从而促使系统的设计、认知变得非常敏锐，这时候我们新一代的智慧城市就涌现了。5G 虽然只是一个"超级联接",但是这个超级联接使得新的模块、新的内部模型、大数据、AI、VR,这些新技术能够低成本简易武装到每个主体,进行高度的组合,快速提升主体的自适应能力,产生无穷无尽的变化。主体新的集聚、多样性、流、积木、内部模型和标识等新规则相互循环强化,将会涌现出新的智慧城市的设计模型,所以 5G 的智慧城市是跟 3G、4G 完全不一样的。5G 是各行各业融合创新的催化剂,5G 时代城市则变成一个巨大的孵化器,以 5G 智慧城市作为平台,也将使个人的创业呈现爆炸性的涌现。

回顾过去,旧的智慧城市的设计是从上而下为主,现在新的规则将是自主进化的,系统会进行从下而上的演变式的迭代设计;旧的规则是一次性设计的交钥匙工程,新时代的智慧城市则是自主演化的,像一个生命体一样,会不断地增强自己的智慧;旧的智慧城市设计是"中心控制式"的智慧,而新的智慧城市更讲究"分布式"的智慧;旧的智慧城市是单项智慧组合起来的渐进创新为主,新的智慧城市是一种相互激发式的组合,相互强化式的爆发式创新。5G 是一种催化剂,这种催化剂可能产生的是带领智慧城市的设计进入一个无人区。五年后我们再来回忆今天所讲的,可以想象一定会涌现出来很多人类没有见到过的新的模式和新的设计办法。

（撰稿人：仇保兴，国务院参事，住房和城乡建设部原副部长，中国城市科学研究会理事长）

智能规划助力智能城镇化

人类城镇化历程中形成的共性问题包括城市与自然的失和、多元系统失合和时代承创失序三大共性的问题。这三大问题的解决需要实现人与自然和谐、人与城市内部各系统之间和谐以及历史与未来的和谐。中国城镇化的历史阶段转化需要实现四个方面的转变。一是从无限资源转向有限资源；传统城镇化强调城镇化率，所有地方政府都认为城镇化率可以持续提高，但城镇化、城市建设都是有限资源，所以更重要的一个指标是"可城镇化率或城镇化潜在率"。二是从数量的提升转向质量的提升；三是从体力模式转变到智力模式；四是从建设优先转向生态优先。

中央城市工作会议提出"一尊重五统筹"。城市规划首先要认识规律、尊重规律，然后才有规划。城市规划的思路有三种：理想导向、问题导向和城市生命规律导向。生命规律导向就是逐步显性量化城市发展固有规律，用这种规律推演城市的生长。城镇化的前提就需要深挖世界城镇化发展的客观规律。在全球214个国家和地区的数据库中，通过人口、土地、城镇化率等指标，筛选出与中国最相关的48个国家。分析这48个国家的城镇化轨迹发现，所有国家50%之前的轨迹基本类似，随着城镇化率的提升，人均GDP也在有规律的提升。中国的城镇化轨迹基本上是这些国家轨迹的回归线。当城镇化率到60%～80%，这些国家轨迹明显分化为两大类。大部分国家仍以体力劳动型城镇化的道路，城镇化率不断提升，然而人均GDP无法跨越15000美元，大多数国家都在此类；另一小部分国家则成功实现向智力型城镇化的转型，实现了人均GDP的大幅度增长。

世界城镇化的成功典型模式可以总结为三类。一是1/3，意奥模式，即城镇化率到达66%之后不再增长，保持1/3的人口在农村，但劳动生产率在急剧提升，人均GDP到达5万美元。二是1/4，德瑞模式，即城镇化率75%～78%之后基本不变，保持1/4的人口在农村。三是1/5，英美模式，城镇化率到达80%之后基本不变，保持1/5的人口在农村。城镇化失败的典型模式也包括两类。一是以阿根廷、智利为代表的南美国家。另一个是日本，唯一一个城镇化率达到95%的发达国家，在城镇化率75%，人均GDP到4万美金的时候突然转变，高位放空，城镇化率不断提升，只有老龄人口留守农村，人均GDP徘徊不前。

中国城镇化正处于转型分岔的关键期。对比中国各省和世界各国城镇化轨迹发现，中国大部分城市都没有实现转型，但广东和深圳呈现出转型的趋势。中国的城镇化一定要转型，要从追求城镇化率转向追求城镇化的质量和道路中来。

如何走智力城镇化道路？我们识别了 13810 个城市，首次在全球范围内实现了世界城市建成区的样本的全覆盖，诞生了人类最完整状态的一张图。目前已经完成了其中 9516 个城市区的"城市树"的绘制。这些"城市树"样本通过自动归类，分为萌芽型、佝偻型、成长型、膨胀型、成熟型、区域型和衰退型七大类。

我们完成了世界首个城市智能推演平台，构建政府、规划师、开发商和市民四类人员的博弈模型和城市六大用地类型的人工智能推演模型。去年以北京为例做出了第一张城市未来推演的博弈图。这张图奠定了智慧规划的基础，城市可以自己修复的就不要大拆大建，尊重城市的自组织和自提升能力。同时，通过推演，我们还可以发现未来可能产生的节点、问题、必须干预的方面。

在雄安新区规划中，我们首次应用了智能推演系统，对雄安新区的未来进行了七项推演，包括城市人口推演、城市用地推演、城市资源需求推演、城市面貌推演、经济产业推演、京津冀城镇群推演和人民期望推演。把整个新区所有的功能、区域、模式、经济、人文、生态、面积全部梳理后输入计算机，推演出雄安新区的人口总量、人群时空分布特征、用地增长状态、设施需求、空间密度、经济产业发展、周边状态的演变等。目前已经完成了前六项推演，未来我们希望完成对人民最迫切期望的排行榜的推演。

中国城镇化的关键时期最多只有 20 年的时间，我们希望城镇化的未来能够用我们新掌握的城镇化发展规律、城市规律来实现。

（撰稿人：吴志强，同济大学副校长，中国工程院院士）

做有边界的智慧城市

一、从信息化烦恼谈起

（一）智慧城市的三大难题

智慧城市建设有三大难题挥之不去，即"数据共享""大数据决策"和"城市大脑"。三大难题并非来自执行不力，而是项目承担人承诺了不可能完成之目标，随着项目交付期临近，三大难题距离解决反而越来越远。

（二）不合理与复杂性

信息化的难题有两类，一类是能够解决但是非常复杂，需要付出很大的代价，项目是否值得做需用经济学来判断；另一类是理论上就不合理，目标错了自然无法解决，智慧城市首先要排除理论错误的目标，然后再依据实际的需求与各方面资源提供的可能性，确定任务的合理边界，做到适可而止。

（三）经济学的天花板

信息化属于应用科学，应用科学追求的是应用效益，影响效益的因素很多，多种因素相互影响形成了效益的不确定性，不是线性推理能够预计的，例如，数据丰富有利于决策，但是数据收集会增加成本，成本持续增加会出现拐点，使成本大于决策改进的价值，再做下去会弊大于利。信息化在增加效益的同时也在增加成本，效益增加越来越细微，成本增加却如脱缰野马没有限制，信息化项目需见好就收，否则会得不偿失，这是经济学的天花板，智慧城市建设者需高度重视。

（四）没有边界就没有成功

智慧城市建设最大的问题是没有边界的目标，列宁说："真理多走一步就会变成谬误"，没有边界的信息化目标很难不越界变成谬误。

科学界判断一种理论属于真科学还是伪科学是看该理论能不能证伪，不能证伪的理论就是骗人的异端邪说，在信息化项目中判断是真技术还是假技术要看其能否讲清楚所交付系统的边界，没有边界的技术是不可信的，不要指望讲不清项目能力边界的人能够胜任项目，科学合理的边界会排除诸多信息化烦恼。

二、老大难的数据共享

（一）数据共享迷信促成老大难

数据共享是资格最久的老大难问题，该问题来自数据共享无边界，政府数据共享做到何种程度算完成？不错，数据共享在某些场合是有价值的，但是在更多的场合并没有太多价值，不值得政府大做，数据要不要共享是供需双方协商之事，用行政手段推动全面的数据共享违反了经济规律，所以老大难问题越来越难。

数据共享迷信始于信息化早期计算机数据匮乏时代，数据共享成为推广数据库应用的口号，而在互联网时代数据爆炸与网上搜索的便利已使数据大贬值，数据共享困难已被谷歌、百度、微信、Facebook 等公司极大缓解，在全球政府数据开放大潮中，继续建立政府内部数据共享系统没有太大意义。

（二）操作与决策数据用法不同

推动政府内部数据共享往往并不区分政府使用数据的两种不同模式，即决策使用数据与操作使用数据，两种用法的效益成本大不相同。

决策使用数据：政府决策使用数据只是为了从数据中获取信息，政府是用信息决策，决策者获取信息的渠道很多，政府内部数据共享系统仅仅是渠道之一，决策对之并无依赖性。

操作使用数据：政府对社会公共服务的业务本质上是政府业务数据的数据处理，这种业务是规范的，流程化的，使用的政府数据是不可替代的，需要跨部门的数据合作，涉及的部门与数据项并不多，可以通过相关部门之间建立数据整合的专用系统来解决。

政府使用数据的两种模式皆不依赖建立政府内部全面的数据共享系统。

（三）数据整合的目标是提高操作效率

政府有关部门正在积极推动政府数据整合，数据整合的主要效果体现在政府公共服务的效率提高上，如"一号一窗一网"与"只跑一次"都是政府基层公共服务的改进，公众的获得感得到很大提升，其根本原因是公共服务业务是确定性的，可以用信息技术准确地替代，能够充分发挥信息技术的优势。

政府数据整合对政府决策帮助却不大，因为决策主要靠人脑完成，数据挖掘只能帮助工作人员重组数据以便发现信息，计算机没有信息概念更不具有决策能力，政府官员信息渠道太多，政府数据整合共享系统已被淹没于诸多信息渠道之中，将数据整合定位在改进政府操作而非改进决策是明智的。

（四）做得少，才能做得好

两千年前老子就说过"多则惑，少则得"这个道理用在数据共享上正合适，这些年政府对建立全面的数据共享系统做了很多投资，真正频繁使用跨部门数据的业务与涉及的有关单位并不多，如果放弃全面的数据共享，集中资源于公共服务频繁使用的跨部门数据整合，必将取得更有效的成果，数据共享老大难问题也会随之迎刃而解。

三、大数据中心的烦恼

（一）所有数据都被归入大数据

大数据概念的混乱是烦恼产生的重要原因，大数据一窝蜂破坏了信息化概念的严谨性，为赶上大数据潮流，许多地方匆忙建立了大数据局，管理全部政府数据，于是大数据与传统数据概念的差别就被模糊了，大数据中心只想着数据多多益善，没有精力去研究数据应用，忘记了用好小数据才是地方信息机构的首要职责，其结果是大数据应用非但没有推动城市工作改进却成为新的浪费之源。

（二）大数据的片面性

专家们设想大数据能够有力推动政府决策科学化，令人失望的是《大数据支持政府决策案例集》至今也编不出来，大数据应用成功的案例都在微观领域，特别是人工智能机器学习，对政府在宏观决策上有帮助的案例实在罕见。

数据量巨大并不等于信息全面，其实正相反，数据量的膨胀是以牺牲信息覆盖的全面性为代价的，只有集中在狭窄领域中才能由机器自动产生超大规模的数据量，这意味着大数据适合狭窄领域的业务改进而不适合政府宏观决策，很多影响决策的重要信息无法数字化，突出某种大数据资源会影响政府信息把握的全面与均衡，反而不利于政府正确决策。

（三）可视化大数据共享平台

某些大数据中心想利用大数据共享平台来拉动大数据应，但企业不愿意提供原始数据，企业数据有信息安全与隐私保护问题，此外企业利用大数据的难度也很大，大数据处理成本太高，碰到合适数据的概率太低，大数据共享平台经营难有可持续性。

利用可视化技术可以缓解供需双方的困难，不需要向企业索要原始数据而是向企业征集可视化产品，产品征集可以利用政府采购、企业赞助等方式，可视化产品征集避开了数据安全与隐私保护问题，并给企业展示大数据能力的机会；从用户视角看，此举将大数据共享平台改造为可视化数据的演示平台，用户可以阅览与订购可视化数据，可视化产品利用的门槛大幅降低，应用的繁荣可待。

（四）大数据中心的出路是小数据

大数据中心的烦恼主要来自对大数据应用的盲目追随，混淆了大数据与常规数据的概念，本是小数据业务硬要贴上大数据的标签，自己搞乱了自己。实际上大数据应用对多数城市是超前的，目前最好的做法是放下大数据，从本地区实际情况出发，以需求为导向管理好常规数据。当前多数城市面对的实际问题是提高政府公共服务的效率，关键是做好政府业务数据的有效整合，这属于小数据业务，大数据中心只要集中精力把与公共服务相关的业务数据整合好，就能够提高政府对外服务的效率，仅此一项成果就足以支撑大数据中心的生存。

四、城市大脑向何处去

（一）城市大脑只能解决小脑型问题

对城市大脑的过度渲染，使社会各界对城市大脑形成了过高期望，导致城市大脑成为永远达不到的目标，沦为又一个老大难问题。人们期望城市大脑能思考、能预测、能创新，然而看到的城市大脑却完全不具备这类功能，只能按照人们设计的方式执行、执行、再执行，重复地执行城市"小脑型"任务，苦苦期待的城市大脑不过是个城市小脑，失望感油然而生。假设没有使用城市大脑这一名称，或者给城市大脑以实事求是的合理定位，这种不满本不会出现。

（二）没有复用就没有效益

城市大脑重要的问题是可持续生存，这是一个经济学问题，既要有贡献又要低成本。信息技术效益来源是软件的复用，软件是人类处理事务智慧的形式化，其开发成本很高但复用成本却很低，多次复用才能回收成本创造效益。城市大脑适合的工作不是攻克难题而是承担政府例行性的工作，例行性工作重复率高便于回收成本，城市大脑承担例行性任务可以为人节约宝贵时间去做更有创造性的工作。在相当长的时间里城市大脑的决策能力比不过人脑，让它在自己的优势领域发挥作用是合理的选择。

（三）不确定性世界没有完整的数据

城市大脑设计者提出"只要数据齐全，城市大脑就能够预测一切事件、解决一切问题"，这是设计者给自己留的退路，一旦城市大脑表现不佳就可以把责任推到数据不足上去，这样做并不合理，在不确定性世界中数据齐全是不可能的，决策需要的数据永远是不足的，政府决策都是在信息不足时完成的，数据收齐只是一种奢望，问题产生的速度会胜过传感网建立的速度，数据收集对新业务需求永远是滞后的。

（四）城市大脑的经济学边界

城市大脑需要数据，但随着问题复杂性上升，数据收集的成本会无限增长，以至于超过解决问题的价值，城市大脑以人机合作系统能够解决一些未来的新问题，但是其解决新问题的成本很高，城市大脑并没有足够的专业人才应对不断创新的新需求，唯一的办法是给城市大脑的功能划定明确边界，多做重复性、例行性的工作，使其功能与城市的人财物资源相匹配，恰当的边界既能发挥城市大脑的作用又能防止浪费。

（五）例行性业务助城市大脑成功

确定性技术的基因决定了城市大脑的优势与劣势，扬长避短是城市大脑业务应遵守的原则，城市大脑不能好大喜功，项目建设开始时就要讲清楚能做什么不能做什么，能将若干例行性的业务稳定地做好就是很大功劳，城市大脑不要奢望成为能替代人解决复杂问题的智者，而要甘愿做承接规范化业务的苦力，让人节省时间与精力去做城市大脑不能胜任的事情。将城市大脑定位放低，做力所能及的事情可以规避后来的许多麻烦。

五、以智慧驾驭聪明

（一）聪明只会开始，智慧懂得结束

在智慧城市建设中，搞清楚聪明与智慧的区别是必要的，聪明是解决具体问题的能力，追求的是短期效率，智慧追求的是长远发展的最终目标。智慧与聪明并不在同一个层次上，智慧包含着对聪明的反省，所以智慧是聪明之上的聪明，而聪明缺乏自我反省的能力，容易将一时成功的经验线性拓展，以至于忽略环境的变化将真理演绎成谬误。

智慧是更高层次的思维，能看出聪明的条件与边界，在环境改变时能够终止

以前的聪明并及时更换新的聪明，思维自我反省的习惯塑造了智慧。智慧城市建设是长远的事业，结果好才是真正的好，聪明只会开始，要靠智慧完美结束。

（二）没有妄言便没有烦恼

智慧城市建设本是一项踏踏实实的信息化工作，如果没有专家与媒体的过度渲染，人们也不会为"数据共享""大数据决策""城市大脑"产生不切实际的幻想，无法实现的期望加上急于求成的心理硬把本来可解的问题催成老大难。智慧城市建设需要去除一切妄言，承认一切智能化方案都有其局限性，都有其能力的边界，一届政府不能好大喜功什么都想做，为下届政府留下可持续的具体成果就是很大的功绩。

（三）智慧城市是智能化应用的繁荣

智慧城市并不是可执行层次上的概念，与信息化工程、智能化系统不在一个层次上，它是一个在涌现层次上的概念，代表着城市智能化建设的整体繁荣，繁荣是不可操作的，能够操作的只是一项一项具体的智能化工程。智慧城市是用信息技术解决一个又一个具体问题的总体效果。

在智慧城市建设中，没有智慧化系统只有智能化系统，源源不断的智能系统出现，一个个具体问题被智能创新所攻克，所涌现的繁荣就是智慧城市，智慧的灵魂体现在诸多信息化工程的合理设计、精心施工与认真服务之中。

（四）顶层设计要为智慧城市设计边界

智慧城市成功最重要的是每项目标都有明确边界，有限制才有成功。顶层设计重要任务是为每项具体工程设立边界，切忌不切实际的虚幻目标，宁可把指标定得低一点也不能过高，为说过的大话买单是极其痛苦的。在时间进度上要留有充分余地，因为业务的磨合、维护修改所需要的时间往往会远超预期，留有余地看起来比较保守，然而却是成功必不可少的措施，智慧城市建设拖期是常态，实际一些总是好的。

（撰稿人：胡小明，中国信息协会副会长）

数字孪生，智慧城市的范式变革

慧城市是信息化与城市治（管）理高度融合的产物，同时也是全球互联网治理体系的重要载体和构建网络空间命运共同体的重要基础。

过去的几年间，我国近三百个城市开展了智慧城市建设试点，随着网络强国战略、国家大数据战略、"互联网＋"行动计划的实施和"数字中国"建设的不断发展，智慧城市被赋予了新的内涵和使命，为新型智慧城市的迭代演进和发展建设带来了前所未有的发展机遇。

以 5G、物联网、区块链、人工智能和量子计算等为代表的五大关键技术将深刻影响未来城市建设，促成数字孪生城市的诞生，未来的数字孪生城市，一定也是一个软件定义一切的城市，在数字孪生的世界中，在物理世界和数字世界相互映射的过程中，一定会实现精准映射、虚实交互、软件定义、智能操控的过程。

关键词一：大数据

正如习近平总书记所述，当今时代是"全体中华儿女戮力同心、奋力实现中华民族伟大复兴中国梦的时代"，也是"我国日益走近世界舞台中央、不断为人类做出更大贡献的时代"，同时，我们"正面临百年未有之大变局"。

眼下，在经济、技术、产业和国际秩序上所发生的一系列深刻变化，从另一个角度可以定义为人类社会从工业文明时代向物质文明时代，再向数字文明时代的转型蜕变，站在新时代的风口，我们也即将从过去的信息化社会向数字社会迈进。

人类进入到数字化社会之后，数据将被重新定义。在徐昊看来，过去的数据无论是碎片化，还是格式化，亦或标准化，其核心矛盾是只能人读懂数据，人与机器、机器与机器之间的数据却尚未贯通连接。

什么是大数据？

"大数据是在新一代信息技术条件下，对人与自然、人与社会之间相互作用及相互关系总和的数字化描述。"在之后演讲中的数字孪生概念也是以此为基础的。

2018 年中国国际大数据博览会的年度主题提到了一个概念——数化万物·智在融合，数据连接变革着万物，融合赋予创造着智慧，为新时代发展理念的落地生根提供了无限可能，对社会生产方式、生活方式和社会治理模式将产生重大而深远的影响。

这是大数据的价值意义，也是大数据的未来趋势。

贵阳很早便提出了"块数据"的概念，即把某一时点或者某一场景下所有关联的数据（也称之为"条数据"）进行汇聚，通过多维联合和关联分析，进而对事物做出更加迅速、精准、全面的研判。贵阳将以大数据为抓手，围绕产业、政府治理和民生等领域，实现大数据各领域的探索和创新功能，打造"中国数谷"下的"块数据城市"。

关键词二：治理科技

"治理科技"这个词是贵阳的原创。目前最大的困扰是如何通过感知传输实现数据间的有效流转和有效应用，在新一代信息技术条件下，无论是5G、物联网、车联网，甚至无人工厂都关系到最根本的问题——数据的治理。数据治理加上网络治理，折射出来的就是我们对城市、领域，乃至世界的治理。

关于治理科技，涉及三个关键点：一是5G和物联网，二是区块链，三是人工智能和量子计算，这五项技术是支撑未来治理科技的核心，是对于新型数字社会基础设施的进化研究。

在构建智慧城市、数字化城市的过程中，首先要构建新型数字化社会基础设施，从最早的模拟信号基础设施，到现在已经广泛应用和使用的信息互联网的基础设施，事实表明，这个演进正带领着人们向人机互联网的基础设施大踏步迈进。

倘若要构建出未来智慧城市的基础设施，从网络层面分析和解读，那就一定要实现新型自主互联网。

治理科技如何解决人与机器、机器与机器间相互识别、解读、关联数据？

治理科技离不开区块链。区块链也被称为对互联网进行规制的技术，未来的互联网在不断的演进过程中，一定是法治下的网络技术。如何用技术规制技术？区块链起到关键性、基础性的作用。所以，区块链技术不仅可以对整个互联网秩序重新构建，更将成为数字社会、数字经济发展过程中的一个历史性拐点。最终，互联网的发展将呈现出三个不同的阶段——信息互联网、价值互联网、秩序互联网。

基于此，贵阳提出了"主权区块链"的概念，如果说主权区块链的现在任务是妥善规制数据秩序，那么，未来任务就是全面构建数权法律。

主权区块链将主权国家的规制理念植入技术治理之中，从而把技术架构和制度运作有机结合在一起，完美地将技术创新和制度重构融为一体，是法律规制下的技术之治。主权区块链将全面创新现代治理模式，催生治理科技的兴起，促成人、技术与社会的有机融合，推进价值互联网跃升为秩序互联网。

进入到智能时代的时候，秩序互联网就会成为互联的全新表现形式。所有谈论数据的问题，进入到价值互联网和秩序互联网，授权会成为新型互联网的关键与核心。我们经过几千年的物质社会发展，推出了物权法作为民法的基石，进入到数字社会，数权法也一定会成为数字社会的基石。

关键词三：数字孪生城市

数字孪生城市——实际上是我们对于新型智慧城市的另一个称呼而已。未来，我们对整个空间的描述会从过去的物理层向信息层和数字层不断拓展、延伸。

数字孪生城市于贵阳而言是通过这些年的大数据发展实践而对"智慧城市"这个概念的理解和建设思路，也是对数字经济生态构建的设想。

2016年，李克强总理到贵阳参加数博会的时候曾经说道："在中国西部欠发达的地方，在不断地挖掘生成着'钻石矿''智慧树'。"

那个时候，未来数字孪生城市就已经初现雏形，从底部数据层的数据采集、挖掘、加工、交易、决策，到以人工智能为数据发展支撑的算法和算力核心，再到以区块链贯穿始终的"神经网络系统"传输，"智慧树"的形象正刻画着未来数字孪生城市的结构和内涵。

数字孪生城市是支撑新型智慧城市建设的复杂综合技术体系，是城市智能运行持续创新的前沿先进模式，是物理维度上的实体城市和信息维度上的数字城市同生共存、虚实交融的城市未来发展形态。

数字孪生不止于物。未来的数字化城市，未来的数字孪生城市，一定也是一个软件定义一切的城市。在数字孪生的世界中，在物理世界和数字世界相互映射过程中，一定会实现精准映射、虚实交互、软件定义、智能操控的过程。

贵阳在实施孪生城市建设探索中规划的"数博大道"，一个全长22公里，宽4公里，面积将近100平方公里的数字孪生城市试验场。贵阳将通过三年时间进行集中打造，谋划数博大道感知体系、网络提升工程、城市信用创新示范等23个领域和51个重大支撑项目。

以数博大道感知体系支撑城市综合感知平台，建设"中国数谷核心区、永不落幕的数博会"，现实城市与虚拟城市同步规划、同步建设，全方位展示全球最新大数据成果和未来数字城市形态，最终建成一条大数据的产业大道、智慧大道、展示大道、创新大道和生态大道。

数博大道是贵阳市新兴产城融合的实验田，通过推动数字孪生带动数字经济发展，构建数字社会新形态，进而推动数字文明的进化。

（撰稿人：徐昊，贵阳市副市长）

推进"一网、一门、一次"改革，深化"互联网＋政务服务"

近年来，党中央、国务院就推进审批服务便民化、"互联网＋政务服务"、政务信息系统整合共享等工作作出系列重要部署。2017 年 12 月 8 日，习近平总书记在主持十九届中共中央政治局第二次集体学习时发表重要讲话，从推动大数据技术产业创新发展、构建以数据为关键要素的数字经济、运用大数据提升国家治理现代化水平、运用大数据促进保障和改善民生、切实保障国家数据安全 5 大方面，就实施国家大数据战略，建设数字中国做出了顶层战略部署。其中，数字政府建设将是数字中国建设不可或缺的关键内容，更是引领数字中国建设的风向标和推动数字中国建设的发动机。2018 年 4 月 20 日，在全国网络安全和信息化工作会议上，总书记再次强调，要运用信息化手段推进政务公开、党务公开，加快推进电子政务，构建全流程一体化在线服务平台，更好解决企业和群众反映强烈的办事难、办事慢、办事繁的问题。3 月 20 日，李克强总理在两会答记者问时提出，政务服务一网通办、企业和群众办事力争"只进一扇门""最多跑一次"。5 月 16 日，李克强总理主持召开国务院常务会议，对进一步推进政务服务一网通办和群众办事"只进一扇门""最多跑一次"做出了顶层部署。

随着信息化进入以大数据为表征的新阶段，我国正迎来数字经济这一新经济形态，逐步成型并即将进入其发展的黄金期、爆发期所带来的历史机遇期，这既是我们后发赶超、实现"换道超车"的新契机，也是我们在新时代开启强国梦新征程的一个重要战略抓手。实施国家大数据战略、建设数字中国的核心任务之一就是要建设基于大数据、互联网和智能化应用的数字化、服务型政府，通过打破信息壁垒、汇聚政务信息、优化服务流程，疏通"放管服"改革的"经脉"，更好地服务和改善民生，增强人民群众幸福感和获得感。

然而，此项工作面临的一个老大难障碍就是：政务信息系统中广泛存在"各自为政、条块分割、烟囱林立、信息孤岛"问题，总书记和总理曾多次指示并强调要破解这个难题。国务院针对这项工作，于 2017 年 5 月通过《国务院办公厅关于印发政务信息系统整合共享实施方案的通知》（国办发〔2017〕39 号），明确了责任单位、时间表、路线图，并从 8 月起，开展了卓有成效的试点和面上推进工作。

12月6日国务院常务会议对加快推进政务信息系统整合共享，以高效便捷的政务服务增进群众获得感做了专题研究和部署。

作为国家发展改革委在推动39号文落实过程中特邀的咨询专家，我也有幸参与了这项工作，并深感其意义重大、需求强烈、任务紧迫，在工作推进中对工作之艰巨、领导之重视也有深刻体会，对大半年来取得的阶段性成果更是深感欣慰和振奋。日前，国务院印发《关于进一步深化"互联网＋政务服务"推进政府服务"一网、一门、一次"改革实施方案》（以下简称《实施方案》），这是前期政务信息系统整合共享工作的深化和成果的巩固推广，是从人民群众需求角度出发的一个有高度、有规划、有重点、有保障、可实施的顶层设计。作为政务信息系统整合共享专家组成员和《实施方案》起草组专家，我从以下三个方面来谈谈自己的认识和体会。

一、"一网、一门、一次"改革意义重大

（一）构建数字政府新模式

互联网、物联网、大数据为基础的新一代信息技术加速推动了社会组织和运行模式的变革，并对传统的社会治理体系和手段提出了新的要求。世界各国都在尝试打造适应信息化新阶段新要求的数字政府，相比较而言，我国政府在前瞻性规划意识、组织能力、决策行动、执行能力等方面均具有明显优势，这使得我们具备率先在世界上建设"大数据化"数字政府的基础和条件，通过探索形成"数据上浮、共享汇聚，服务下沉、按需高效"的数字政府新模式，打造信息化背景下政务模式演进史上的一个重要纪念碑。

（二）开创社会治理新途径

数据辅政，既是社会治理新途径，也是精细化服务的必然选择。充分利用互联网带来的数据采集、交换和汇聚的优势，既能够提高政府的办事效率，提高政府的数字化服务能力；又能通过数据的分析和监控，实现政府决策的最优化和精准化，并进一步推动政务服务的公平化，减少人为因素对社会治理的干扰。

（三）满足人民需求新思路

十九大报告指出，中国特色社会主义进入新时代，我国社会主要矛盾已经转化为人民日益增长的美好生活需要和不平衡不充分的发展之间的矛盾。通过"互联网＋政务服务"来实现普惠，缩小信息和服务不均衡所造成的社会服务的不均衡，是一种有效且高效的解决方案。基于信息化的快捷高效的政务服务，能够助力解

决社会矛盾，特别是涉及群众切身利益的矛盾，诸如惠民政策、惠民补贴等。

二、系统性的顶层设计，可操作的实施方案

（一）总结试点、提升推广

2016 年以来，拥有良好信息化基础的浙江省率先提出和实践了"最多跑一次"改革，截至 2017 年底，浙江"最多跑一次"的实现率和满意率分别达到了 87.9% 和 94.7%，取得了良好的社会效益。2018 年 1 月，中央全面深化改革领导小组第二次会议审议了《浙江省"最多跑一次"改革调研报告》，中央深改办建议向全国复制推广浙江经验。江苏省也在 2017 年全面推进"不见面审批"改革，推动形成"网上办、集中批、联合审、区域评、代办制、不见面"的办事模式，构建"不见面审批＋强化监管服务＋综合行政执法"新型管理体系，着力优化营商环境，切实增强企业和群众的改革获得感。

浙江、江苏等先行试点的地区，取得了很好的成果，也凝练了在政务改革实践过程中遇到的难点问题。这些问题在《实施方案》中都有明确的部署和具体的指导，在浙江"最多跑一次"、江苏"不见面审批"等基础上总结提升，进而全国推广，最终实现全国一盘棋的一个行动计划。

（二）征集堵点、以点带面

《实施方案》中有几个很重要的关键举措：征集堵点、落实数据共享责任清单。以点带面，这既能从政府管理机制上优化关键顶层政务服务流程；又能从服务意识和考核机制上，树立典型、通过优秀案例和场景的带动，增加人民群众获得感。

找到困扰群众的"百项问题"进行重点攻关，"打蛇打七寸"，从应用场景入手，是一个很好的抓手。这些难点的解决，将会起到"举一反三""示范引领"的作用。通过问题导向，梳理政府各部门的职责和权属，减少过程文件、减少不必要的证明文件和环节、落实数据共享责任清单，是推动"一网通办、只进一扇门、最多跑一次"的前提。

（三）"一网、一门、一次"、具化途径

一网、一门、一次既是三个具体要求，又是具体改革途径。

"一网"是改革的技术要求，是"互联网＋"向政务延伸的基础。

一网的背后是一个全国统一的多级互联的数据共享交换平台体系，是"一个平台、一张网、一个库"的外在表征。一网的技术要求有两个层面：一个层面是基于信息技术的顶层规划，涉及平台和网应怎样规划和建设、库需怎样互联互通

和标准化;另一个层面是政务服务的技术性规划,涉及各层级的职责与职权、每项政务服务的全国标准化要求等。对此,方案中有着明确的实施路径,比如全国一体化网上政务服务平台的构建、各级政府政务服务资源的整合、统一公共入口的接入等。

"一门"是改革的形式要求,是政务服务线上线下集成融合并向群众全面靠拢的体现。

"一门"首先是体现了物理集中的基本要求,将省、市、县、乡各个部门的"多门"集中为"一门";其次是逻辑集中的效能要求,将各部门的业务统一到一个窗口,实现前台综合受理、后台分类办理。两个层面的集成,表层上体现的是对政务服务能力的改革要求,强化分工协作与融合,深层次上是要树立政府各部门之间的政务服务意识,强化执政为民的理念。

"一次"是改革的效能要求,是加强执政能力建设、调动执政为民的积极性、主动性、创造性的着力点。

要做到"最多跑一次",至少需要两个方面的工作,一方面是政务办事流程的再造,如何减少过程文件、如何可靠地减少资料验证环节、如何精简审批流程;另一方面是推动基于互联网、自助终端、移动终端的政务服务入口全面向基层延伸。"最多跑一次"成为政务服务改革的重要抓手,以此为标杆,来思考和推动政务服务改革,强化执政能力建设、调动执政为民的积极性和主动性。

总言之,"一网一门一次"是以"整合"促"便捷",打造全国一个平台、一张网、一个库,核心是整合各级部门分散的政务数据和服务资源,是对政府各部门配合协作的一次大考;以"集成"提"效能",强调百姓便捷和政府资源优化配置;以"创新"促"精简",从政务服务的应用场景出发来创新技术方法和数据共享机制,精简优化政务流程;以共享筑根基,坚持"大集中、大整合、大共享",打破信息孤岛,把碎片化、分散化、区域化的数据联通起来,夯实政务服务的资源根基。

(四)定立指标、量化考核

《实施方案》定立了明确的执行指标,具体为:

1. 在"一网通办"方面,2018年底,省级政务服务事项网上可办率不低于80%,市县级政务服务事项网上可办率不低于50%;2019年底,省级政务服务事项网上可办率不低于90%,市县级政务服务事项网上可办率不低于70%。

2. "只进一扇门"方面,2018年底,市县级政务服务事项进驻综合性实体政务大厅率不低于70%,50%以上政务服务事项实现"一窗"分类受理;2019年底,政务服务事项进驻综合性实体政务大厅基本实现"应进必进",70%以上政务服务事项实现"一窗"分类受理。

3."最多跑一次"方面，2018年底，企业和群众到政府办事提供的材料减少30%以上，省市县各级30个高频事项"最多跑一次"；2019年底，企业和群众到政府办事提供的材料减少60%以上，省市县各级100个高频事项"最多跑一次"。

这些具体而量化的考核指标，既有面上的，又有点上的；既有线上的，也有线下的；既有来自于政府的"互联网＋政务服务"的主观愿望，也有来自于人民群众的客观需要，考虑较为周全。比如，在"面"上对政务服务一网通办的指标要求，在"点"上要求省市县列出30个必须做到"最多跑一次"的高频应用，特别是"应进必进"的要求，充分展现了推进互联网＋政务服务改革的决心。

三、强有力的机制保障

（一）三管齐下、有质有量

法规先行是系统建设的基础，要从制度上实现数据多跑路，就需要明确各级政府部门的责权利关系，制定相应的法律法规；梳理流程是对"一网通办、只进一扇门、最多跑一次"中的各种障碍的清理；加快"立改废"的工作，是对政务服务改革的法规保障。

标准跟进是保障数据交换的基础，要统一不同部门的各类数据，就需要在既有基础上，形成有效的标准，在全国范围内推行，这样才能真正做到数据共享和信息互通。

技术保障既要服务于现有的目标，又要具备一定的前瞻性，能够兼容未来的业务发展和技术发展，使得历史积累的数据能够继续发挥其价值。技术保障要强调创新，要鼓励采用新技术、新方法，解决老问题、破解新问题。

（二）参与监督、反馈通畅

政务服务牵扯着社会治理的诸多方面，我国又是一个地区差异大、经济发展不均衡的国家，因此，任何一项改革措施，在执行落地的过程中，都存在着很多差异和不足，在甲地可行的方案，在乙地可能就无法落地，因此，倾听群众心声，解决群众关切，建立有效的群众参与、监督、反馈机制，是方案有效落地的重要保障。《实施方案》在这方面有重点提及，即依托中国政府网、各级政务服务平台和热线，建立起群众咨询、投诉、监督、举报的有效通道，从反馈通道助力政务改革。

（撰稿人：梅宏，北京理工大学副校长，中国科学院院士）

新时代政务信息系统建设的
目标、思路与重点

党的十九大报告提出，转变政府职能，深化简政放权，创新监管方式，增强政府公信力和执行力，建设人民满意的服务型政府。对"服务型政府"建设提出了新的更高要求，要把人民群众是否满意作为衡量服务型政府建设成效的根本标准。要做到这一点，既需要政府工作人员牢固树立"全心全意为人民服务"的理念，同时也需要有强大的政务信息系统的支撑，否则工作中也会心有余而力不足。然而，传统的信息系统主要是围绕部门业务，从提高工作效率的角度考虑得比较多，与新时代服务型政府建设的要求存在相当大的差距。2017年7月以来，国家发展改革委会同相关部门和地方，全力以赴推进政务信息系统整合共享工作，取得了显著成效，数据共享"大动脉"已经打通，跨层级、跨地域、跨系统、跨部门、跨业务的数据共享和业务协同机制初步形成。

为进一步深化"互联网＋政务服务"，充分运用信息化手段解决企业和群众反映强烈的办事难、办事慢、办事繁的问题，根据党中央、国务院就推进审批服务便民化、"互联网＋政务服务"、政务信息系统整合共享等作出系列重要部署，国务院办公厅近日印发了《进一步深化"互联网＋政务服务"推进政务服务"一网、一门、一次"改革实施方案》（以下简称《实施方案》）。作为整合共享专家组成员及国家发展改革委牵头成立的《实施方案》起草组专家，我从新时代政务信息系统建设的目标、思路、重点等方面，谈几点个人看法，与广大从事政务信息系统建设的同行专家商榷。

一、将"以人民为中心"的理念融入政务信息系统建设的全过程中

（一）将"民之所望、人民满意"作为政府转型改革的目标

政务信息系统的建设是为政府转型服务的，了解服务型政府的改革目标和走向，对于政务信息系统建设至关重要。服务型政府的提法已经有段时间了，这些年经过上上下下的努力，政府为我国经济社会、广大群众服务的能力和水平明显

增强。但是在中国特色社会主义进入新时代，我国社会主要矛盾发生了转化，即人民日益增长的美好生活需要和不平衡不充分的发展之间的矛盾，这就为服务型政府的建设提出了更高的要求。"人民满意"和"服务型"是两个最重要的关键词，这清晰勾勒出新时代政府建设追求的目标和标准。

（二）将"以人民为中心"作为政务信息系统设计的原则

传统的政务信息系统设计是以业务为中心的，其目的是提高政府部门完成自身业务的效率，没有或者很少是从方便老百姓的角度去设计的，这与服务型政府的建设目标不适应。电商等互联网企业的成功经验中有一条，就是以客户为中心，以满足客户的需求为目标，或者说客户就是互联网企业信息系统中最重要的成分。为此，可谓想尽了办法，用户画像、精准营销、24 小时在线等，各种新技术不断提出，既给企业带来了丰厚的利润，老百姓也从中收获了实惠。可以说以客户为中心是互联网企业信息系统设计的基本原则之一。支撑新时代服务型政府运行的政务信息系统设计也理所当然地应当学习互联网企业的经验，《实施方案》提出，要让人民群众去政府办事像"网购"一样方便。以客户为中心，也就是以人民为中心。

（三）将"人民群众的获得感"作为考核政务信息系统成效的标准

自 2017 年下半年开始的政务信息系统整合共享工作，以及近日出台的《实施方案》，并没有对政务信息系统的架构、功能等提出具体要求，而是从解决人民群众反映较多的问题出发，提出了明确了要求，"一网通办""只进一扇门""最多跑一次"，浅显易懂，容易考核。反过来，这些要求会倒逼政务信息系统进行互联互通、改造升级，目的是构建全流程一体化的在线服务平台，只有这么做，才能够不断提高人民群众的获得感。

二、新时代政务信息系统建设的思路

（一）政务信息系统的发展历程

我国的政务信息系统建设已经经历了很长的时间，大致可以划分为三个阶段。第一个阶段可以称作"办公自动化"阶段，主要是应用计算机技术，解决业务办理中的一些"堵点""难点"问题，从而可以极大地提高业务办理的水平。信息系统建设是以业务为中心的，虽然伴随有流程优化和再造，但是与老百姓基本没有什么关系。政务信息系统聚焦于政府的内部管理业务上，以部门级应用为主。这个时期的信息系统有明确的系统边界和系统目标，数据一般都放在数据库中。不同的业务通常会建设不同的业务系统。

第二阶段可以称作"数据大集中"或者"网络化"阶段。随着20世纪90年代互联网的兴起，政府部门开始意识到使用互联网来提升部门的信息化。方向之一是建立门户，用于统一发布公告、公开政务信息等。于是，各部门的政府网站纷纷兴起。为了支撑蓬勃发展的网上业务，必须提升政务信息系统对整个行业业务流程的支撑能力，信息化的范畴逐渐扩大到整个行业部门，如公安部门、税务部门等，实现了政府内部纵向的信息共享。由于利用了互联网，数据大集中，以及信息公开等措施，客观上也方便了百姓办事。

伴随政府的转型，从"政府管理"步入"政府治理"，信息化的理念和技术也必须进行相应的提升，才能更好地支持政府转型。2015年以来国务院先后发布积极推进"互联网+"行动和"大数据"行动纲要，以及政务信息系统整合共享实施方案等，是对新时代政务信息系统的顶层设计文件，对未来政务信息系统的建设指出了方向，标志着我国政务信息系统建设进入到第三阶段。

（二）政务信息系统的现状与问题

按照上述对新时代政务信息系统定位，反观传统的政务信息系统建设，除了前面提及的信息系统建设的目标不适应新形势下的要求之外，还存在以下突出的问题：

（1）信息系统数量繁多。据审计署在2017年对全国政务信息系统审计的数据表明，目前在运行的政务信息系统数量繁多，一方面消耗了大量财政资金，另一方面又带来信息多头输入，数据相互矛盾，总体运行效率不高等问题。

（2）信息孤岛现象严重。部门之间信息系统不连通，信息不共享，形成"烟囱林立"现象。各部委拥有的各类垂直系统普遍存在不愿意或者难以开放共享的现象。

（3）资源交换困难。不知道各部门的信息系统都有什么数据？不知道在哪里可以找到自己想要的信息？好不容易获得了数据，不知道其中字段的含义，没法使用等，这些问题普遍存在。

（4）安全形势严峻。一般认为，封闭环境下的信息系统会更加安全。但是，由于信息分散管理，涉及人员众多，带来的信息安全隐患其实更为严重，应得到足够重视。

这些问题的存在与新时代政务信息系统的要求是极不相符的，需要进行改变。

（三）政务信息系统建设的原则

为了支持服务型政府高效运转，让人民群众到政府办事像"网购"一样方便和满意，必须对现有的政务信息系统进行改造升级。不可能全部推倒重建，但是可以根据新的需要，先从前端的网上政务服务平台建设开始，倒逼后台业务信息的整合共享，循序渐进地完成。下面是开展这项工作应遵循的一些基本原则。

（1）开放性架构。这是互联网信息系统的基本要义，互联网由于其天然的开放性，使得信息系统架构必须是开放的。比如，业务边界需要不断地扩展，用户无需事先注册，应用负载可能存在类似"双十一"现象，这就要求新的政务信息系统也要具有开放的架构。

（2）互联网思维。互联网思维的核心就是以客户为中心，政务信息系统建设也要以客户为中心，信息系统要尽可能汇聚辖区群众的信息，只有这样才能主动了解群众的需求，提供主动服务。互联网思维的另一个要点就是系统永远在线，不能一天只开放8小时，网上信息系统要提供24小时的服务，提供多种终端多种形式的接入服务。

（3）大数据方法。大数据方法的核心是让数据说话。通过数据汇聚、数据分析、了解群众所需所想，进行科学决策。数据不集成共享，仅仅是提供交换服务，难以实现高质量的为人民群众服务的初衷。

（4）高等级安全。政务信息系统本身以及信息安全问题至关重要，如果这方面出现问题，将会严重影响这项事业的发展。因此，一方面要加强信息系统的可靠性稳定性的设计，另一方面需要对政务信息做好数据项的密级定级工作，确保信息安全。

三、政务信息系统建设的重点

尽管政务信息系统建设涉及面广，工作量大，根据《实施方案》，以下工作是当前的重点，应特别给予关注。

（一）一体化网上政务服务平台建设

这是最直接与老百姓办事相关的部分，需要首先设计和建设好。国务院文件要求，以党的十九大精神为指导思想，加快构建国家、省、市三级互联的全国一体化政务服务平台，推动跨层级、跨区域的政务信息系统的共享进程，不断深化"一网、一门、一次"政务服务改革。具体而言，要做到政务服务线上"一网通办"，大幅提高政务服务的便捷性，实在不能完全线上办理的，要做到老百姓线下"只进一扇门"，积极推动线上线下融合。而且还要精简政务服务的环节和办事材料，让老百姓办事"最多跑一次"。这三项要求，"一网通办"是目标，"只进一扇门、最多跑一次"是底线。

由于老百姓办事主要在基层，因此市一级政务服务平台建设，具有基础性的地位。在数据共享问题还没有完全解决，信息系统整合也还需要时日的情况下，要完全做到"一网通办"难度很大。首先需要解决一次登录，全网通办的身份认证问题，不同的信息系统登录采用认证中心的模式。其次要解决信息多次录入的问题，需要改造信息系统，将部分数据的直接输入改为提供参数传递的方式，同样数据输出也以参数传递或者数据文件传递或者数据库写入等方式完成。国务院的文件明确了责任：按照谁建设系统谁负责对接的原则，各级政务部门要加快改造自有的业务信息系统，与各级政务服务平台对接好。面向未来，应考虑在数据大集中基础上的政务信息系统，可以通过服务汇聚数据实现数据集中的目的。有条件的市，也可以积极探索以数据大集中为基础的政务服务平台建设方案。

（二）数据交换共享平台的建设

在数据大集中方案没有出台之前，通过信息系统之间的数据交换和共享是现实可行的技术路线。为此，国家依托国家信息中心已经建立了数据共享交换平台，这类似数据资源调度中心，一方面需要掌握数据资源目录，也就是要知道各个信息系统都有什么信息，这些信息的共享的条件，以及信息分级标准等。根据这些信息，平台可以建立共享授权机制，实现可控的信息共享。

（三）数据资源体系的建设

数据是政务信息系统的血液，数据不准确、不完整、更新不及时等都会影响到政务服务的开展。因此，数据资源体系的建设尤为重要，是一项基础性和长期性的工作。具体内容包括数据的标准化，数据责任体系，数据治理体系等内容。政务信息系统要为每一个自然人和法人建立一个唯一的标识，"多证合一"解决了机构法人的身份标识，今后还要从数据中自动发现拥有多个标识的自然人或法人的现象，实现数据关联。要逐步对政务信息系统中的数据项定义标准，包括语义、格式、密级、维护责任主体等。国务院的文件规定，要遵循"一数一源、多源校核、动态更新"的原则，持续完善数据资源目录、提升数据质量、提高服务可用性。

（四）数据安全体系的建设

数据安全和系统安全是政务服务系统运行的前提，如果没有数据安全和信息安全，这项工作就不可能持续。因此，这项工作要在推动政务服务信息系统过程中始终得到重视。系统的安全防护能力，有众多的经验可以借鉴。这里重点谈谈信息安全问题。首先要做好信息资源的分类分级制度，定义数据项的密级标签。明确数据采集、传输、存储、使用、共享、开放等环节的安全保障措施、责任主体和具体要求，制定数据安全管理办法。其次，要采用安全产品管理数据，全面实施强制访问控制，让每个人只能看到自己有权看到的数据。

政务信息系统是实现服务型政务、"互联网＋政务服务"的必要手段，很大程度上决定了我们的服务能走多远、能走多好。在缺乏政务信息系统顶层设计的情况下，用一体化的网上服务平台建设为切入点，用"一网通办""只进一扇门""最多跑一次"作为建设成效的要求和标准，确实是一种有效的办法，对结果值得期待。

（撰稿人：吴曼青，中国电子科技集团副总经理，中国工程院院士）

智慧化城市运营中心：
新型智慧城市建设的原动力

城镇化不仅是中国也是当今世界最重要的社会、经济现象之一。21世纪初，全球人口半数以上生活在城市地区并且这种趋势仍在加剧，随之而来的是大都市和城市群的出现。这在人口密集的亚洲表现得尤为明显。中国在城镇化过程中衍生出人口超千万的超大城市是必然的。然而，很多问题也随之而来。

一、智慧城市为城镇化破解"城市病"

在城镇化进程中出现的各种"城市病"主要集中表现在四个方面。

一是超大城市地面沉降问题日益凸显。在我国，超过50个城市出现地面沉降。地面沉降是一种严重的自然灾害，会危及城市基础设施的安全。

二是极端环境下城市灾害频发。超大城市的发展改变了土地利用性质，尤其是不透水层的增加改变了降水的再分配。当城市不透水面积超过75%以上，55%的降水就需要靠地表径流来排。这导致近年来城市特大暴雨频发，给老百姓的生活带来很多不便，甚至危及生命，也给城市经济带来巨大损失。

三是交通拥堵问题突出。国内外很多城市，特别是超大城市的交通系统存在很多问题，如交通拥堵、停车难、公共交通出行难、交通管理难等。城市交通面临着安全和通行效率的双重挑战。

四是城市能源问题。大城市现有能源系统面临诸多挑战，如绿色能源生产不可持续、能源使用效率低等。

上述这些"城市病"需要通过智慧城市建设予以破解。在经济转型发展、城市智慧管理和为大众提供智能服务方面，智慧城市具有广阔的前景，可实现人与自然和谐发展。

二、智慧城市 = 数字城市 + 物联网 + 云计算

智慧城市可以简单定义为"数字城市 + 物联网 + 云计算"。数字城市是一个网

络空间、虚拟空间，要通过物联网将现实城市与数字城市关联起来。拥有上亿个传感器的物联网能实时收集和传输城市的人流、物流等信息。云计算可对物联网收集上传的数据进行计算、分析和控制反馈。

在智慧城市建设过程中，传感器网络将产生反映自然和人类活动的百万兆级甚至万亿兆级数据，让世界进入真正的大数据时代。一个智慧的城市需要运用物联网、云计算、时空大数据集成等新一代信息技术推动城市规划、建设、管理和服务的智慧化新理念和新模式的出现，以解决空间文化、处理传输、实时处理、及时反馈等问题，实现全球无缝智能化。

城市建设要实现真正的智慧就要充分利用时空数据。时空大数据经过存储、处理、查询和分析后，可以更好地用于各类应用并提供智慧服务。2012年12月27日，北斗云服务平台已对中国以及周边地区正式提供运营服务，其定位和测速的高精度可用于智慧交通中车辆控制和智能驾驶。未来，我国将推行60～80颗卫星组网，实现一星多用、多网融合、实时服务以提高遥感和导航的精度，进而实现时空大数据的采集并形成数据模型。借助遥感云大数据的相关技术，能够有效破解当前城市面临的许多困局。例如，可以实现城市洪水淹没范围分析、室内外高精度手机连续位置定位和实时导航、提供与位置相关的各类服务或需求解决方案等。

智慧城市要求各省市有效管理各类时空大数据，按照实际需求处理、存储、分析数据并提供相应服务，以满足各种智慧应用需求。

三、深挖大数据价值建设智慧城市运营中心

基于数据表达、信息组织与知识发现等不同层次的数据挖掘方法是时空大数据的优势所在。例如：利用GIS数据的挖掘构建生态智能管理系统，形成现代管制方法，可以加速解决防洪防涝、综合发电等问题。通过夜光影像、人口密度、土地覆盖等数据，收集分析城市人口活动的变化强度，建立模型并对人的行为认知进行研究，帮助解决城市建设过程中遇到的问题。通过对视频数据的挖掘和对夜光影像的长时间序列分析，可评估不同区域受到武装冲突的影响程度，维护城市安全。通过挖掘遥感数据，可实现农业遥感监测，提取农作物信息作为农作物长势监测或产量估算的模型参数，进一步进行农作物产量统计分析，为经济发展提供参考。

智慧城市建设是一个系统工程，需要每个城市根据自身的特点在做好顶层设计后统一规划，建立智慧化的城市运营中心，并根据实际需要进行运营，将其变成城市运行监控的指挥调度中心和智慧服务中心，使其可视化、可控化、智能化

且持续优化地发展下去。由此，企业可以重组生产资源、改良商业模式，获得更大效益；市民可以享受更好的社会化服务，生活的幸福感得到充分提升。

智慧城市建设是"一把手"工程，要抓好智慧城市建设的中心推动城市发展，形成技术链、数据链、价值链。在智慧城市建设过程中产生的大数据问题既是下一代科学研究的前沿问题，也是推进智慧城市发展的原动力，需要有针对性地加快有关大数据的技术创新和重点攻关研究，推动和加速智慧服务产业发展，让城市更加科学、高效、低碳和安全地运行。

（撰稿人：李德仁，中国科学院院士，中国工程院院士，摄影测量与遥感学家）

伦敦、纽约、柏林等世界
若干大都市的智慧方略

如今智慧城市已经不再是一个新鲜话题。我国从 2012 年开始国家智慧城市试点，已经有近 600 个城市将智慧城市纳入地方发展规划。中央一直高度重视智慧城市的建设工作，将其视为解决城市问题、创造美好未来的重要途径。在两个千年大计，北京城市副中心、雄安新区的发展要求中，都明确提出了要建设智慧城市。如何来做呢？应当是战略驱动的。

2016 年，我们有幸参与北京市城市总体规划的智慧城市发展战略研究专题工作，利用这个机会收集了全世界主要大城市的智慧城市发展方略。我们注意到，世界主要大都市都将智慧城市作为一个重要的愿景，并根据自己的情况提出了一系列的策略、政策和行动。

伦敦一直是一个雄心勃勃的城市，它是如何构建自己的智慧城市方略？《智慧伦敦城市规划》提出一个核心目标——"打造全球城市，面对增长挑战"。显然，这并不是一个从技术架构出发的规划，而是从一开始就在思索，如何用新一代的信息技术帮助伦敦提去竞争投资、竞争人才，竞争全球领导力，同时还要解决超大都市本身所要面对的问题。为此，伦敦提出七大战略，每个战略都分别对应着具体的举措和考核指标。

（一）第一个战略是"以人为本"

提升市民在数字时代的能力，包括应用信息技术参与政府决策的能力，通过教育等多种方式跨越数字鸿沟，为解决城市问题贡献市民智慧等。

（二）第二个战略是"数据开放"

要建立数据开放的标准体系，并且将"伦敦数据仓"打造成为全球样板，以数据向市民和企业赋能，促进创新创业和数字经济、数字治理的发展。

（三）第三个战略是"创新引领"

全方位扶持创新创业的中小企业发展，包括投资 2400 万英镑向中小企业提供廉价的超高速宽带,重点支持100家以上中小企业,并且新增20万个技术就业岗位。

（四）第四个战略是"网络协同"

在内部建立智慧伦敦协同创新网络以抓住市场机遇,在外部构建起国际协同网络,让全球智慧助力伦敦发展。这里也提出拿出两亿英镑来打造灯塔项目,形成全球示范。

（五）第五个战略是"适应增长"

特大城市一般都面临着各种供给与需求难以匹配的压力,伦敦的策略不是去压制人口和需求增长。而是在两方面采取措施:

一方面,借助信息技术发展的机遇来提升有效供给。例如通过智能电网建设实现供需之间更好的平衡,对交通进行实时的智能调控,建立三维的基础设施模型以实现高效的维护;

另一方面,则充分发挥信息流动对物质流动的替代作用,例如通过电子商务、电子政务减少实体交通和资源消耗。目标是综合这些手段,降低50%的交通碳排放。

（六）第六个战略是"高效永续"

通过政府内部数据的全面共享和分析,通过伦敦各自治市之间的协同治理,通过大数据等智慧技术支撑的城市规划,大幅度提升城市综合运行效率和可持续发展水平。同时,在这个过程中通过数据赋能,通过中小企业的城市创新,建立起既促进经济增长,又具有高度创新的公共服务系统。

（七）第七个战略是"全民体验"

一个城市是否智慧,最终是由它的市民来评价,如果不能被民众感知到,应该会让大家很失望。伦敦则是建立全球数字货币示范区、建设全球最快的无线网络,特别是在奥林匹克公园打造智慧体验与实验区。

纽约的总体规划名称是《更绿更伟大的纽约》,而它的智慧城市战略主题是"公平之城"（Smart+Equitable City）。它的战略一共有12项,就不展开来介绍,大体分为三个方面。

1. 第一个战略是打造数字经济

作为一个老牌全球城市,纽约并没有停步发展,仍然希望通过数字经济、数据赋能来推动创新创业。建立了创业平台"数字纽约",涵盖纽约市每一个高科技公司和投资机构,提供高科技企业职位空缺和全市创业活动的实时更新信息,并为初创企业提供孵化器、办公场地和培训信息。

2. 第二个战略是全面拥抱市民

让市民成为城市运营的数据来源、城市需求的提出者、城市创新的贡献者。例如建立城市 APP 实现对城市运营状态的追踪，实现公共服务全时响应。

3. 第三个战略是公平永续发展

仍然是针对特大都市的关键问题，以信息技术提升城市的可持续发展效能。纽约提出通过智慧交通帮助 90% 的市民通勤时间在 45 分钟以内，构建响应式交通管理和公交信号优先系统，公共交通延误降低了 20%。纽约还自我定位为全球最可持续的大城市和应对气候变化的全球领袖，到 2050 年实现减碳 80%。纽约还致力于打造全美最安全的大都市，借助信息技术实现城市道路零交通死亡率，对枪击等治安事件的监测和预警等。

柏林认为智慧城市的关键要素是 ICT。ICT 一方面会改变城市，包括改变城市的社会经济发展方式，另一方面能够带来很多创新的方法并服务于城市的发展目标。柏林的智慧城市战略认为城市面临的关键问题是城市增长（到 2030 年将增长至少 25 万人口）、城市老龄化以及城市的结构性变化。其中很多变化是由信息技术的发展所引起的。

柏林智慧城市战略的重点侧重两个维度，宜居之城和创新之城。

宜居之城包含五个方面的目标，分别是资源节约、新能源利用，减少负外部性，强化城市基础设施韧性，多元共治的公共服务，推进透明决策。创新之城包含三个方面的目标，分别是提升柏林都市圈的国际竞争力、打造创新应用的领先市场以及强化国际国内和区域的合作网络。

柏林的智慧城市战略落在了六个方面。看起来与我国的智慧城市顶层设计很相似，但实际上战略构建是完全不同的。

六个方面包括：智能交通、智能政府、智能公共安全、智能基础设施、智能经济、智能居住。

柏林的智慧城市战略的六个维度是领域，而不是应用。它并没有提出每个维度应当建设哪些项目，实施哪些工程。而是剖析了这些领域所面临的政治挑战，存在哪些机会和机遇，需要做出哪些政治行动。例如，智慧的政府不仅需要推动电子政务，而且需要做出哪些决策流程和机构改革方面的举措。智能的经济，需要如何利用信息时代的经济发展特点，推动经济转型。例如，如何推进工业 4.0 在柏林的实现，如何抓住中小企业、初创企业的蓬勃兴起这样的机遇，如何看待"生产者与消费者融为一体"这样一些新的经济现象。最终，如何让 ICT 技术服务于城市战略的实现和城市问题的解决。

我们总结智慧柏林有这样一些特点。在智慧柏林战略的指引下，柏林现有约 5000 家初创企业，并以每年 500 家的数字增长。如今，柏林已超过伦敦，成为吸引风投资金最多的欧洲城市。

我们还分析巴黎、阿姆斯特丹、巴塞罗那、维也纳、新加坡等众多国际大都市的智慧城市发展方略。基于这么多城市的智慧城市战略分析，我们发现了一些共性的内容：

首先，所有城市在制定智慧城市发展思路的时候都是城市总体战略驱动的。与各自城市的定位、机遇和挑战密切关联。我们绝不能基于信息技术的架构（我们称之为 EA）做一个顶层设计就拿来指导智慧城市实践，一定是与城市自身发展战略融为一体并彼此促进的。

其次，几乎每个城市都希望抓住这一波数字化发展的契机，推动基于数字经济的创新创业，打造未来全球城市的核心竞争力。伦敦、纽约、柏林，这些本身都不是数字创新的发源地，但每个城市都希望占领这片高地。因为数字创新代表着未来，代表着难以想象的乘数效益。

再次，每个城市都将数据开放和数据赋能作为最重要的战略路径。数据开放不仅是为了创造数据价值，或是用数据去解决一些我们传统上难以解决的问题。更重要的是数据开放构成了城市普遍创新环境的根本。虽然这些国际城市并没有"万众创业、大众创新"的口号，但实际是按照这条路径在行动。曾经遇到有初创企业说，住房、土地政策当然也愿意接受，但我更需要的是试验场和实验数据，你的城市能不能为我的事业提供这样的帮助。

最后，智慧城市一定都是全民共同缔造的，而不是自上而下的产物。市民不仅是智慧城市所要取悦和服务的对象，也是智慧城市的参与者。我们看到每个城市都提出了要集聚市民的智慧，让市民贡献城市问题的解决方案。总而言之，我们需要转换一个观念，智慧城市不是工程项目包，而是社会实践。

基于国际主要都市的发展经验，我国如何推进智慧城市建设和战略制订呢？

对比我国智慧城市建设过程中一直被鼓吹的顶层设计，我们可以发现：智慧城市的战略规划不等于顶层设计，中文很容易造成误解，翻译成英文我们就会发现，我们的顶层设计本质上是信息系统的 Enterprise Architecture 的设计，这与城市发展的战略有很大的差异。做好智慧城市的战略，要注意以下几个要点。

首先，要理解一个城市的全球角色、国家角色是什么？

如何通过信息技术手段来强化自身的角色。例如一个全球城市，追求的是对全球资源调配的掌控能力，自身价值向外输出的能力，那么这个城市所能够掌控的资源是什么，资金、技术、服务，向外输出什么？

其次，增长仍然是未来一段时间的主题，所有的大都市都在增长，如果停滞了就是大问题。

我们不能回避增长，长期来看也不能靠三限来解决问题。我们如何挖掘信息化的潜力，提升城市的综合承载能力？智慧加（Smart +），传统的城市治理加上智慧手段，提升它的效率，比如说交通，应该还有很大潜力可挖。智慧减（Smart -），将虚拟空间的要素流动去替代实体空间的要素流动，从而减少空间占有和流动瓶颈。智慧乘（Smart ×），建立协同创新的生态。智慧除（Smart ÷），建立不断自我学习、完善、提升的机制。

最后，智慧城市一定是社会共建、社会共治的。

党的十九大提出要建设智慧社会，实际上这个概念此前从没出现过，之后引起了很多讨论。一种比较普遍的观点认为这是智慧城市的范围拓展，不再局限于城市，要走向更大的空间。从国际大都市的经验来看，并非如此。可以说，离开了社会，智慧城市将一无是处，也将一事无成。用智慧社会的理念可以帮助我们更好地理解智慧城市。智慧的城市应当是全社会共建的，智慧城市不是一项工程，也不是一系列工程，它涉及城市发展的方方面面，并与城市发展的整体战略融为一体。不是靠政府能够实现的，也不是靠花钱来实现的。只有激发全社会的活力和创造力，让智慧的行为得到鼓励和发扬，城市才能变得智慧。智慧的城市应当是全社会共同治理的，让市民更多地发挥创造力，让市民的意愿得到更充分地表达。智慧城市最终将与城市治理的现代相互促进。

（撰稿人：刘朝晖，博士，中国城市科学研究会数字城市工程研究中心原常务副主任）

第三篇

理论篇

智慧城市标准体系建设

智慧城市是一个高度抽象和浓缩的概念，是多系统复杂交互作用下所呈现出的终极面貌。只有搞清楚智慧城市究竟对城市及生活在其中的人，意味着什么和能够满足城市发展及公众生活哪些方面的需求，才能将这种抽象的概念分解和投射为一系列具体的特征或功能。

智慧城市需要充分利用物联网、云平台、大数据等新兴信息化技术进行建设，但是智慧城市的建设过程，以及部分建筑和区域的建设结果是否符合"智慧"的要求，这需要制定相关国家标准，进行系统性的指导与规范，对于建设成果按照标准进行客观评价。制定标准是智慧城市的基础性工作。不同的利益相关方、组织和城市管理者，对智慧城市有不同理解，切入点和侧重点也有所不同，标准工作就是要让各方统一认识，规范技术要求，将智慧城市的最佳实践固化下来，引导、助力其他地区的智慧城市建设。

智慧城市标准体系是指在一定范围内的标准按其内在联系形成的科学的有机整体。标准体系是对特定标准化对象按照一定目标进行标准化活动的依据，是由许多现行的、正在制定的和将要制定的标准组成的具有明确目的性、完整性、预见性以及可行的、成文的概念体系。

智慧城市标准体系建设旨在有目的、有目标、有计划、有步骤地建立起联系紧密、相互协调、层次分明、构成合理、相互支持、满足应用需求的系列标准并贯彻实施，以指导和支撑我国各地城市信息化用户、各行业智慧应用信息系统的总体规划和工程建设，同时规范和引导我国智慧城市相关 IT 产业的发展。由此可见，智慧城市标准体系是智慧城市建设的重要保障手段。

在智慧城市建设过程中，标准是规范技术开发、产品生产、工程管理等行为的依据。统一标准是信息系统互通、互连、互操作的前提。智慧城市标准化工作是推动智慧城市建设实践的重要基础性工作。只有通过统一智慧城市的技术要求、工程实施要求和测试认证方法等标准化手段，才可以保障信息化建设中智慧城市相关工程的建设及软件产品的研发在全国范围内有章可循，有法可依，形成一个有机的整体，避免盲目和重复，降低成本，提高效益，从而规范和促进我国智慧城市和行业信息化建设有序、高效、快速和健康的发展。

目前，在国家标准化管理委员会和国家发展改革委的指导和协调下，我国多个部委联合起来，积极开展了智慧城市标准化工作，已经取得了重要成果。在梳理现有相关标准和研究标准需求的基础上，初步形成了我国智慧城市标准体系框架，包括总体、支撑技术与平台、基础设施、建设与宜居、管理与服务、产业与经济、安全与保障等七个大类，明确了我国智慧城市标准化工作的蓝图和顶层设计。

依据我国智慧城市标准体系，各相关专业标准化技术委员会（如全国信标委等）分别推进基础性、共性等重点国家标准的立项任务。围绕智慧城市评价、数据融合、数据共享及数据安全等标准，提出了一批重点研制的国家标准项目建议，并逐批上报国家标准化管理委员会。2017 年至 2018 年，我国制定了多项有关智慧城市的标准体系，涵盖智慧城市的总体框架、顶层设计、技术模型和基础设施等方面。当前，我国在智慧城市领域已出台多项国家标准。第一阶段立项的 34 项国家标准已发布 20 项，国内标准体系框架初步形成。在贯彻落实"一带一路"倡议、推动标准"走出去"方面，已在 ISO（国际标准化组织）、IEC（国际电工委员会）、ITU（国际电信联盟）三大国际标准组织中取得 40 余个领导或主编职位，已主导 20 余个标准项目，国际标准话语权不断提升。此外，相关评价指标体系得到不断完善，并不断指引和推动智慧城市的建设。此外，还积极向国际输出我国智慧城市评价指标体系方案。

随着工业化与信息化融合发展、信息社会渐行渐近，智慧城市建设被赋予更多艰巨的历史使命。标准化工作的不断开展和深入，将逐步解决智慧城市建设中的资源共享、整合与业务协同的难题，从而有效促进城市范围内数据融合共享、推动信息与智慧决策实现、提升城市居民的福祉，并最终带动城市经济与社会可持续发展，促进人与自然的和谐相处。

一、智慧城市的发展的内涵

智慧城市从概念提出到落地实践，历经近十年发展，各地方政府和企业，均积极探索智慧城市建设，涌现出一批城市综合指挥中心、城市审批最多跑一次、审批不见面、城市数据资源资产登记、城市多功能智能杆柱等特色亮点应用，中国已成为全球智慧城市技术产业创新发展的重要力量。

智慧城市是立足于我国信息化和新型城镇化发展实际，全面推动新一代信息通信技术与城市发展深度融合，引领和驱动城市创新发展，提升城市治理能力和现代化水平，形成智慧高效、精准治理、安全有序、以人为本的城市发展的新模式。

（一）善政，提升城市运行效率

智慧城市进一步强化跨部门、跨行业的组织统筹力度，提升信息资源整合水平，全面加快城市信息资源的有序汇聚、深度共享、关联分析、高效利用，并通过共建共享基础设施、集约共建核心平台、整合利用新旧系统、统筹设计智慧应用，为市民、企业和城市管理者，提供业务融合、技术融合、数据融合于一体，跨层级、跨地域、跨系统、跨部门、跨业务的协同服务，最大限度展现城市"智慧"。

自 2015 年 9 月以来，国务院接连颁布多项数据资源体系建设指导性政策，包括《促进大数据发展行动纲要》《政务信息资源共享管理暂行办法》《国务院关于加快推进"互联网＋政务服务"工作的指导意见》《"互联网＋政务服务"技术体系建设指南》《政务信息体系整合共享实施方案》等，引导地方全面加强政务信息系统和数据资源整合共享。智慧城市建设要打破数据瓶颈，实现与各部门、各领域、各行业的业务对象信息的有机关联，从而形成信用信息、健康信息等系列信息库，全面构建区域政务信息资源体系。同时使政府社会管理与公共服务的效率和水平以及战略决策的科学性大大提高，政府能够更加明智地开展管理、服务、决策等政务活动。

我国政府的主要职能是宏观经济调节、进行社会管理和提供公共服务。在智慧城市中，物联网、云计算、移动互联网、大数据等新一代信息通信技术在政府政务系统中的应用，以及政府内部不同业务部门之间、不同政府部门之间的信息共享、资源整合与业务协同，政府与社会公众之间连接的智能应用系统的建立，都能够大大地提高政府办公、监管、服务、决策的智能化水平，从而使政府的政务处理水平和效率更高，政府监督和管理工作具有更强的精准性和实时响应性，政府能够根据民众需求提供更加个性化、人性化的公共服务，智能决策系统的建立也使政府战略决策的科学水平大大提升。

（二）兴业，推动新模式新业态发展

新一代信息技术与智慧城市深度融合，推动新经济发展。中国经济发展进入新常态，突出的特点是速度变化、结构优化和动力转换，这是中国经济向形态更高级、分工更优化、结构更合理阶段演进的必经过程。在信息化的推动下，企业的生产、经营、服务效率将大大提升，办理事务的成本进一步降低，企业将面临更优质的发展环境，企业能够更加明智、高效地开展生产经营活动。从研发创新环节来看，企业与市场和用户的距离更近，企业的研发创意可以更直接地来自于用户的需求，企业产品设计生产周期大大缩短；从生产制造环节来看，新一代信息技术将与企业生产过程深度融合，帮助企业强化生产过程的在线监测、预警、

控制和辅助决策，实现柔性和敏捷制造；从流通销售环节来看，企业商品流通和销售的渠道更加多元化，电子商务和网络营销成为企业主要的营销手段，企业销售成本降低；从企业的发展环境来看，政府的政务一条龙网上办理工程及不同政府部门的业务协同办理，使企业的办事更加方便，大大节省了企业的时间成本。

所以说，随着信息化的推动，智慧城市正在成为新的创新生态，在开放的体系中，创业者、企业、创新服务机构等创新主体围绕城市治理、公共服务、生产效能等方面的需求，提出各种创意，并通过创新创业过程将创意变成现实。在这个过程中，智慧城市刺激新技术的创新和应用，加速新经济的发展；激发创意，促进创新创业；解决传统智慧城市难以克服的问题，营造智慧城市生态体系，为移动支付、在线教育、互联网医疗、网络约车等新经济业态的发展提供了良好的市场基础。从中关村独角兽企业榜单来看，90% 的独角兽企业都与智慧城市领域密切相关，随着大数据应用、虚拟现实、智能硬件、人工智能、智能汽车等领域的重大技术突破，未来在智能硬件、人工智能、互联网金融、互联网医疗、互联网教育等领域将出现更多的独角兽企业。

（三）惠民，以人民为中心

智慧城市更加注重以人民为中心，以服务民众、便利企业作为智慧城市建设的出发点和落脚点，聚焦解决人民群众最关注的热点难点焦点问题，时刻把群众满意不满意、拥护不拥护、答应不答应作为智慧城市工作的标尺，切实增强城市服务的有效供给能力，提升政府行政履职效率，提高城市运行管理水平，让智慧城市建设成果惠及全民，不断增强人民群众的获得感、幸福感和安全感。

让市民能够更加幸福、高效地开展生产生活，并享受便利、高效的公共服务，以及优质便捷的智慧生活。智慧城市建立的随时随地、高速便捷、低价优质的信息网络以及依托信息网络发展的丰富多样的社会网络，使市民能够通过网络便捷地获取所需信息。这些相关的信息为他们有效处理工作、生活、学习中的事务提供重要的参考价值，使他们能够更加明智地处理和应对自身遇到的各类事务和问题。智慧城市公共服务系统的建立和应用，使市民可以足不出户参与和办理公共事务，通过智慧食品安全、智慧交通、智慧医疗、智慧文教等智慧公共服务应用系统的建立和应用，让市民饮食更放心、出行更便捷、就医更方便、学习更轻松。通过智能家居、智能建筑、智慧社区、智能环境等智慧生活应用系统的建立和应用，为市民营造更加舒适、友好的生活环境和人居环境。

二、新型智慧城市评价工作进展

（一）智慧城市建设背景

新型智慧城市，是我国城市现代化的战略路径，也是城市现代化的重要特征，引领和驱动城市创新发展，并落实新型工业化、信息化、城镇化、农业现代化、绿色化同步发展。新型智慧城市是数字中国、智慧社会的核心载体。依据近十年中国智慧城市的发展政策与策略，中国智慧城市建设经历了两个阶段。

第一阶段是 2010—2015 年的探索试点、落地实践阶段。2010 年基于我国城市发展模式转型需求，上海、宁波、广州等东部部分城市开始探索实践智慧城市建设；2012 年住房和城乡建设部下发智慧城市试点计划，批准约 300 个城市（区、镇）建设智慧城市，智慧城市工作开始向全国推广；2014 年基于各省市智慧城市研究成果，国务院印发《关于促进智慧城市健康发展的指导意见》，标志我国智慧城市进入了落地实施阶段，并提出了"新型城市"概念。

第二阶段是 2016 年至今的发展转型、创新阶段。2016 年国家发展改革委发布《国家新型智慧城市评价指标》，标志中国智慧城市建设体系基本确立，2016 年全国已有 600 个城市建设智慧城市。随后《"十三五"国家信息化规划》报告将智慧城市作为中国十二大优先行动计划，并明确 2020 年新型智慧城市目标，要求创立包含惠民服务、高效政府、创新经济等多维度目标的城市体系（图 1）。

《2018 年中国智慧城市发展报告》表明，截至 2018 年 2 月，全国 100% 的副省级以上城市、93% 的地级以上城市，总计约 700 多个城市（含县级市）已经提出或在建智慧城市，占同期全球总量 70%，中国成了世界创建智慧城市创新的主试验场。在智慧城市建设需求方面，当前规划和顶层设计仍是数量最多的需求，城市运营管理、政府政务、城市大数据、交通出行、应急管理的需求持续快速增长，智慧市政、智慧安防等领域则进入相对成熟状态。

（二）智慧城市现状评估

本次现状工作主要是基于 2018 年度发布的《新型智慧城市评价指标（2018）》中的客观评价指标进行评价，历经组织准备、数据收集、数据分析三个阶段，重点评价城市发展现状、发展空间、发展特色等。评价指标中，一级指标共七个，具体包括创新发展、惠民服务、精准治理、生态宜居、智能设施、信息资源、信息安全，其中，惠民服务、精准治理、生态宜居三个成效类指标，旨在客观反映智慧城市建设实效；智能设施、信息资源、网络安全、改革创新四个引导性指标，旨在发现极具发展潜力的城市。

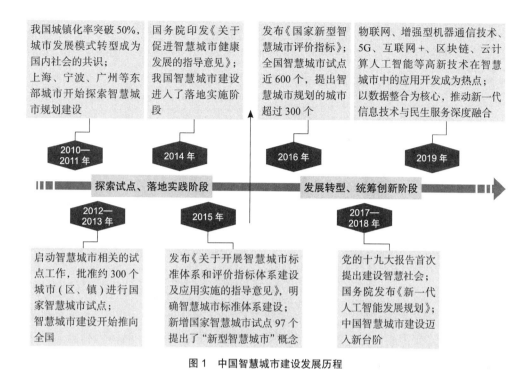

图1 中国智慧城市建设发展历程

本报告结合网络调查等途径收集2017—2019年相关科研机构、政府组织、企业组织等进行的新型智慧城市评价相关报告，数据主要来源于各城市统计年鉴、统计公报、各地人社部网站、各地人社部网站数据、国民经济和社会发展统计公报、实践普查等文件。通过对全国68个城市数据进行收集整理和挖掘分析，从各个层面和角度反映我国新型智慧城市的建设进展、基本特征、发展差异、存在问题等。分析结论如下：

（1）我国新型智慧城市整体建设多面开花

基于68个城市的评价得分与分布区位，2019年我国智慧城市建设的发展特点是东部沿海带地区头领先、中西部热点涌现的区域格局。东部沿海经济区（上海、江苏、浙江）、南部沿海区（福建、广东、海南）、北部沿海经济区（北京、天津、河北、山东）智慧城市建设水平普遍较高；武汉城市群、成渝经济圈、关中—天水经济圈智慧城市建设力度不断加大、紧随其后。

但东西部之间、不同等级城市之间建设水平仍然存在较大差距，智慧城市整体发展不平衡，智慧城市建设发展水平与地区经济发展水平密切相关。

（2）中国四大板发展不均衡，东部发展领先

按东部、西部、中部、东北四大板块划分，各区域智慧城市建设发展不均衡，存在显著差异。从整体得分上来看，东部地区城市发展情况按《新型智慧城市评

价指标（2018）》评价指标体系评估，平均分约为64.31分，明显高于中部，西部、东北地区和全国平均分数；其次分别为中部、东北和西部地区，均低于全国平均分数（图2）。

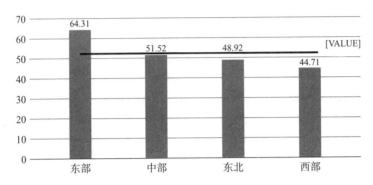

图2　中国四大板块智慧城市建设情况平均得分

从具体领域来看，各个板块的各项评估得分均未上90分。其中，东部地区发展情况最好，在智能设施、精准治理、惠民服务、信息资源、改革创新五个领域评估得分最高，而生态宜居领域得分略低于东北地区。其他三个板块智慧城市建设情况各有特色。中部地区在智能设施、惠民服务和改革创新等方面发展情况较好，但在生态宜居治理方面略差；西部地区仅在精准治理方面发展情况较好，但在智能设施、惠民服务、信息资源方面发展比较落后；东北部地区在生态宜居方面治理水平最高，其他方面中规中矩（图3）。

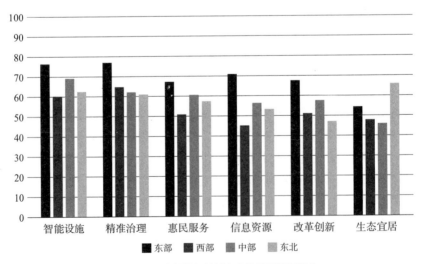

图3　中国四大板块智慧城市建设情况详细得分

（3）智慧城市建设在地方省市不断下沉

为加快智慧城市建设进程，部分省出台了智慧城市发展的顶层政策和地方标准，衔接上级部门，指导地方城市，逐步形成部门协同、上下联动、层级衔接的新型智慧城市发展新格局。仅2019年一年，有河北省、四川省、山东省、河南省等多个省市发布智慧城市建设计划，且各有特色。

河北省于2019年4月出台《加快推进新型智慧城市建设的指导意见》，提出将于2020年完成包括3个市主城区和10个县城在内的新型智慧城市建设工作的目标，探索符合河北省情的市、县级智慧城市发展路径；并于2025年，实现智慧城市与数字乡村的融合发展。

四川省人民政府于2019年8月出台《关于加快推进数字经济发展的指导意见》，力争于2022年实现全省数字经济总量超2万亿元，成为创新驱动发展的重要力量。

山东省于2019年9月印发《山东省新型智慧城市试点示范建设工作方案》，围绕基础设施、数字惠民、数字政务、数字经济、保障措施、地方特色等分类，提出了划分不同发展层级的新型智慧城市试点示范建设标准。

河南省发展改革委于2019年9月公布《河南省数字经济发展重大工程》，明确了包括数字基础设施建设工程、数据资源共享开放工程、网络信息安全保障工程在内的六大类工程，加快推进全省数字经济发展的安排部署，以重大工程带动整体提升，加快构建数字经济发展新生态。

河北省石家庄于2019年10月对外发布《石家庄新型智慧城市总体规划（2019—2021年）》，规划提出六大类建设任务和46项智慧城市建设重点工程，围绕智能化基础设施、运营管理、公共服务、产业创新、数字经济、保障措施等领域。这标志着石家庄城市发展进入新的阶段。

国家发展改革委、中央网信办等中央部委也联合各省市于2019年10月开展国家数字经济创新发展试验区计划，试点包含河北省（雄安新区）、浙江省、福建省、广东省、重庆市、四川省等省市（图4）。

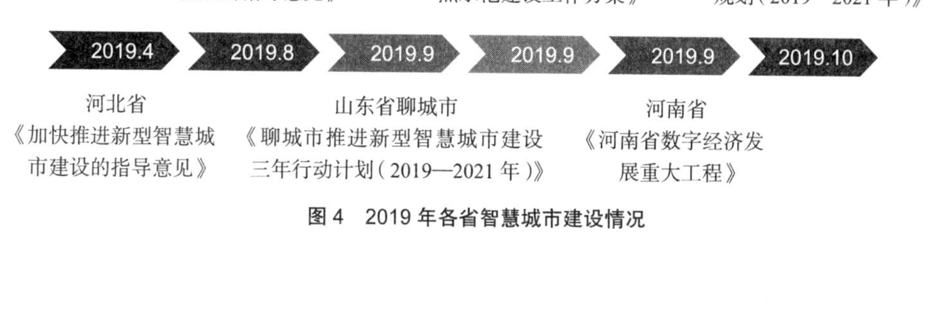

四川省
《关于加快推进数字经济
发展的指导意见》

山东省
《山东省新型智慧城市试
点示范建设工作方案》

河北省石家庄市
《石家庄新型智慧城市总体
规划（2019—2021年）》

2019.4　2019.8　2019.9　2019.9　2019.9　2019.10

河北省
《加快推进新型智慧
城市建设的指导意见》

山东省聊城市
《聊城市推进新型智慧城市建设
三年行动计划（2019—2021年）》

河南省
《河南省数字经济发
展重大工程》

图4　2019年各省智慧城市建设情况

（4）智慧城市建设特点分析

依据各城市评估得分，上海、杭州、北京、深圳、广州等城市在智慧城市建设发展方面处于国内领先位置。本节将介绍部分领先城市的先进做法和经验（表1）。

各一级指标评价得分排名前 10 的城市　　　　　　　　　　　表1

一级指标	城市列表									
惠民服务	上海	深圳	北京	杭州	青岛	武汉	广州	佛山	南京	哈尔滨
精准治理	杭州	深圳	宁波	上海	北京	温州	广州	佛山	福州	嘉兴
生态宜居	杭州	宁波	深圳	南京	温州	大连	佛山	厦门	沈阳	昆明
智能设施	宁波	杭州	深圳	上海	广州	苏州	佛山	北京	厦门	嘉兴
信息资源	北京	上海	深圳	杭州	嘉兴	广州	南京	厦门	福州	合肥
改革创新	北京	杭州	上海	深圳	广州	成都	厦门	无锡	南京	珠海
总得分	上海	杭州	北京	深圳	广州	厦门	无锡	南京	成都	武汉

1）总得分第一城市：上海

作为智慧城市建设的代表性城市，上海在智慧城市建设规划、政府投入、基础设施建设和基础便民服务水平等方面均处于我国领先水平。由亿欧智库发布的《道阻且长，行则将至——2019 年中国智慧城市发展研究报告》中指出，在便民服务方面，上海在智慧安防、智慧交通、智慧社区三大重点领域的落地应用都走在前列。例如，智慧安防方面，上海市通过在卡口、街面、网络社区、楼宇等五大领域布设各类前端感知设备 55 万个，泛在感知公共安全领域的各类风险；在智慧社区方面，田林十二村小区作为代表性的建设试点小区，通过智能识别、物联网等技术，搭建起一套智能化小区防范和服务系统，小区实现"零发案"，电动车管理、孤老照料、乱贴"小广告"等一系列小区难题都出现良好的转变。

2）总得分第二城市：杭州

为了加强支撑城市可持续发展的基础设施建设，借助大数据、云计算、人工智能等技术优化城市公共资源配置，杭州市政府与各相关部门、阿里巴巴等企业共同参与打造"杭州城市数据大脑"，并于 2019 年发布"五年规划"方案。杭州市数据资源管理局局长郑荣新指出，城市数据大脑建设为新型智慧城市建设路径提供了"杭州模式"。作为一个平台型人工智能中枢，通过将计算资源平台、数据资源平台、算法服务平台、行业系统、超级应用、区县中枢等进行交互组织，整合汇集政府、企业和社会数据，在城市治理领域进行融合计算，实现城市运行的生命体征感知、公共资源配置、宏观决策指挥、事件预测预警、"城市病"治理等功能，实现数字化城市精准治理。

在生态治理方面，杭州市于2019年政府发布"美丽杭州"建设行动方案，加快推进"美丽杭州"建设，全面推进清洁排放区、清新空气示范区建设，大幅削减大气主要污染物排放总量，明显改善环境空气质量，全面推进"污水零直排区"建设，强化生活污水治理等，全面建设国家生态文明建设示范区。

3）智能设施领域得分第一城市：宁波

宁波市是中国智慧城市建设领军城市之一。在网络基础设施方面，宁波坚持"基础先行、适度超前"的原则，大力推进国家"光网城市""宽带中国"试点城市建设，网络基础设施支撑能力不断提升，网络基础设施持续全国领先。宁波市域范围无线宽带网络"INingbo"已覆盖全市主要公共场所；光网已100%全面覆盖；且成功获批全国5G外场测试试验网城市之一，开通5G试验基站并完成5G呼叫。城区窄带物联网（NB-IoT）覆盖建设基本完成，已在海曙区开通服务，并已完成城市基础设施公共物联网平台建设，支撑城市基础设施智能化改造。

在政务智能设施方面，率先建立以市政务云中心为核心的一体化政务云体系，通过构建基础设施支撑体系、共享数据处理能力，集约化建设运维92家单位的191个系统，汇聚政务有效共享数据15.1亿条，开放了20类主题408个资源共130万条政务数据的下载服务；市大数据发展重大项目库建成，已有约14亿元投资额的51个项目入库。同时以时空信息云平台、法人、人口、不动产登记信息等数据库为支撑，加强全市政务信息资源整合共享，基本形成了"政务数据统一部署，基础数据统一集聚，应用数据初步挖掘，主题数据跨地区、跨部门、跨层级共享"的政务数据生态体系。

4）智慧城市领先城市：深圳

深圳市大鹏新区以指挥中心为龙头打造新区生态特色的智慧城市治理新模式。通过"数据"驱动城市治理，率先提出基于标准化的预准模型、创新构建生态环境动态监测系统、成立人工智能实验室等一系列举措，实现城市信息基础设施、信息资源、政府治理、政务服务全面一体化。新区大力整合各类生态环保资源，应用大数据、云存储技术，构建出可视化、多维度的生态环境动态监测系统，能够在线监测空气质量、负氧离子、油烟排放、机动车尾气、工地扬尘、河流水质、噪声、海水细菌等多项生态因子，在区县中形成了多层多元的环境感知与生态保护网络。

（三）智慧城市发展展望

新型智慧城市开启了一个令人期待的新时代，是迄今最具创造力的一种城市模式，但在发展借鉴中，既无历史案例参照，全球目前也无成熟样板借鉴。中国智慧城市建设正处在"发展进行时",在不断摸索前进的过程中必然面临不少问题及挑战。

（1）数据共享难、协同要求高、构建体系杂、安全挑战大、资金需求多、建设周期长，建设新型智慧城市，需要"互联网+""物联网+""大数据+""云计算+""人工智能+""标准化+"等。

（2）当前我国智慧城市建设正处于战略机遇期、探索成长期、瓶颈攻坚期和示范成型期"四期叠加"的发展状态，在实际推进过程中面临着改革创新、发展实效、区域差异、长效运营、信息安全"五大短板"。因此需要通过技术应用、整合共享、改革创新等举措一步步深化智慧城市建设，实现物理空间中的实体城市和信息网络空间中的数字城市协同发展，形成一个三元空间的新型智慧城市。

（3）目前来看，中国智慧城市的建设模式以政府引领并投入大量资金，企业积极参与以提供技术和解决方案支撑为主。看似已成功驶入快车道的智慧城市建设，正面临着如何提升经济效益、保障信息安全、实现跨区跨级的信息共享的三大挑战。

（4）注重以人为本的"智慧社会"将成为我国智慧城市建设和发展的未来愿景。同时，随着企业所提供的技术越来越成熟，政府推动和建立统一的数据中心，并制定相关数据开放的法律体系，实现数据的跨部门共享。各领域的数据孤立将被打破，并逐渐走向融合。

三、智慧城市标准化工作进展

（一）国内现有工作进展

智慧城市标准体系建设是引导智慧城市健康发展的重要手段，是促进信息资源汇聚、共享和开发利用的基础支撑，是推进云计算、物联网、大数据、移动互联网等智能技术规模化应用的必要条件，也是智慧城市试点示范工作的重要内容和保障。为加强中国标准化建设，我国于2014年成立国家智慧城市标准化总体组，专门负责与制定智慧城市标准化发展战略、推进措施、协调统筹及制定智慧城市国家标准。

截至2018年12月底，共有45项智慧城市国家标准已经发布或正在准备中（附表1），其中20项标准正在准备中，包括正在批准12项，正在起草2项，正在征求意见6项；10项标准处于现行状态，其中有9项标准于2018年开始实施；另有15项标准处于即将实施状态，即2018年发布，2019年实施。根据上述2018年国家标准发布情况及国家标准化相关组织的工作报告，2018年智慧城市标准化建设情况如下：

（1）2018年我国智慧城市整体评价指标体系将初步建立

我国最早于2013年开始国家标准制定工作，截至2018年底共有25个国家标准发布，其中2018年发布18项、实施9项，共24项（其中3项于2018同年发布并实施），2018年相关标准数量占比全部已发布数量的96%（图1）。

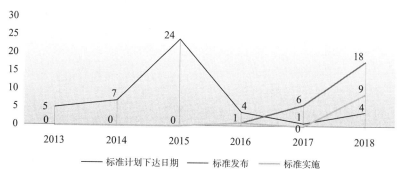

图1　国家标准计划下发、发布和实施时间

（2）2018年发布与实施的国家标准主题各异

2018年实施的国家标准主要以"支撑与技术平台""评价指标体系"主题为主；而2018年发布的、预计于2019年实施的国家标准主要关于"管理与服务""总体框架"主题，表明当前中国智慧城市国家标准的制定正在向前发展，总体上基于技术规范、总体评价等实施标准，规范智慧城市及相关领域的规划与建设内容，明确服务与管理的范畴，把握智慧城市整体发展方向（图2、表1）。

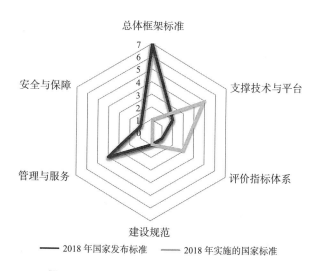

图2　2018年智慧城市国家标准主题分布雷达图

2018 年发布的智慧城市国家标准表　　　　　　　表 1

序号	计划号	项目名称	标准类型	标准内容
1	20153400-T-469	智慧城市 公共信息与服务支撑平台 第 3 部分：测试要求	支撑技术与平台	本部分规定了智慧城市公共信息与服务支撑平台的测试要求，包括测试总则、测试环境与工具、测试管理、测试内容、测试方法、测试评价等内容。本部分适用于智慧城市公共信息与服务支撑平台的测试
2	20150043-T-469	面向智慧城市的物联网技术应用指南	建设指南	本标准给出了面向智慧城市的物联网参考体系结构，规定了智慧城市中物联网系统各功能域以及支撑域功能实现的 IT（信息技术）基础设施的构成。本标准适用于智慧城市中物联网系统的规划和设计实现
3	20151996-T-469	智慧城市 公共信息与服务支撑平台 第 2 部分：目录管理与服务要求	管理与服务	本部分规定了智慧城市公共信息与服务支撑平台的公共信息资源目录的管理要求和服务要求。本部分适用于智慧城市公共信息与服务支撑平台的目录管理与服务系统设计
4	20152004-T-469	智慧城市 公共信息与服务支撑平台 第 1 部分：总体要求	管理与服务	本部分规定了智慧城市公共信息与服务支撑平台的总体参考框架、技术支撑、数据与服务管理、能力开放、安全管理、运维管理等总体要求。本部分适用于智慧城市公共信息与服务支撑平台项目的规划和建设
5	20151995-T-469	智慧城市 数据融合 第 1 部分：概念模型	管理与服务	本部分规定了智慧城市数据融合的概念模型、总体要求、基本过程及数据采集、数据描述、数据组织、数据交换与共享的基本要求。本部分适用于智慧城市的数据融合实践
6	20151997-T-469	智慧城市 信息技术运营指南	建设指南	本标准提供了智慧城市运营的总体框架及 ICT 基础设施运营、数据运营、信息系统运营、安全运营等方面的相关建议。本标准适用于智慧城市信息技术运营体系的建立和管理、运营监督和评价
7	20151994-T-469	智慧城市 数据融合 第 2 部分：数据编码规范	支撑技术与平台	本部分规定了智慧城市数据标识符的编码结构和编码规则。本部分适用于规范智慧城市数据融合过程中对不同来源的数据标识符的编码
8	20141169-T-469	智慧安居信息服务资源分类与编码规则	管理与服务	本标准规定了智慧安居信息服务资源分类与编码规则等内容。本标准适用于智慧安居信息服务应用系统的规划、开发、运维和服务管理
9	20141170-T-469	智慧安居信息服务资源描述格式	管理与服务	本标准规定了智慧安居信息服务元数据定义、统一建模语言描述、服务资源描述和应用资源描述等内容。本标准适用于智慧安居信息服务应用系统的规划、开发、运维和服务管理
10	20152003-T-469	智慧城市 软件服务预算管理规范	管理与服务	本标准规定了智慧城市软件服务的范围、成本构成和预算管理的基本过程

续表

序号	计划号	项目名称	标准类型	标准内容
11	20131090-T-333	智慧城市评价模型及基础评价指标体系 第4部分：建设管理	评价指标	该标准的发布，是贯彻落实《国家新型城镇化规划（2014-2020年）》，为智慧城市建设提供了标准支撑，有利于促进城市建设的信息网络宽带化、规划管理信息化、基础设施智能化、公共服务便捷化、产业发展现代化、社会治理精细化发展
12	20130389-T-469	智慧城市SOA标准应用指南	支撑技术与平台	本标准给出了智慧城市技术参考模型、建设阶段、服务水平和典型应用场景采纳SOA标准应用的建议。适用于指导智慧城市信息化项目的规划、设计、建设与运维的SOA标准应用指南
13	20151993-T-469	智慧城市 领域知识模型 核心概念模型	总体框架标准	标准规定了智慧城市领域知识模型的核心概念及模型组成、核心概念以及核心概念之间的关系。本标准适用于智慧城市领域知识模型的构造，也适用于智慧城市信息系统之间的交换共享
14	20151998-T-469	智慧城市 顶层设计指南	总体框架标准	标准规定了智慧城市顶层设计的总体要求、基本过程及需求分析、总体设计、架构设计、实施路径设计等，适用于智慧城市的顶层设计，也可指导信息化领域的顶层设计
15	20141230-T-469	智慧校园总体框架	总体框架标准	本标准规定了智慧校园建设的总体框架，包括智慧教学环境、智慧教学资源、智慧校园管理、智慧校园服务、信息安全体系等的系统架构及基本要求。本标准适用于智慧校园建设的设计与实施
16	20151999-T-469	智慧城市术语	总体框架标准	智慧城市作为信息通信技术一个新的应用领域，信息通信技术以及网络信息安全等方面的通用术语还需要延续使用。同时，随着智慧城市的发展，也产生了该领域特有的概念。因此本标准除了给出专属于"智慧城市"领域的特定概念表达的术语外，也对一些相关的通用术语进行了定义
17	20141937-T-469	智慧安居应用系统接口规范 第1部分：基于表述性状态转移（REST）技术接口	支撑技术与平台	本标准规定智安居应用系统（以下简称应用系统）基于表述性状态转移（REST）技术接口的不语稍定义、缩基要求述；本部分适用于智慧安居应用系统的设计、发运行使用和维护管理
18	20141936-T-469	智慧安居应用系统基本功能要求	管理与服务	本标准规定了智慧安居应用系统的总体要求功能框架、公共信息、居家生活、保障服务、定制服务、智慧服务以及运维管理等功能要求。本标准适用于智慧安居应用系统的设计开发行使用和维护管理

（3）标准不断下沉，智慧城市地方标准稳步发展

截至 2018 年底，已有 30 个智慧城市及相关地方标准已经发布并实施（附表 2）。自 2013 年开始，部分省市就开始发布智慧城市标准，主要是上海、辽宁、山东等沿海省市，而后每年地方标准发布数量比较稳定，发布地区逐步扩散，向湖北、成都、江苏等内陆扩散。现已有 14 个省市发布地方指标（图 3）。

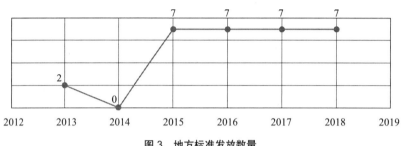

图 3　地方标准发放数量

（4）加强智慧城市战略及标准方面人才培养

2018 年国家智慧城市标准化总体组开展"新型智慧城市战略及标准化培训班"，聘请标准编写一线专家进行培训；并帮助企业培养智慧城市专业人才、完善智慧城市知识体系、搭建国家级智慧城市政企高端持证人才平台。

（二）国际现有工作进展

中国作为智慧城市建设领先国家之一，在国际标准化制定方面，承担重要工作。ISO、ITU、IEC 是国际标准制定的重要组织，本部分将整理 ISO、ISO/IEC JTC1/WG11、IEC 等组织 2018 年的国际标准制定工作。

（1）ISO 国际标准化组织工作进展

ISO 于 2018 年全年共发布 2 个关于智慧城市的国际标准文件，主要涵盖城市可持续城市、智能交通设施等专项建设标准文件（表 2）。

ISO 2018 年发布的智慧城市相关国际标准　　　　　　　　　　表 2

序号	计划号	项目名称	发布时间	项目状态	技术委员会	标准内容
1	ISO 37157:20189	智能社区基础设施——紧凑城市的智能交通 Smart community infrastructures — Smart transportation for rapid transit in and between large city zones and their surrounding areas	4/2018	已发布	ISO/TC 268/SC 1 Smart community infrastructures	描述了帮助紧凑城市规划或组织智能交通的标准。该计划将适用于面临人口下降的城市。智能交通可以应用于人口流失的问题，作为吸引人们回到城市的一种手段。

序号	计划号	项目名称	发布时间	项目状态	技术委员会	标准内容
2	ISO 37106:2018	可持续城市和社区——关于建立可持续社区智能城市运作模式的指南 Sustainable cities and communities—Guidance on establishing smart city operating models for sustainable communities	7/2018	已发布	ISO/TC 268 Sustainable cities and communities	该文件为智慧城市和社区（来自公共、私营和志愿部门）的领导人提供了指南，指导他们如何为他们的城市开发一个开放、协作、以民为中心和数字化的运营模式，将其对可持续未来的愿景付诸实施。

（2）ISO/IEC JTC1/WG11 标准化工作进展

ISO/IEC JTC1/WG11 是 ISO/IEC JTC1 信息技术部下研究智慧城市的工作组，当前已有 26 个国家，163 个国际注册专家参与工作。目前 WG11 已制定和正在制定的国际标准项目如表 3 所示，其中有 5 项国际标准项目是目前 WG11 正在推动，主要关于信息技术方面。

WG11 已制定和正在制定的国际标准项目　　　　　表 3

×××表示 2018 年 WG11 正在推动项目

序号	标准号	标准项目名称（英文）	标准项目名称（中文）	牵头国家	状态
1	ISO/IEC AWI 30145-1	Information technology - Smart city ICT reference framework- Part 1: Smart city business process framework	信息技术 智慧城市 ICT 参考框架 第 1 部分：智慧城市业务流程框架	中国	WD
2	ISO/IEC AWI 30145-2	Information technology - Smart city ICT reference framework- Part 2: Smart city knowledge management framework	信息技术 智慧城市 ICT 参考框架 第 2 部分：智慧城市知识管理框架	中国	即将进入 CD 投票
3	ISO/IEC AWI 30145-3	Information technology - Smart city ICT reference framework- Part 3: Smart city engineering framework	信息技术 智慧城市 ICT 参考框架 第 3 部分：智慧城市工程框架	中国	即将进入 CD 投票
4	ISO/IEC AWI 30146	Information technology - Smart city ICT Indicators	信息技术 智慧城市 ICT 评价指标	中国	已通过 DIS 投票
5	ISO/IEC AWI 21972	Information technology - An upper level ontology for smart city indicators	信息技术 智慧城市评价指标上层本体论	加拿大	即将进入 CD 投票
6	ISO/IEC 30182:2017	Smart city concept model - Guidance for establishing a model for data interoperability	智慧城市 概念模型 数据互操作性模型建立导引	英国	已发布
7	ISO/IEC NP 24038	Information technology - Guidance for smart city top-level design	信息技术 智慧城市顶层设计指南	中国	NP 投票阶段

序号	标准号	标准项目名称（英文）	标准项目名称（中文）	牵头国家	状态
8	ISO/IEC NP 24039	Information technology - Platform for public information and service of smart city	信息技术 智慧城市公共信息与服务平台	中国	NP 投票阶段
9	-	Information Technology - An Ontology for Transportation Planning	信息技术 交通规划的本体	加拿大	即将进入 NP 投票

（3）IEC 国际电工委员会组织工作进展

2018 年，IEC 智能城市系统委员会（Systems Committee on Smart Cities）与 ISO/IEC JTC 智能城市工作组合作共同研究智慧城市标准，促进国际智慧城市标准化发展。这是两个标准委员会首次合作。

附表 1：

中国"智慧城市"国家标准表（截至 2018 年 12 月）

（按"计划下达日期"排列）

×××表示 2018 年实施；×××表示 2018 年发布

序号	计划号	项目名称	计划下达日期	项目状态	发布日期	实施日期
1	20131090-T-333	智慧城市评价模型及基础评价指标体系 第 4 部分：建设管理	2013/7/18	即将实施	2018/6/7	2019/1/1
2	20130121-T-339	智慧城市评价模型及基础评价指标体系 第 2 部分：信息基础设施	2013/8/1	正在批准	\	\
3	20130389-T-469	智慧城市 SOA 标准应用指南	2013/8/1	即将实施	2018/6/7	2019/1/1
4	20130390-T-469	智慧城市评价模型及基础评价指标体系 第 3 部分：信息资源审查报告	2013/8/1	现行	2017/10/14	2018/5/1
5	20130395-T-469	智慧城市 技术参考模型	2013/8/1	现行	2017/10/14	2018/5/1
6	20141405-Z-469	信息安全技术 智慧城市建设信息安全保障指南	2014/11/19	正在批准	\	\
7	20141169-T-469	智慧安居信息服务资源分类与编码规则	2014/11/19	即将实施	2018/7/13	2019/2/1
8	20141170-T-469	智慧安居信息服务资源描述格式	2014/11/19	即将实施	2018/7/13	2019/2/1
9	20141230-T-469	智慧校园总体框架	2014/11/19	即将实施	2018/6/7	2019/1/1
10	20141229-T-469	智慧矿山信息系统通用技术规范	2014/11/19	现行	2017/10/14	2018/5/1
11	20141937-T-469	智慧安居应用系统接口规范 第 1 部分：基于表述性状态转移（REST）技术接口	2014/12/23	现行	2018/7/13	2018/11/1
12	20141936-T-469	智慧安居应用系统基本功能要求	2014/12/23	现行	2018/7/13	2018/11/1
13	20150021-T-339	基于 2GHz TD-SCDMA 数字蜂窝移动通信网的智慧城市管理系统总体技术要求	2015/5/13	正在批准	\	\
14	20150020-T-339	泛在物联应用 智慧油田总体技术要求	2015/5/13	正在批准	\	\
15	20150043-T-469	面向智慧城市的物联网技术应用指南	2015/5/13	即将实施	2018/10/10	2019/5/1
16	20152044-T-333	智慧城市 建筑及居住区综合服务平台通用技术要求	2015/8/18	正在批准	\	\

序号	计划号	项目名称	计划下达日期	项目状态	发布日期	实施日期
17	20151994-T-469	智慧城市 数据融合 第2部分：数据编码规范	2015/8/18	即将实施	2018/10/10	2019/5/1
18	20151997-T-469	智慧城市 信息技术运营指南	2015/8/18	即将实施	2018/10/10	2019/5/1
19	20152004-T-469	智慧城市 公共信息与服务支撑平台 第1部分：总体要求	2015/8/18	即将实施	2018/10/10	2019/5/1
20	20151996-T-469	智慧城市 公共信息与服务支撑平台 第2部分：目录管理与服务要求	2015/8/18	即将实施	2018/10/10	2019/5/1
21	20151995-T-469	智慧城市 数据融合 第1部分：概念模型	2015/8/18	即将实施	2018/10/10	2019/5/1
22	20151998-T-469	智慧城市 顶层设计指南	2015/8/18	即将实施	2018/6/7	2019/1/1
23	20151993-T-469	智慧城市 领域知识模型 核心概念模型	2015/8/18	即将实施	2018/6/7	2019/1/1
24	20152003-T-469	智慧城市 软件服务预算管理规范	2015/8/18	即将实施	2018/6/7	2019/1/1
25	20151999-T-469	智慧城市 术语	2015/8/18	现行	2018/12/28	2018/12/28
26	20152347-T-339	智慧城市 跨系统交互 第2部分：技术要求及测试规范	2015/11/18	正在征求意见	\	\
27	20152348-T-339	智慧城市 跨系统交互 第1部分：总体框架	2015/11/18	正在征求意见	\	\
28	20152345-T-339	智慧城市 跨系统交互 第3部分：接口协议及测试规范	2015/11/18	正在征求意见	\	\
29	20152349-T-339	智慧城市 数据融合 第4部分：开放共享要求	2015/11/18	正在批准	\	\
30	20152346-T-339	智慧城市 数据融合 第3部分：数据采集规范	2015/11/18	正在批准	\	\
31	20152351-T-339	智慧城市 城市运营中心 第1部分：指挥中心建设框架及要求	2015/11/18	正在批准	\	\
32	20152350-T-339	智慧城市 智慧医疗 第2部分：移动健康	2015/11/18	正在批准	\	\
33	20152352-T-469	智慧城市评价模型及基础评价指标体系 第1部分：总体框架及分项评价指标制定的要求	2015/11/18	现行	2017/10/14	2018/5/1
34	20152343-T-466	智慧城市时空基础设施 评价指标体系	2015/11/18	现行	2017/12/29	2018/4/1
35	20152344-T-466	智慧城市时空基础设施 基本规定	2015/11/18	现行	2017/12/29	2018/4/1

序号	计划号	项目名称	计划下达日期	项目状态	发布日期	实施日期
36	20152353-T-469	新型智慧城市评价指标	2015/11/18	现行	2016/12/13	2016/12/13
37	20153676-T-469	智慧城市 数据融合 第5部分：市政基础设施数据元素	2016/1/4	正在批准	\	\
38	20153397-T-469	物联网 智慧酒店应用 平台接口通用技术要求	2016/1/4	正在批准	\	\
39	20153400-T-469	智慧城市 公共信息与服务支撑平台 第3部分：测试要求	2016/1/4	即将实施	2018/12/28	2019/7/1
40	20161920-T-469	智慧城市 智慧医疗 第1部分：框架及总体要求	2016/11/22	正在起草	\	\
41	20170563-T-469	信息安全技术 智慧城市安全体系框架	2017/7/5	正在批准	\	\
42	20180023-T-333	城市智慧卡互联互通 充值数据接口	2018/2/1	正在征求意见	\	\
43	20180987-T-469	智慧城市 建筑及居住区 第1部分：智慧社区建设规范	2018/7/18	正在起草	\	\
44	20181813-T-469	智慧城市 设备联接管理与服务平台技术要求	2018/10/15	正在征求意见	\	\
45	20184447-T-469	智慧化工园区建设指南	2018/12/29	正在征求意见	\	\

附表2：

中国"智慧城市"地方标准表（截至 2018 年 12 月）

（按"发布日期"排列）

序号	标准号	标准中文名称	发布日期	实施日期	地区
1	DB37/T 2322-2013	智慧矿山建设规范	2013/4/1	2013/5/1	山东
2	DB31/T 747-2013	智慧园区建设与管理通用规范	2013/10/11	2013/12/1	上海
3	DB36/T 831-2015	三清山智慧景区建设管理规范	2015/1/23	2015/3/1	江西
4	DB32/T 2727-2015	旅游企业智慧旅游建设与应用规范	2015/2/15	2015/4/15	江苏
5	DB37/T 2657-2015	智慧园区建设与管理通用规范	2015/4/13	2015/5/13	山东
6	DB21/T 2551.3-2015	智慧城市 第3部分：运营管理	2015/12/23	2016/2/23	辽宁
7	DB21/T 2551.1-2015	智慧城市 第1部分：总体框架	2015/12/23	2016/2/23	辽宁
8	DB21/T 2551.2-2015	智慧城市 第2部分：建设指南	2015/12/23	2016/2/23	辽宁
9	DB21/T 2551.4-2015	智慧城市 第4部分：评价指标体系	2015/12/23	2016/2/23	辽宁
10	DB50/T 711-2016	智慧社区功能要求	2016/10/15	2016/12/30	重庆
11	DB50/T 710-2016	智慧社区总体框架	2016/10/15	2016/12/30	重庆
12	DB42/T 1226-2016	智慧社区 智慧家庭设施设备通用规范	2016/11/16	2017/3/1	湖北
13	DB32/T 3160-2016	高等学校智慧校园建设与应用规范	2016/11/20	2016/12/20	江苏
14	DB44/T 1957-2016	智慧城市评价指标体系	2016/12/14	2017/3/14	广东
15	DB41/T 1339-2016	智慧城市信息安全建设指南	2016/12/29	2017/3/29	河南
16	DB45/T 1478-2016	智慧家庭技术服务规范	2016/12/30	2017/1/30	广西
17	DB42/T 1280-2017	智慧工地信息化管理平台通用技术规范	2017/7/21	2017/10/21	湖北
18	DB33/T 2051-2017	智慧供排水信息系统安全技术规范	2017/9/11	2017/10/11	浙江
19	DB13/T 2631-2017	智慧旅游城市基本设施要求	2017/11/22	2017/12/22	河北
20	DB13/T 2632-2017	智慧旅游设施服务规范	2017/11/22	2017/12/22	河北
21	DB42/T 1320-2017	智慧社区 智慧家庭业务接入管理通用规范	2017/11/29	2018/3/1	湖北
22	DB35/T 1716-2017	智慧景区等级划分与评定	2017/12/25	2018/3/25	福建
23	DB35/T 1715-2017	智慧饭店等级划分与评定	2017/12/25	2018/3/25	福建
24	DB21/T 2919-2018	智慧城市标准体系框架	2018/1/22	2018/2/22	辽宁
25	DB21/T 2920.2-2018	智慧应用 第2部分：城市管理	2018/1/22	2018/2/22	辽宁
26	DB42/T 1335-2018	村级智慧便民服务体系建设规范	2018/4/11	2018/7/1	湖北
27	DB5101/T 13-2018	成都市智慧城市市政设施 城市道路桥梁基础数据规范	2018/9/30	2018/10/1	成都

序号	标准号	标准中文名称	发布日期	实施日期	地区
28	DB5101/T 14-2018	成都市智慧城市市政设施 城市照明基础数据规范	2018/9/30	2018/10/1	成都
29	DB5101/T 29-2018	成都市智慧园区建设与管理通用规范	2018/12/25	2018/12/31	成都
30	DB31/T 1123-2018	智慧电梯监测终端技术要求	2018/12/25	2019/4/1	上海

第四篇

实践篇

上海市浦东新区智慧城市发展报告

一、总体发展情况概述

（一）经济社会发展总体情况

2018 年，浦东新区经济社会发展总体平稳、稳中有进、进中提质，全力推进自贸试验区和科创中心建设这两项国家战略，迈上了城市发展的新台阶。高质量发展的基础更加巩固，主要经济指标突破整数关口，地区生产总值超过 1 万亿元，财政总收入超过 4000 亿元，一般公共预算收入超过 1000 亿元。高质量发展的动能更加凸显，实到外资达到 81 亿美元，全社会研发经费支出相当于地区生产总值的比重提高到 4%，战略性新兴产业产值占规模以上工业总产值比重超过40%。高质量发展的成果更多惠及人民群众，全年民生投入约 612 亿元，占新区一般公共预算支出的比重超过 45%，全体居民人均可支配收入达到 66200 元，增长约 9%。

（二）智慧城市建设工作小结

早在 2009 年，浦东新区就提出了建设"智慧城市"初步构想，2011 年，在上海市率先推出《智慧浦东建设纲要（iPudong2015）》，提出了智慧浦东建设核心任务——"3935 战役"和 118 个重点项目，聚焦推进适度超前的基础设施建设、惠民利民的应用体系建设、智慧产业化和产业智慧化，形成了较为完善的智慧城市建设顶层设计，取得了积极成效。2016 年，《智慧浦东建设纲要（iPudong2020）》发布，进一步强化信息化发展能力、创新智慧化应用、强化示范效应等工作，全力打造新型协同的智慧政务体系（政务云 1533 工程）、智能高效的城市管理体系、亲民便民的信息惠民体系（iPudong 市民生活云工程）以及两化融合的智慧经济体系（智能制造企业云工程）等四大体系，充分融入"互联网＋"和大数据发展理念，推动信息化与政府治理、城市发展、民生福祉、创新创业深度融合。

二、智慧城市发展环境

（一）制度规划

持续优化智慧城市建设领导小组。2019 年 7 月，浦东新区顺应市委市政府决策部署，同步调整智慧城市领导小组。由区委书记任组长，区长任第一副组长，区委副书记、常务副区长、分管副区长为副组长，区委办、区人大办、区府办、区政协办等 35 家委办局为成员单位，领导小组下设办公室在区大数据中心。

建立优化多领域统筹协调保障机制。包括建立智慧城市建设领导小组联席会议制度、建立政府数据资源化利用专项调研工作领导小组、优化浦东新区大数据管理体制机制、优化整浦东新区社会信用体系建设联席会议、建立网络安全和信息化委员会等相关保障机制，统筹协调智慧城市建设过程中各类重大问题以及发展战略和决策。

出台相关专项规划和指导性文件。在信息基础设施、信息化应用、信息产业、网络安全、制度保障等与智慧城市建设有关领域出台了一系列专项规划和指导性文件，包括：《浦东新区大数据中心建设工作方案》《浦东新区 2018 年度信息化工作要点》《上海浦东新区创建国家人工智能创新应用先导区实施方案》《张江人工智能岛应用场景建设方案》等。

（二）支撑保障

构建多元化智慧应用资金渠道。2019 年，浦东新区用于推进各部门智慧化应用项目建设相关资金共计 127160 万元。其中，智慧城市建设专项资金投入共计 6500 万元（政府机构 3500 万元，对企业补贴资金 3000 万元），基本建设财力投入 95782 万元，部门预算安排投入资金 24878 万元。

建立多样化人才引进和培养激励办法。发布促进浦东人才发展"35 条"，通过优化准入标准、审批机制和服务体系，全面优化浦东人才发展环境。获得户籍自主审批权限，进一步提升浦东新区的引才自主性，缩短引进人才的办事周期。深化外国人来华工作"一网通办"，打通与海关体检中心、外国人来华工作管理服务系统和出入境系统的数据对接，提升审批效率。制定浦东新区特殊人才引进工作方案，对现有政策覆盖不了的特殊人才落户提供绿色通道。

三、智慧城市创新应用

（一）信息基础设施

加速布局 5G 网络。截至 2019 年 7 月底，全区已建设完成 5807 个 5G 基站，实现世博中心、世博展览馆、东方体育中心、119 层观光厅等区域的 5G 全覆盖。在上海首批打造的 5 个应用示范区中，浦东也将聚焦 5G 产业创新，在金桥、张江、世博、前滩、临港等区域结合智能制造、智慧枢纽、金融服务等领域，打造"一园一圈一带"（金桥 5G 生态园、张江 5G 产业圈、陆家嘴—世博 5G 应用带）。

构筑城市神经元系统。依托智慧物联小区建设，在小区逐步配齐了移动探头、消防地磁、车辆及人脸识别系统、居家安防 4 件套智能化物联感知设备，把管理的神经末梢延伸到千家万户、千店万铺，全区共安装 26 类感知设备近 4 万个。数据实时传输到区城运中心和街镇分中心，并同步传输给管理人员手机终端，形成了感知敏捷、处置迅速的神经元系统。

（二）数据资源治理

加快推动数据共享应用。以政务云平台为抓手，推动全区各部门系统上云，区大数据中心共归集了全区 80 家单位 6499 个事项、74194 个数据项和 15.3726.5 亿条数据，建成人口、法人、地理信息等基础数据库以及政务服务、市场监管、公共信用、民生服务和基层社会治理等主题数据库，为城运平台、浦东公共信用平台等应用提供数据支撑。同时，以"一网通办"为抓手，实现了对接市级"社区云""市民云"建设。

有序推进数据资源开放。积极对接市级公共数据开放平台，按照"增量先行"的原则，拟定完善公共数据开放的路线图和时间点，目前已完成数据放开清单的目录梳理和编制工作，在市公共数据开放平台登记发布浦东新区政务信息资源开放目录 138 项，挂接数据项 2504 项，推送了 64 万条数据，实现政府公开数据资源的浏览、查询、下载等基本服务。

（三）生活服务领域

一网通办服务方面。深入"一网通办"线上线下深度融合，截至 2019 年 8 月底，浦东新区 36 个街镇的居村"家门口"服务中心均可办理全部 212 项事项，包括新版社保卡申领、城乡居民基本医疗保险缴费、城乡居民最低生活保障申请等事项，真正实现了百姓办事不出村。建立"远程视频帮办"服务，通过远程连线随申办市民云，实现远程办理，截至目前全区第一批 69 个市民办理事项如就医记录册申领更换、长护险申请等事项均可直接在家门口远程办结，远程视频帮办受理量已超过 5000 件次。创新"单窗通办"模式，实现综合窗口 382 项企业事项中实现免交身份证、营业执照、食品经营许可证、房产证等 115 类证照，企业办事人到任何一个工作窗口，都能提交材料办成事情，破解了群众办事"慢繁难"等问题。率先开设长三角地区"一网通办"专窗，在陆家嘴街道和张江镇社区事务受理服务中心开通"一网通办"专窗，提供收件登记、收件信息列表、待办提醒、视频交互等多项服务，实现跨区域收件受理。

交通出行方面。推进公交站点实时报站，截至 2019 年 9 月，浦东公交累计完成 853 个站点、657 个电子站杆、287 座候车亭的改建，中环以内 48 条线路做到实时报站全覆盖（共 55 条）。推动停车资源错时利用，到 2019 年 9 月浦东新区累计建成共享总泊位数 886 个，有效整合了菜场、花鸟市场、商务楼、企事业单位、商业文体场馆等单位的停车资源，向周边小区、医院开放停车场。

医疗服务方面。实现全区电子病历全覆盖，其中公利医院、东方医院和人民医院三家综合医院达到国家电子病历应用水平五级，周浦医院、第七人民医院达到四级。打造"浦东卫健康"医疗在线服务，为患者提供全程在线医疗服务，大大缩短了居民就医排队等候时间。构建 9 大区域医联体，实现了区域医疗资源的整合和上下联动，为居民提供基层首诊、双向转诊、急慢分治、高效有序的医疗卫生服务。推进健康小屋建设，首批 10 家标准化智慧健康小屋陆续建成，为居民提供健康自检、自我健康管理以及获得健康教育等服务。

智慧校园方面。推进校园无线网络覆盖，已覆盖全区 304 所中小学室内外教学区域，服务超过 40 万名师生，实现了上网用户身份认证以及全区范围内的跨校漫游。开展学校食堂"明厨亮灶"工程，实现食品安全全过程监管，预计 2019 年年底将完成 70% 的建设任务，2020 年下半年将完成项目整体验收工作。启动浦东教育大数据中心建设，进一步提升大数据管理和分析挖掘能力，提高全区教育大数据应用水平与科研水平。

养老服务方面。建设浦东科技助老信息平台，利用物联网技术、人工智能技术，搭建老年人综合信息数据库和服务资源库，为老人提供主动关怀、紧急救助、生活求助、居家养老等系列服务。建设养老行业协同监管大数据平台，开展养老机构"六个双"工作，从宏观（养老数据海）、中观（综合监管的组织实施）、微观（各养老机构个体动态情况）三个角度，构建了全景式、动态化养老行业监管体系。

就业服务方面。搭建家门口就业服务平台，依托"PC 端＋移动端"的信息化智能网络建设，形成了"互联网＋家门口"就业服务新模式。打造线上线下融合就业服务模式，依托浦东国际人才港搭建在线服务平台，构建多样化就业特色服务，为国内外人才提供更加优质、高效、快捷的专业化服务。

文旅服务方面。搭建公共文化数字平台，以"文化浦东云"平台为基础，形成公共资源配送、市民艺术大学、文化信息传播、网上市民文化节等品牌。上线浦东文化旅游地图，收录全区 36 个街镇各类文化活动中心、博物馆、美术馆、图书馆等文化资源。启动"一部手机全景游浦东"，在浦东新区 56 个重要文旅地标设置以二维码导览为载体，形成"旅游＋文化＋商业＋互联网"的多维模式。

（四）数字经济领域

智能制造方面。智能工厂加速落地，金桥凯迪拉克工厂通过工业级全以太网络的全面应用，实现了机器与机器、机器与人之间的"无障碍交流"，构建起世界级数字化装配体系。中国商飞上海制造公司利用工业互联网，将 C919 大飞机系统工程"化繁为简"，200 多万个零部件实现与人、机、车间及各控制系统、管理系统的广泛互联，运营成本降低 20% 以上，生产效率提高 20% 以上。创新 5G＋智能网联汽车，上汽集团在金桥开发区布局了 5G 智能网联汽车电子创新中心，以 5G 环境下的智能网联汽车电子研发和产业为核心，建设 5G 智能网联汽车电子开放实验室。博世（中国）投资有限公司的无人泊车研发测试基地落户金桥经济技术开发区 5G 产业生态园，实现车辆行驶路径的智能决策。

人工智能方面。打造人工智能创新应用先导区，2019 年 5 月 21 日，国家工信部批复创建"上海（浦东新区）人工智能创新应用先导区"，将推动人工智能与实体经济深度融合。基于国家和市级层面的环境支撑，浦东新区的人工智能产业已具备良好的产业布局和发展基础，致力于建设成为创新应用驱动下的人工智能产业高地。探索人工智能试点应用场景，2018 年底上海公布了首批十大应用场景 60 个人工智能创新产品，浦东新区有 21 项产品入选，占比超过全市的 1/3。2019 年，在最新公布的上海市首批及第二批共 40 个人工智能试点应用场景中，浦东在 AI＋综合、AI＋制造、AI＋金融、AI＋医疗、AI＋交通、AI＋园区领域的 8 个应用场景入选为首批试点场景。

大数据方面。集聚化发展大数据产业，已建成包含浦东软件园、唐镇电子商务创新港、张江国家数字出版基地等在内的 10 个特色鲜明、具有较高影响力的国家级和市级信息服务业产业园区，集聚了大部分的数据领域企业。举办大数据应用大赛，2019 年"张江杯"大数据技术应用与创新邀请赛通过搭建一个将职工岗位创新与大数据元素相融合的平台，展示大数据技术应用创新成果，为广大职工群众普及大数据知识，营造良好的大数据技术创新环境。创新大数据应用，基于龙头企业及独角兽企业的引领作用，在企业服务、交通、金融等多领域全面展开大数据应用。

淘汰落后产能方面。2019 年 1 月，制定并印发《浦东新区涉重金属行业污染防控工作方案（2018—2020 年）》通知，聚焦电镀行业、重有色金属冶炼业、铅蓄电池制造业、化学品原料及化学品制造业、皮革及其制品业、铜冶炼等涉铅、涉镉行业，以铅（Pb）、汞（Hg）、镉（Cd）、铬（Cr）和类金属砷（As）等金属为重点防控污染物，深化总量减排，淘汰落后产能，完善新区重金属污染综合防控体系。

（五）城市治理领域

精细化管理方面。打造浦东城运中心，横向上集中不同领域城市运行管理事务，以整建制入驻或骨干团队派驻方式，整合城管、公安、应急、环保、市场监管等 15 个区级单位和部门进入城运中心，集成 110、119、120、12345 市民服务热线等各类信息资源，将分属不同业务条线的"单一兵种"在区域内进行汇集，形成指挥统一、协同配合、集团作战的战区"中枢"，集运行监控、监督指挥、联勤联动等功能于一体，有效指挥协调相关管理事务。纵向上形成"区城运中心、36 个街镇城运分中心、1323 个村居工作站"三级管理体系，做到统一标准、统一考评，通过可视化指挥系统，实现不同管理层之间无缝衔接。全区城市运行工作建立平急融合、领导轮值、联席指挥等 9 项工作制度框架，城运中心作为指挥中枢能够"如臂使指"，街镇城运分中心实行 24 小时在岗，可以随时实现区与街镇两级联动，协同处置各类事务，居村工作站实行白天在岗、夜间在线，把工作触角延伸到城市管理的第一线和最前沿。

城市住建管理方面。推进智慧规土平台建设，立足浦东区域面积大的特点，新区规土局在数据中心建设和信息资源"全域共享"等方面先行先试，建立有违法用地数据库，深化规土数据中心建设，优化规土地理基础信息，加快打造智能、动态、便捷、高效和一体的浦东规土信息化综合应用平台。建设工程视频监控智能识别系统。通过智能化视频分析技术，对一系列安全行为进行自动识别，一旦发现异常情况，实时进行告警，同时对接到区城运中心，实现工地异常情况监控的智能分析、自动推送、跟踪和反馈的闭环管理。探索多领域 BIM 技术应用。在大团镇 17-01 地块征收安置房项目、临港重装备产业区 H36-02 地块项目、上海天文馆全项目启用 BIM 技术，实现了 BIM 技术的全生命周期管理。持续完善网格管理平台，积极开展大数据挖掘和人工智能应用工作，通过部署 BI 数据分析工具，对违章搭建、校外培机构、群租、入学入托、居委会投诉等各类民生及城市管理问题。探索利用无人机巡航、视频摄像头，通过技术手段分析抓拍的图片和视频，自动发现问题。

公共安全建设方面。推进"雪亮工程"建设，依托浦东雪亮工程一期项目建设，重点开展建设了视频监控前端系统及视频存储、新区公安智慧图像集成管理与应用平台等内容。建设区级视频图像信息共享与分析平台,实现对视频图像实时分析。推进社会面智能安防建设,截至2019年10月中旬,完成510个封闭式社区、110个开放式社区、125栋楼宇及15个场所智能安防感知设备建设;全区共安装人脸识别摄像头1960余个,智能探头4880余个。全面推进智慧公安建设,完成"一标六实"警用地理信息应用系统与市局六实信息的接口建设,截至9月底已完成了670平方公里三维建模工作,并完成了上海中心分层模型、世博中心等建筑的内建模工作。

城市综合监管方面。创新"六个双"监管新方式,以"六个双"许可办理机制和协同监管机制创新为突破,进一步转变监管方式,加快实现监管可视化、协同化、智能化、精准化,努力构筑浦东新区经济领域重大风险防范化解体系。"双告知、双反馈、双跟踪",主要是通过证照办理信息的共享联动,让"信息多跑路,企业少跑腿",提升审批服务便民化,推动市场主体办证审批"一次办成",同时为"照后证前"监管盲区补短板。"双随机、双评估、双公示",主要着眼监管对象分类和跨部门协同,守法企业充分放手,失信企业快速响应,真正实现对企业"无事不扰、有求必应"。完善线上食品安全监管。深入推进食品安全工作,大中型餐饮企业实现"明厨亮灶"全覆盖。运用大数据等新兴技术和可视化手段,强化了食品销售、销毁等关键环节的视频监控措施,着力实现了中小学校、幼托机构、连锁餐饮企业及中型以上的公共餐饮服务单位"明厨亮灶"100%覆盖。探索金融综合监管服务平台。以融资租赁行业监管、P2P合规检查为试点监管应用对象,加快完成地方金融监管业务管理系统的基础功能建设,具体涵盖地方金融监管基础功能、融资租赁监管业务功能、P2P合规检查业务功能、商业保理信息收集上报功能、典当行信息收集上报功能等建设内容。

智能公共设施方面。创新远传水表应用,目前共有46184只远传水表为浦东用水市民服务,帮助管理部门主动发现用户漏水现象和违章用水行为,实现动态精细化管理。打造智慧能源云平台,能够实现一键获取区域能源流全景监控、能耗能效监测、能源智能分析等所需内容,并可以自助设计可量化、可分析、可应用的能源监控指标体系。打造一体化照明管理平台,初步实现了全区道路照明设施的运行监视、控制和日常管理,设施管理更加直观,达到了绿色节能效果。

城市交通管理方面。建成共享单车智慧管理平台,基于北斗高精度卫星导航定位技术(BD/GNSS)、蓝牙智能感知技术、电子围栏技术、大数据分析技术研发,实现共享单车精细化监管和社会化共治新模式。建成智慧交通综合应用云平台。综合利用物联网、大数据、云计算等新一代技术,进一步补充和完善公共交通、水上交通等业态信息化建设,将现有分散、独立运行的数据和系统进行整合。建成机动车维修综合监管平台。通过融合各方系统及多维度的行业大数据,实现机动车维修行业"四个监管"向协同化、智能化、精准化、可视化方式转变。建设道路客运综合监管平台。融合各来源、多维度的行业大数据，为行业管理单位制定监管方案提供数据支撑，同时也为本行业的智能优化提供辅助决策方案。

（六）绿色发展领域

垃圾分类方面。创新"互联网＋回收"的资源回收利用模式，实现O2O服务，试点开展了智能化垃圾厢房改造。目前，上海首个智能化物联网终端设备——阿拉环保垃圾分类智能回收站在浦东正式启用，具有智能称重、智能计数、异常监控、满溢报警、门卡管理、远程管理、后台数据统计、数据分析、平台化管理、定制化视频宣传等功能，并结合智能化设备应用与城运分中心数据联网，实现垃圾分类工作的集中、量化管控。

环境监测方面。建立浦东新区污染源普查数据库，涵盖浦东新区普查结果中的6431家工业源、6家农业源、189家集中式污染治理设施、409家生活源锅炉、277家汽修企业、183家移动源和105家区管泵站及相关园区管理等数据。完善环境在线监测平台，实施浦东新区河道水质考核断面自动化监测建设工作，在原有浦东新区主要河道19个断面自动站基础上，新建五个主要出入境河道水质断面自动站的建设，纳入全市生态水环境监测平台统一管理，并实现与浦东新区水务管理信息化平台数据对接共享。开展"一类水污染物排放企业"场景建设，利用信息化手段进一步梳理了环境监管流程，实现了对一类水污染物排放企业排放情况的实时监测，排放超标情况的自动智能发现，自动预警，推动多部门协同和跨部门协同，实现对超标事件的高效闭环处置。完善道路扬尘监测与管理，对浦东新区范围内工地、城市道路点等易扬尘发生区域或单位进行有效监管，并通过上海扬尘监测APP的监测数据，对道路扬尘预警及时做出反应。完成气象综合观测自动化和一体化建设，推出了人体舒适度指数、户外学生（晚）锻炼指数、空调指数等10余种与市民健康息息相关的生活指数，气象防灾减灾体系得到进一步加强。

节能减排方面。加强新能源车推广力度，投入一批智能化达L2级的纯电动新能源公交车，为公交车配设有360°环视预警系统、前碰撞预警系统、涉水报警装置、车载烟雾报警、驾驶员注意力监测、坡道辅助、停车制动以及驱动防滑等功能。推进绿色低碳试点示范，前滩、世博、旅游度假区按照创建市低碳发展实践区的要求，开展了试点实践活动，实现了区域能源供应、慢行交通、绿色建筑等领域的低碳技术应用。

（七）政务服务领域

政务云方面。启动政务云提质扩容，针对现有政务云在安全防护、资源容量、统一云管等方面的不足，区大数据中心为牵头，围绕顶设、数据、应用、信息安全等重点方面，提出兼容原有"1533体系"的基础上，规划形成"1+5+X"的政务云服务体系的基本框架。集约整合政府网站，全区完成60家街镇、部门网站和7家管委会网站及信用网站的一体化整合，结合政府网站清理、规范域名管理工作，群众留言处理率和满意率皆为100%，并被上海市人民政府作为优秀案例上报国办。

电子印章方面。依据上海市电子印章推广应用总体部署要求，浦东新区先行先试，率先在区企业服务中心及其7个分中心和36个街镇的社区事务受理服务中心推行使用电子印章，对接市级线上系统和区级单窗系统，不断完善电子印章适配和使用流程。目前试点的电子印章工作助力网上身份鉴定、在线签字盖章、证照审批签字盖章，优化办事环节，提高办事效率，初步实现了为新区政务服务赋能的作用。

身份认证方面。浦东新区各类政务服务机构按照国家和本市政务服务平台统一身份认证标准规范，为政务服务对象提供多源实名认证渠道，以电子形式存储的各相关部门予以认可的身份认证数据，致力实现一次认证、全网通办。未来还将探索在线生物特征识别、电子签名比对等远程身份核验方式，同时还将规范远程身份核验相关视频和电子承诺文书数据的保存要求，以及相关身份认证数据的共享和效力认定问题等内容，进而得以解决方便企业、市民办事和防范风险的需要。

（八）网络信息安全

网络安全顶层设计方面。深化大数据框架下的新区政务网络和信息安全顶层设计，明确新区政务网络和信息安全工作战略目标、主要任务及实施原则，初步形成具有新区特色的政务网络和信息安全框架体系。拟出台《浦东新区网信管理办法》《浦东新区关键信息基础设施安全管理办法》《浦东新区运营网站管理办法》《浦东新区互联网信息服务企业意识形态责任制管理办法》《浦东新区政务新媒体管理办法》《浦东新区公共区域电子显示屏管理办法》六大相关管理办法。

网络安全防范方面。完善组织保障，由分管副区长统一指挥，区大数据中心、网信办、公安分局网安支队牵头组成专项工作小组，针对27家单位，53个关键信息基础设施，特抽调精干人员和技术公司，组织行业条线系统的网络安全防护实施指导。强化平台安防，在敏感时段和重要会议期间，平台日均遭受外来网络攻击达1200～1700次，始终保持安全平稳运行。周全终端监控，已纳入统一安全监管平台的用户端超过7400个，涉及73个党政机关单位、街道镇及开发区委会。规范域名管理，协同网安支队集体注销各部门、街道镇下线网站公安备案信息，按时保质完成国办、市政府办公厅交办的政府网站域名清理工作。

四、智慧城市宣传推广

举办 2019 年世界人工智能大会。2019 年世界人工智能大会以"智联世界无限可能"为主题，以"高端化、国际化、专业化、市场化、智能化"为特色，将集聚全球智能领域最具影响力的科学家和企业家，以及相关政府的领导人，围绕智能领域的技术前沿、产业趋势和热点问题发表演讲和进行高端对话，打造世界顶尖的智能合作交流平台，成为业内广受赞许的专业性学术会议，打造具有国际水平和影响力的行业盛会。

召开 2019 国际智能城市峰会。作为 2019 年世界人工智能大会重要特色活动之一"国际日系列活动"的重要组成部分，2019 国际智能城市峰会在世博中心银厅成功召开。峰会以"人工智能启迪城市未来"为主题，邀请海内外产、学、研三界大咖，共议世界人工智能发展大势，联动全球城市智能未来。

举办人工智能与智慧城市论坛。2019 年 5 月 28 日，浦东新区举办第十届学术年会"人工智能与智慧城市论坛"，论坛极具时代性与前瞻性，它告诉我们未来已经向我们走来，新时代、新征程，一定要有新思想、新动力，才能跟上时代发展的脚步。

召开智慧城市创新发展峰会。2018 年 12 月 25 日，2018 中国（上海）智慧城市创新发展峰会暨长三角智慧城市合作会议在浦东新区顺利召开，会议以"智慧共享生态创新"作为主题，就"长三角智慧城市建设与发展、人工智能让城市更智慧、万物互联引领未来"等话题探讨了上海及长三角的未来发展。

安徽省国家创新型城市建设取得新进展

2018 年 4 月 2 日，科技部、国家发展改革委联合发布《关于支持新一批城市开展创新型城市建设的函》(国科函创〔2018〕59 号)，支持全国 17 个城市开展国家创新型城市建设，安徽省芜湖市、马鞍山市位列其中。目前，安徽省共有合肥、芜湖、马鞍山 3 个国家创新型城市，数量名列全国第七。

通过实施创新型城市建设方案，到 2020 年，芜湖市全社会 R&D 投入强度将达到 3.2%，万人有效发明专利拥有量达到 30 件，高新产业增加值占地区 GDP 比重达到 32%。马鞍山市规上工业研发机构覆盖率达到 50%，高新产业增加值占规上工业比重达到 60%，国家级创新平台达到 18 家以上，主要创新指标达到国家创新型城市先进水平，成为长三角地区重要的创新创业先行区、长江经济带最具发展活力的产业创新中心、科技成果转化和产业化基地。

党的十八大以来，安徽省科技厅深入贯彻落实习近平总书记系列重要讲话精神特别是视察安徽重要讲话精神，按照省委省政府和科技部部署要求，联合省发展改革委，大力开展创新型城市创建工作。

2017 年以来，安徽省科技厅以合肥市国家创新型城市通过评估验收为契机，指导芜湖、蚌埠、马鞍山、铜陵、淮南、滁州六市对照科技部、国家发展改革委《建设创新型城市工作指引》，根据各市实际情况，完善建设方案和主要目标，经省政府同意后及时上报，并多次赴科技部汇报对接，邀请专家对各市方案进一步修改完善。与此同时，省科技厅还积极加大省级创新型城市试点建设工作力度，在征求多方意见和建议基础上起草了《安徽省创新型城市建设工作指引》，指导各市通过创新型城市建设，探索各具特色的创新驱动发展模式和路径，为安徽省更多城市入选"国家队"做好储备。

下一步，安徽省科技厅将以习近平新时代中国特色社会主义思想为指引，深入贯彻党的十九大精神，按照省委、省政府和科技部相关工作要求，以问题为导向，加强和科技部的对接沟通，加强和省发展改革委、省财政厅等部门及各市政府的联动协作，引导、指导对各市开展创新型城市建设，以创新型城市建设促进创新发展和经济社会的转型升级，为加快五大发展美好安徽建设作出更大贡献。

(撰稿人：薛军 安徽省科学技术厅)

山东新型智慧城市建设跑出"加速度"

智慧城市最早发端于欧美国家，在中国得到广泛实践，山东走在了全国前列。这个目前拥有最多试点城市的省份改变过去"政出多门、九龙治水"的无序局面，理顺智慧城市建设的体制机制，新型智慧城市建设驶上快车道，在改善政务服务、服务社会民生、发展智慧产业等方面显现成效。

一、机制到位 "智慧种子"落地生根

自智慧城市的概念出现以来，因其与城镇化发展目标的高度契合，得到各地重视，山东省也积极开展智慧城市建设。2010年3月，山东省人民政府印发《关于促进新信息产业加快发展的若干政策》，首次提出要加快建设"智慧城市"。

2013年1月，山东省人民政府印发《山东省城镇化发展纲要（2012—2020年）》，提出推进智慧社区、智慧园区、智慧城区等智慧城市建设。随后印发的《关于开展"智慧山东"试点工作的意见》提出，积极推进"智慧城市"试点，探索建设、运营和服务模式。"以保障和改善民生为重点，以智慧应用和服务为核心，充分发挥地方智慧型产业的优势，选择物联网应用基础较好的领域，分期分批建设应用示范工程和项目"。

2013年至2015年，住房和城乡建设部先后公布三批智慧城市试点城市，共290个，其中山东智慧城市试点30个，居全国首位。

但与其他地方一样，这一时期的智慧城市建设由于缺乏明确的统筹管理部门，以及智慧城市本身内涵极具复杂性，发展相对粗放无序。

2018年10月，山东正式组建大数据局，结束了智慧城市建设"政出多门、九龙治水"的局面，明确了以山东省大数据局为主管部门，以分级分类为指导，以评价为引领，以"破除信息孤岛、打破信息壁垒"为重点突破，山东的新型智慧城市从此进入"数据驱动"的新时代。

山东省大数据局相关负责人介绍，山东省内各城市积极推动新型智慧城市建设，在体制机制、信息基础设施、便民惠民、生态宜居、产业应用、信息资源开发利用等诸多方面，因地制宜探索符合自身特色的智慧城市建设之路。

据悉，山东省大数据局已经成立专项调研组，首次在 16 地市开展智慧城市建设的全面摸底调研，包括城市、区县、社区等多个层面。下一步将制定山东省新型智慧城市健康发展的指导意见和 3 ～ 5 年行动方案。

二、善用数据"惠民之花"蓬勃绽放

智慧旅游、智慧教育、智慧医疗、智慧政务……记者在山东多地调研发现，各城市围绕"善政、惠民、兴业"等目标，积极拓展大数据在现代城市治理、社会民生服务、经济社会发展等领域的应用，群众获得感、幸福感、安全感明显提升。

拥堵，曾是长期贴在济南这座拥有 700 万人口城市的标签，而如今这一局面大有改观。这一转变归功于济南启用的"交通大脑"——500 多处路口安装智能信号灯，建设信号平峰绿波带 77 条，42 条道路纳入区域自适应协调控制。

2018 年以来，济南市工作日早晚高峰平均延误时间下降 11%，交通拥堵指数环比下降 8.9%。"智慧治堵"让济南一举甩掉"堵城"的帽子。

记者了解到，建设智慧城市，需把分散在各部门、领域的数据资源归集并共享，目前山东各地基本实现了数据的"聚"和"通"，正在迈向数据"用"的层面。

据枣庄市大数据局介绍，在全市涉及经济、社会和民生的最重要、最直接、最关注的领域，首批确定建设 16 朵"智慧云"项目，目前，社保云、旅游云、国土云、安监云、消防云、城管云、工业云等行业智慧化应用已上线运行，交通云、教育云、城市云、食药云、医疗云、商务云等已经制定了建设方案，正在加紧推进。

大数据、物联网、人工智能等新兴技术加持下的智慧城市，不只治"大城市病"，也给处于基层的县镇甚至村破解发展难题带来解决方案。

以智慧医疗为例，鲁中小城高青县搭建了以县、镇、村三级数据互联共享为基础的远程心电、远程 DR、远程彩超会诊中心，往上可与市级、省级甚至国家级医院建立远程会诊。在一些村卫生室，村医甚至可与北京 301 医院的专家给村民会诊。自 2015 年远程心电、远程影像中心运行以来，高青县共完成远程心电 4.9 万例，远程影像 1.5 万例，群众看病就医少跑 60 多万公里。

三、智慧兴业"产业果实"日渐丰硕

智慧城市不单单改变着一个地方的政府服务模式和老百姓（71.790，0.02，0.03%）日常生活，也刷新着产业生态，通过数字经济嫁接传统产业底盘让这个城市的产业智慧化、智慧产业化。

高青县的纺织企业曾红火一时，后来多家企业经营不善倒闭了。几年前，曼顿纺织厂的旧厂房经过改造提升，摇身一变成了山东黄三角物联网产业园，重点发展跨境电商、网上交易结算、数据中心运营、智慧城市运维等信息服务业，高青县智慧城市建设的诸多核心硬件和数据便位于其中。另一家倒闭纺织厂的办公楼，现在也改造成智慧高青运营指挥中心。

目前，高青5家以上传统重污染、高耗能、劳动密集型企业正向着绿色低碳、技术密集型数字化企业转型升级，智慧产业成为推动县域经济转型升级的新引擎。

在威海，为服务智慧城市建设，当地热电公司运用先进信息技术改革原有城市基础服务的管理模式，有效解决了供热服务质量差、高污染和成本控制等问题，自身也从传统城市基础服务供应商变为供热信息化服务商。全市热计量企业达10家，在热计量监测、热计量控制系统打造了自主核心设计、制造技术，并形成规模化生产能力，成为国内供热计量行业的领跑者。

专家认为，智慧城市推动新一代信息技术和城市经济社会融合发展，是繁荣数字经济的有效途径。在山东，不少开展智慧城市建设的城市已将发展数字经济作为主攻方向之一。

2018年1月，济南市围绕促进数字产业化、产业数字化、城市数字化协调融合发展，出台《济南市促进先进制造业和数字经济发展的若干政策措施》，在做强做优做大骨干企业、产业集群转型升级、工业互联网发展等方面，研究制定了一系列扶持政策，着力打造"智慧+"产业体系，培育数字经济发展新动能。

（来源：经济参考报）

河南智慧城市建设中存在的问题及对策研究

一、河南省智慧城市建设发展现状

1. 顺利启动示范试点项目。2013 年，由住房和城乡建设部公布了我国首批智慧城市建设试点名单，在 90 个试点单位中，河南省占据 5 个：郑州、鹤壁、济源、漯河、新郑和洛阳新区。

2. 各地市智慧城市建设初见成果。例如，濮阳市为了较好地满足广大市民的需求，注重智慧城市建设民众的意见和建议，先后制定并出台了一系列措施和文件《关于加快推进智慧城市建设工作的意见》《市政府投资信息化项目审核办法》等，不仅拟定了濮阳市智慧城市建设的总体框架设计、建设标准和规范、建设目标任务书，规划了 16 项重点建设项目及 70 个子系统的建设，而且对于见效较快、市民关注度较高的日常出行、医疗保险、教育、社区管理、环境保护等民生项目优先推进。濮阳市的智慧医疗、智慧交通、智慧社区、智慧房产、数字城管等一批民生项目相继启动。商丘市：12345 政府服务热线、市行政服务中心、数字化城市管理监督指挥中心等。去年，市政府在商丘移动公司举行商丘市大数据云计算中心揭牌仪式，标志着商丘正式开启了智慧城市建设的历史新篇章。不断推进智慧城市建设，全面建成市政务数据中心机房和 12345 政府服务热线管理平台，数字化城市管理工作取得丰硕成果。平顶山：平顶山启动智慧城市建设。全省 18 个省辖市、29 个县（市）先后启动数字城市建设项目，基于数字城市地理信息公共平台开发了 160 多个应用系统，涉及 50 多个应用系统，推动了相关产业发展。

3. 改善了网络基础设施。近三年，河南移动累计投资 72 亿元，在郑州航空港区、高新区和洛阳启动了三大数据中心建设。截至目前，河南移动已同 18 个省辖市和 30 余家厅局级单位签署了智慧城市、大数据中心建设和"互联网+"融合发展的合作协议。

二、河南省智慧城市建设存在的问题

1. 管理体制有待理顺。从河南省智慧城市建设发展现状可以看出，河南省在推进智慧城市建设中取得了一定的成果。但是因为管理体制不顺畅，导致一些地市各自立营为战，甚至为了维护自身"利益"不愿共享信息，致使一些重复性工作较多。在建设智慧城市过程中，一些地市和部门在思想认识方面还存在误区，有些重视硬件设施建设导致软件更跟不上，还有些是缺乏整体统筹规划。另外，在投资管理上政府的积极性普遍较高，而民众的参与度整体较低。

2. 缺乏统一标准。在智慧城市建设中，各地市都是根据实际情况和自建标准进行筹划，缺乏整体的标准化设计，顶层设计明显不足。在建设完成投入实施过程中，管理制度也没有统一标准，基本的责任追溯体系缺失，这些都极大影响了成果价值的运用和提升。

3. 缺乏信息安全保障措施。智慧城市建设是较为繁杂的庞大系统工程，涵盖着最新信息系统的运用和维护，尤其是个人信息安全维护尚缺乏法律法规的保护，监管部门和主体责任不明朗，也会导致信息安全理论薄弱。

4. 网络设施发展不均衡。根据智慧城市示范点的建设情况能看出，目前智慧城市依靠的网络力量尚以重点城市为中心，一些农村和偏远地区的智慧城市建设整体程度较低，尤其是与发达地区相比还存在很大程度的差距。

三、河南省智慧城市建设的对策

纵观国内外智慧城市的建设情况及河南省智慧城市建设中面临的问题，本文对河南省智慧城市建设提出一些积极的建议和发展对策。

1. 理顺管理，加强创新。加强政府的管理职能，从顶层设计和整体布局入手，整合有效资源，打造共享资源平台，实现信息共享。另外，还应持续推进智慧城市建设的知识更新和信息技术的创新应用，将网络信息、电视资源、智慧项目合理地集成起来，形成强大合力协同展开工作。

2. 统一标准，探索特色。加快标准化体系建设，形成统一的发展模板，有效解决体系矛盾。通过加强各个部门和地市之间的沟通合作，加大数据共享和形成一致目标，有效避免数据泛滥和重复性工作。另外，要做到项目建设和实施要国际国内标准化、行业标准化及地方标准化三统一，积极探索发展中的特色，用特色案例和先进典型促进整个河南省智慧城市建设的步伐。

3. 完善法律，强化安全。智慧城市的建设，离不开的就是好的数据库和数据信息，这里面包含着大量个人信息，甚至不乏政府信息，信息安全是一个必可避免的问题。建议政府层面推动并实施网络立法保护，实时确保网络大环境的安全。制定并完善网络法律法规，界定网络知识产权，加大监管和整治力度。

4. 加大网络覆盖，夯实网络基础。智慧城市的建设中，网络承担着强大的数据支撑，同时也要求高效的技术指导。加大网络基础设施建设力度，并注重专用网络的建设，尤其是现在无线网的使用率较高，应加大无线技术的研发和推广力度。

智慧城市作为一个新兴事物，未来的一段时间甚至很长时间都会为人类的发展做出积极的影响。当然，作为一个庞大的系统工程，会涉及相关部门、相关行业甚至是相关地市之间的联合。除了本文提到的建议和对策，还会需要全方位的规划、城市化管理等，以持续推进智慧城市建设。

（来源：经济研究导刊，2018 年 18 期）

智慧住区及智能家居标准
技术和应用发展报告

一、智慧住区建设现状

智慧住区是指充分利用传感器、智能设备、大数据云计算平台等信息化基础设施，获取居住区环境、人员、运行状态等数据信息，并对数据进行处理，通过人工智能辅助决策，为居民提供安全、便捷、舒适、节能、环保和人性化服务的住宅小区。其功能是对各种住区设备进行监控、对环境和人体监测并通过智慧住区管理服务平台接入互联网，以共享网络信息资源和服务。智慧住区网络系统以居民为服务对象，可涵盖整个住区周边的服务资源，并成为智慧城市服务民生的基础。

智慧城市起源于 2009 年 IBM 提出的"智慧地球"概念，其包括智慧医疗、智慧交通、智慧金融等在内的一系列智慧概念。同年，温家宝总理在北京科技大会报告中也提出了"物联网""智慧中国"等与智慧城市密切相关的概念，标志着"智慧"已经成为政府和行业主管部门关注的话题，相关的讨论和实践也如火如荼地展开。

从智慧城市的居民角度来说，智慧城市的推进首先从智慧住区开始，从吃、住、行、娱、工作的各个方面，逐步扩展到智慧交通、智慧商圈、智慧办公、智慧医疗，通过互联互通，最后形成一个智慧城市整体。随着物联网、云计算及移动互联网等新一代信息技术在住区中的应用，智慧住区不断完善在很大程度上反映了智慧城市的民生发展水平。充分借助物联网、传感网，将网络通信技术融入住区生活的各个环节，为住区居民实现从家庭无线宽带覆盖、家居安防、家居智能、家庭娱乐到住区智能化为一体的理想生活。

（一）国家及行业政策

为了规范住宅智能化建设，原建设部住宅产业化办公室在 1999 年 12 月出台了《全国住宅小区智能化系统示范工程建设要点与技术导则（试行稿）》，并开展试点工作。智能化小区是智慧住区的前身，主要强调三方面内容，包括安全防范子系统、信息管理子系统、信息网络子系统。为了促进平安城市建设，公安部于 2005 年提出了"3111 工程"（安防工程），"3111"工程的推进对于小区安防水平提高起到了显著的促进作用。

2013 年科技部印发《国家高新技术产业开发区创新驱动战略提升行动实施方案》，提出"要推广物联网、云计算等信息技术在智慧住区、智能医疗、智能家居等服务领域广泛应用"，这是我国国家层面首次提及智慧住区的文件。

2014 年 1 月，国家发展和改革委员会等十二部门联合发布《关于加快实施信息惠民工程有关工作的通知》（发改高技〔2014〕46 号），指导各地开展信息惠民工程，增强民生领域信息服务能力，提升公共服务均等普惠水平。其中重点任务包括住区服务信息惠民行动计划，居住区作为人民生活的重要场所，在信息惠民方面应发挥重要作用，以创新基层社会管理方式、增强住区服务群众能力、扩大社会力量参与、完善住区信息消费环境为目标，以住区养老为切入点，推进住区信息化建设。

2014 年 3 月，中共中央、国务院印发了《国家新型城镇化规划（2014—2020）》，在加强和创新城市社会治理中提出了"强化住区自治和服务功能，加强住区信息化建设，构建住区综合服务管理平台"，智慧居住区建设已成为国家新型城镇化发展的重要组成部分。

2014 年 5 月，为了促进智慧住区的发展，住房和城乡建设部印发了《智慧住区建设指南（试行）》，指导各地开展智慧住区建设，作为智慧城市试点工作的重要部分。通过综合运用现代科学技术，结合当地实际，整合住区各类资源，加强住区服务能力建设。示范点应具备完善的基础设施、高效的住区服务和治理水平、多元化的住区公共服务、智能化的便民利民服务能力，以及具备良好的政策、组织、人才、资金等保障条件。

2015 年，李克强总理提出制定"互联网＋"行动计划，推动移动互联网、云计算、大数据、物联网等与现代制造业结合，促进电子商务、工业互联网和互联网金融健康发展，引导互联网企业拓展国际市场。

2016 年初，经李克强总理签批，国务院印发的《关于深入推进新型城镇化建设的若干意见》提出，要坚持走中国特色新型城镇化道路，以人的城镇化为核心，以提高质量为关键，全面提升城市功能，推进海绵城市建设，推动绿色城市、智慧城市等新型城市建设，提升城市公共服务水平。

2016 年 2 月，《中共中央国务院关于进一步加强城市规划建设管理工作的若干意见》提出，推进城市智慧管理，积极发展民生服务智慧应用，加强城市管理和服务体系智能化建设，促进大数据、物联网、云计算等现代信息技术与城市管理服务融合，提升城市治理和服务水平。到 2020 年，建成一批特色鲜明的智慧城市。

通过智慧城市建设和其他一系列城市规划建设管理措施，不断提高城市运行效率。

2016 年 8 月，民政部、国家标准化管理委员会联合编制并下发了《全国民政标准化"十三五"发展规划》，明确指出"应着重开展住区信息化和智慧住区建设等标准研制"，从国家层面引导智慧住区建立相关标准，进而实现规范化管理。

2017 年，十九大报告中提出："加强应用基础研究，拓展实施国家重大科技项目，突出关键共性技术、前沿引领技术、现代工程技术、颠覆性技术创新，为建设科技强国、质量强国、航天强国、网络强国、交通强国、数字中国、智慧社会提供有力支撑。加强国家创新体系建设，强化战略科技力量。"

建设科学化、智慧化的住区是智慧城市的重要部分和基础支撑，是智慧城市建设"百姓感受"判断标准的最佳落脚点。智慧住区的建设将在未来 3～5 年内成为智慧城市建设的重要组成部分。

（二）住区发展现状

1. 需求状况分析

随着经济发展和人们生活水平的提升，民众对居住环境和生活质量提出了越来越高的要求。不仅要求吃好、穿好、住好，还要求出行方便、社会安全、环境舒心，更希望文化丰富、精神充实、人际和谐。智慧住区能很好地解决这些问题，满足人们不断提高的需求水平。近年来，各地智慧住区建设的一些探索，也反映了这个情况：贵阳首席智慧住区首度开盘，引发市民热捧；长沙湘江新区首现"日光盘"，"智慧住区"受青睐。

智慧住区建设是落实中央城市工作会议精神，支撑智慧城市建设的重要内容，也是国家促进信息消费、信息惠民的重要体现，已成为所有项目重点推进并可落地的方向。目前全国有住区项目近 16 万个，通过"互联网 +"实现住房城乡建设领域信息化技术应用水平的提升，提高物业管理及服务水平，增强百姓生活的幸福指数已成为当今各级政府及相关组织努力的方向。

（1）刚性需求

过去十余年，伴随中国经济的高速增长，城镇化建设的速度也大大加快，城市人口不断挑战历史新高，城市规模持续加速增长，2017 年年末中国大陆总人口（包括 31 个省、自治区、直辖市和中国人民解放军现役军人，不包括香港、澳门特别行政区和台湾省以及海外华侨人数）139008 万人，比上年末增加 737 万人，如图 1 所示。

从城乡结构看，2017 年中国城镇常住人口 81347 万人，比上年年末增加 2049 万人；乡村常住人口 57661 万人，减少 1312 万人；城镇人口占总人口比重（城镇化率）为 58.52%，比上年年末提高 1.17 个百分点，如图 2 所示。

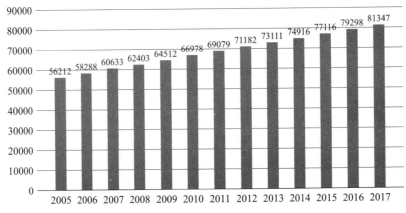

图 1　中国人口总数

图 2　中国城镇人口总数

另外，从城镇居民人均可支配收入的角度来看，人们的可支配收入逐渐提高，改善居住环境的意愿不断增强，如图 3 所示。

（2）改善性需求

通过相关机构的网上调查和市场调查，购房者除了刚性需求外，改善性需求也占有很大比例。

2017 年四川居民购房意愿网上调查显示，计划购房者选择"改善住房条件"的比例最高，占 49.0%；其次是"首次买房，解决自住"，占 41.6%。

2017 年宁波市居民购房意愿调查发现，在两年内有购房意向的受访者中，67.5% 的受访者购房是为了改善住房条件；13.5% 的受访者属于首次购房自住和各有 9.5% 的受访者购房用于投资或其他（比如拆迁安置、购买学区房等），与 2017 年 4 月第二十一届宁波房地产展示会调查相比，分别下降 1.3 个百分点、下降 2.1 个百分点、下降 2.2 个百分点和上升 5.6 个百分点。

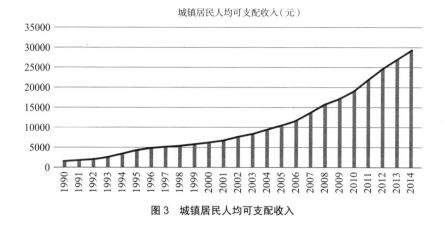

城镇居民人均可支配收入（元）

图 3　城镇居民人均可支配收入

在 2017 年重庆春季房交会购房意愿中，有 47.2% 的人购房的目的是改善型购房，26% 的人是首次购房，以投资为目的的购房占到 20%；同时，在对户型选择方面，48.2% 的人会选择三居室，28.8% 的人更加倾向于两居室，18.8% 的人会选择四室及以上其余则将会选择一居室作为购买对象，如图 4 所示。

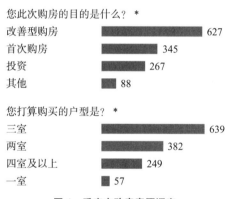

您此次购房的目的是什么？ ＊

图 4　重庆市购房意愿调查

2018 年在常州市居民购房意愿调查调查中发现，32.09% 的人是为了改善现有住房环境，25.37% 的人是为了子女上学购买房屋，19.4% 的受访者是为了结婚购买房屋，14.18% 受访者作为投资、留给子女以及其他用途购买房屋，如图 5 所示。

综合来看，楼房的购买意愿仍是上升趋势，未来住区的规模也将会不断增加，因此积极推进住区建设和新型住区服务模式的建立具有重要意义。

2. 企业建设现状

近年来，房地产企业主动拥抱"互联网＋"，智慧住区建设则是"互联网＋"房地产的一个重要方面，众多房地产企业纷纷推出自己的智慧住区项目。智慧住

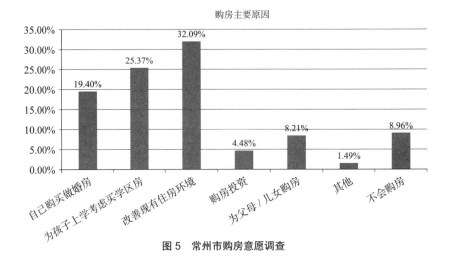

图 5　常州市购房意愿调查

区可以使得新建住宅区通过充分利用互联网民生服务资源，弥补区位配套设施建设和民生服务不足的缺陷；同时，通过既有住区的智慧化改造，也可以利用网络化的资源共享能力，解决老旧小区停车、娱乐设施不足的问题。

美的置业集团与阿里云共同签署了合作协议，双方将发挥各自优势，实现美的置业智慧住区导入阿里云 Link 物联网平台，开展智能家、智能住区标准化建设，并围绕智能园区、智能城市，聚焦智慧办公、生活、健康、楼宇、教育等领域，完善物联网平台解决方案和管理系统的开发与落地，全方位构建"智能产业"生态新格局。

方兴集团与腾讯集团正式宣布达成深度战略合作，双方将就"智慧家"2+X智慧住区建设的计划进行共同探索。爱悠发布绿色智慧住区解决方案，该方案涵盖智慧家庭"全场景"解决方案、智慧社区 O2O 服务平台、社区智能化、建筑智能四大方面。华为、百度、联想等知名大企业也纷纷参与到智慧城市、智慧住区、智慧住区、智能家居的建设中。

智慧住区是新形势下探索住区服务管理创新的一种新模式，其核心是强调住区从"管理型"走向"服务型"，从而更好地为居民服务的一种转变。

3. 各地发展现状

在企业纷纷参与智慧住区建设的同时，各地政府也在积极行动。

2016 年 9 月，北京市住建委下发首批智慧小区建设通知；2017 年 6 月，北京市智慧小区建设全面启动，评定参建小区智慧级别，在全市推广智慧小区建设；2017 年 10 月，北京市首个智慧小区示范项目揭牌仪式举行；2018 年，北京市住建委在完善首批 12 个智慧小区示范项目的基础上，再逐步建设 100 个智慧小区项目，尤其将加快老旧小区的智慧化建设。

2017年4月，内蒙古下发了《关于开展实施智慧小区建设的通知》，要求各盟市高度重视，加强组织领导，制定工作方案和具体措施，强化智慧小区项目落地，切实推进智慧小区建设工作。2018年9月，内蒙古自治区人民政府办公厅印发了《内蒙古自治区推进城市精细化管理三年行动方案（2018—2020年）》的通知，积极推进老旧小区综合改造，提升住宅小区物业管理水平，提高城市管理智慧化水平。

2017年6月，山东省住房和城乡建设厅发布的《山东省住房城乡建设信息化发展规划（2017—2020）》指出：到2020年要基本建成全省住建大数据平台，打造30个具有鲜明特色的智慧城市，建设100个绿色智慧住区，有效消除"信息孤岛"；2018年5月，山东省住房和城乡建设厅发布《山东省绿色智慧住区建设指南》；2018年9月，山东省住房和城乡建设厅印发《山东省绿色智慧住区示范项目管理办法》。

2018年，重庆市力推绿色、智能物业小区建设，力争建成智能物业示范小区100个。2018年3月，重庆市城乡建设委员会发布通知，开展智慧小区建设工作，组织开展智慧小区申报；2018年6月，重庆市城乡建设委员会、市城市建设综合开发办召开重庆市"智慧小区"建设工作现场观摩会。

（三）技术应用及发展

1. 物联网技术

物联网是互联网的延伸，只不过终端不再是计算机（PC、服务器），而是嵌入式计算机系统及其配套的传感器。这是计算机科技发展的必然结果，为人类服务的计算机呈现出各种形态，如穿戴设备、环境监控设备、虚拟现实设备等。只要有硬件或产品连入网络，发生数据交互，就叫物联网。物联网技术在智慧住区中的应用涉及方方面面，如：

（1）智慧住区设备网络化

居民在住区生活中的场景主要围绕人员、车辆在住区出入口、单元门出入控制、可视对讲、访客管理、停车场管理以及智能家居等应用中展开。从住区治理角度出发，智慧住区系统设计是基于统一智能管理平台，通过物联网技术把社区的各种设备连接成为一个网络系统，以科学布点布建理论为支撑，打造并集成出入口、智能门禁、信息卡口、移动巡防、视频监控、报警联防、信息发布、停车场、访客、梯控以及人员定位、公共信息发布、社区居民互动、基层政务管理及商业化服务等产品及子系统，通过与慧物管平台的连接，实现数据的统一汇聚、统一管理。通过构建住区智能网络系统，提高技术防范和治理服务水平，助力住区物业管理管理工作，提升住区居民安全感和满意度。

（2）智慧住区安防

对于居住场所安防，最先想到的就是出入口设门防盗。而在智慧住区安防防护网中，从外到内共有住区出入口、楼道单元门、居民家门三层出入防护屏障，在阻止不法分子入侵的同时也为正常访客出行提供便利。随着生物识别技术的广泛推广和系统集成程度的成熟，人员通道管理可采用 IC 卡、身份证、指纹、二维码、人脸识别或人证合一等多种认证方式。可自动识别住区业主及常住住户，无需业主手动，系统识别确认后自动开门、点亮对应楼层。人员智能门禁设计在阻止非授权人员进入的同时方便业主进出，同时也能统计人员出入数量。智能联动设计对每个进出人员都可以进行人员图像抓拍，以便在发生意外情况时，可以随时调取事件记录进行查询。访客需提前在物业处登记录入身份信息，来访人员刷身份证快速登记，发放访客临时卡，或在信息确认后，系统同样支持对访客进出指定单元楼栋的刷脸开门和呼梯应用。

基于人脸识别等生物识别应用，为业主及访客提供了更安全和便捷的出入管理方式。同时在车辆出入口管理方面，预先采集业主车牌和车脸信息，出入口系统支持高效的车辆识别联动闸机放行，也支持访客预登记的车牌识别放行，无需再次验证，同时访客来访的信息可被推送到被访者的可视对讲室内机。车辆出入口对进出小区车辆进行管理，如车牌抓拍、远近距离读卡识别、进出时间、道闸联动，临时进出车辆和业主（常住）车辆区分，做到"合法顺畅出入、非法有效阻止"。并记录过车信息，形成车辆进出行驶轨迹，为后续的管理提供翔实的数据记录。

除了人车出入管理以外，在住区内重点人员经常出入场所部署信息卡口获取虚拟身份信息，辅助人员轨迹、真实身份研判、策略布控报警的大数据分析应用。部署精确化、监控网格化，形成一张"天罗地网"，通过 WiFi 的上网行为信息，构建人员身份信息库。基于物联网技术，并与视频相互配合，为管理部门提供更多的研判和管控服务。

楼道单元门采用门禁子系统的主要目的是对人员通行权限进行管制，只有经过授权的人才能进入受控的区域门组。支持二代身份证、居住证、IC 卡、手机卡刷卡开门，读卡器能读取信息并传送到门禁控制器；如权限合法，门禁控制器中的继电器将操作电子锁开门，同时提供楼栋单元门禁与视频联动管理。门禁系统可以采用多种门禁方式，对使用者进行多级控制，并具有联网实时监控功能。一人一卡进出楼栋、人过留影，重点关注人员（老弱病残弱势群体、高危在逃人员）的轨迹记录分析。针对出租屋较多的小区和城中村，有条件的地区使用人证合一验证是否本人刷卡。除了住区出入口，住区周边可采用周界防范等报警设备，周界报警器可以埋入地里也可以嵌入墙里，智能视频周界防范功能支持自定义入侵防范范围，相比早期的视频移动侦测与红外对射系统，目前先进防范技术具备高灵敏度、低漏报率、抗摄像机自然抖动、抗小动物的干扰、抗树叶抖动干扰、抗雨雪天气干扰、抗夜晚时段过往车辆的车灯干扰等更优性能。

倘若有不法分子已进入住区内，那么还有视频监控子系统分布在街道的各个角落，作为"眼睛"守卫着基层平安。针对部分高清摄像机在夜间效果不甚理想，比如在对细节、人脸、数字等体现不佳，而在光线不足的夜间，又是突发事件多发时间段的问题，低照成像技术实现在微弱光照环境下，可以展现出低噪甚至无噪点的干净透亮彩色画面。获取丰富的彩色特征信息，如衣着颜色、行为举止、面部表情等众多体貌特征。而热成像摄像机除了夜间可以作为现场监控外，还可以作为有效防火报警设备，应用红外热成像仪可以快速有效地发现这些隐火，并且可以准确判定火灾的地点和范围，透过烟雾发现着火点，做到早知道、早预防、早扑灭。视频智能分析技术则让监控有了"大脑"，对实时视频或离线录像进行分析及处理，提取海量视频中的人、车、活动目标等内容信息，将海量非结构化视频、半结构化图片"变成"有价值的结构化信息的系统。可实现常住人员异常出现报警、陌生面孔自动预警、可疑行为鉴别报警、人物轨迹分析追踪等。

智慧住区中使用的监控系统可以将人脸识别、热成像、报警等技术集于一身，而智能视频云存储更是为大规模开展智慧住区提供了铺垫。视频的云端化打破了以往本地存储数据的方式，有效解决海量高清视频图像数据的存储和管理需求，实现分布式存储，虚拟化集中管理。实现全区县范围内可利用视频资源的统一存储、统一管理、统一调阅，避免重复投资。

智慧住区建设除了满足基础治安防控以外，还需在基层社会治理、住区服务方面发挥重要作用。通过智能采集前端及信息平台的建设，实现人房车等社会治理基层要素相互关联。将业主与房屋信息关联、租客与房屋信息关联、业主与租客信息关联，实现以人查住处落脚点。采集城中村、村居、住区、旅馆等区域内（流动）人口的身份证、照片、工作、社会关系等基本信息。做好人员管理和服务工作，动态管理人员身份、居住地址、社会关系、实时位置等信息。针对住区流动人员管理难题，通过将门禁系统、视频监控系统、报警系统和智慧消防系统有机结合起来，实现报警联动，一方面通过系统，对通过出租屋出入口的人员信息进行采集和后台比对，为公安机关侦查破案、打击防范、治安管理等提供技术支持；同时结合先进物联网技术、智能化视频监控技术，实现可视化火灾火情远程实时监测，提高出租屋消防安全保障能力，提升百姓生活安全感。此外，借助户外发布屏、WEB 网页、移动 APP、短信等发布便民服务、违法犯罪、治安／火灾隐患信息，达到预防犯罪和禁毒常识宣传教育效果，促进安全教育进乡镇、进住区、进家庭。

2. 云计算

云计算是基于互联网相关服务的增加、使用和交互模式，涉及通过互联网来提供动态易扩展且经常是虚拟化的资源。美国国家标准与技术研究院认为,云计算是一种按使用量付费的模式,这种模式提供可用的、便捷的、按需的网络访问,进入可配置的计算资源共享池(包括网络、服务器、存储、应用软件、服务),这些资源能够被快速提供,只需投入很少的管理工作,或与服务供应商进行很少的交互。

(1)特点

云计算具有如下特点:

1)超大规模。"云"具有相当的规模,Google 云计算已经拥有 100 多万台服务器,Amazon、IBM、微软、Yahoo 等的"云"均拥有几十万台服务器。企业私有云一般拥有数百上千台服务器。"云"能赋予用户前所未有的计算能力。

2)虚拟化。云计算支持用户在任意位置、使用各种终端获取应用服务。所请求的资源来自"云",而不是固定的有形的实体。应用在"云"中某处运行,但实际上用户无需了解、也不用担心应用运行的具体位置。只需要一台笔记本或者一个手机,就可以通过网络服务来实现我们需要的一切,甚至包括超级计算这样的任务。

3)高可靠性。"云"使用了数据多副本容错、计算节点同构可互换等措施来保障服务的高可靠性,使用云计算比使用本地计算机可靠。

4)通用性。云计算不针对特定的应用,在"云"的支撑下可以构造出千变万化的应用,同一个"云"可以同时支撑不同的应用运行。

5)高可扩展性。"云"的规模可以动态伸缩,满足应用和用户规模增长的需要。

6)按需服务。"云"是一个庞大的资源池,你按需购买,云可以像自来水、电、煤气那样计费。

7)极其廉价。由于"云"的特殊容错措施可以采用极其廉价的节点来构成云,"云"的自动化集中式管理使大量企业无需负担日益高昂的数据中心管理成本,"云"的通用性使资源的利用率较之传统系统大幅提升,因此用户可以充分享受"云"的低成本优势,经常只要花费几百美元、几天时间就能完成以前需要数万美元、数月时间才能完成的任务。

8)潜在的危险性。云计算除了提供计算服务外,还必然提供存储服务。但是云计算服务当前垄断在私人机构(企业),而他们仅仅能够提供商业信用。对于政府机构、商业机构(特别像银行这样持有敏感数据的商业机构)对于选择云计算服务应保持足够的警惕。云计算中的数据对于数据所有者以外的其他用户是保密的,但是对于提供云计算的商业机构而言确毫无秘密。这些潜在的危险,是商业机构和政府机构选择云计算服务、特别是国外机构提供的云计算服务时,不得不考虑的一个重要的前提。

（2）云计算提供的服务

云计算包括以下几个层次的服务：基础设施即服务（IaaS）、平台即服务（PaaS）和软件即服务（SaaS）。

1）基础设施即服务（IaaS）：IaaS 是 Infrastructure-as-a-Service 的缩写，消费者通过 Internet 可以从完善的计算机基础设施获得服务。例如：硬件服务器租用。

2）平台即服务（PaaS）：PaaS 是 Platform-as-a-Service 的缩写。PaaS 实际上是指将软件研发的平台作为一种服务，以 SaaS 的模式提交给用户。因此，PaaS 也是 SaaS 模式的一种应用。但是，PaaS 的出现可以加快 SaaS 的发展，尤其是加快 SaaS 应用的开发速度。例如：软件的个性化定制开发。

3）软件即服务（SaaS：Software-as-a-Service）：它是一种通过 Internet 提供软件的模式，用户无需购买软件，而是向提供商租用基于 Web 的软件，来管理企业经营活动。例如：阳光云服务器。

（3）关注领域

云计算作为新的技术趋势将得到快速发展，它彻底改变了前所未有的工作方式，也改变了传统软件工程企业。目前，云计算在如下方面得到了广泛关注：

1）云计算扩展投资价值。云计算简化了软件、业务流程和访问服务，帮助企业操作和优化投资规模。在相同的条件下，企业正扩展到更多创新与 IT 能力，这将会帮助企业带来更多的商业机会。

2）混合云计算的出现。企业使用云计算（包括私人和公共）来补充内部基础设施和应用程序。专家预测，这些服务将优化业务流程的性能。采用云服务是一个新开发的业务功能。

3）以云为中心的设计。越来越多的企业将组织设计作为云计算迁移的元素，预计随着云计算的扩展将会应用到不同的行业。

4）移动云服务。作为数量上升显著的移动设备，平板电脑、智能手机在移动中发挥了更多的作用，更多的云计算平台和 API 将成为移动云服务。

5）云安全。随着云计算的推广，人们担心云端数据的安全。因此，用户期待看到更安全的应用程序和技术。许多新的加密技术、安全协议，会越来越多地呈现出来。

智慧住区系统的建设将依赖于云计算技术，数据存储、分析和处理都将在云平台中进行。一方面可以节约系统软硬件建设和运行成本，另外一方面可以充分融合众多住区的大数据资源，为住区居民提供更多、更丰富的服务资源，也能够利用更大规模的数据分析结果提供更加符合需求和科学有效的精准服务。

3. 边缘计算和雾计算

边缘计算可以看作是无处不在的云计算和物联网的延伸概念，雾计算的概念尽管与边缘计算略显模糊，但是它与边缘计算是两种技术理念，介于云计算和边缘计算之间。雾计算和边缘计算定义很模糊，业界一直在尝试将这两者区分开作为单独的概念。对此，业界最广为接受的概念是在边缘计算中，数据处理在收集数据的硬件上。雾计算是当节点的一个子集发送其数据到更大的中心连接点，在连接到更大的整体中心网络的过程中处理数据。不管是边缘计算还是雾计算，其优势都很明显。雾计算消除了将大量原始数据流发送到中央网络的一些延迟和带宽问题，但是它并不要求每组传感器处理收集到的数据。从根本上来讲，边缘计算是智能和计算从云网络中的集中式数据服务器到网络边缘硬件的移动，传感器不是在某个位置收集数据，然后将数据发送回中央服务器进行处理，而是在本地可用的硬件上对数据进行处理，只把处理结果发送到云端，以便确保信息的即时可用性并进行操作，而不需要进一步对数据加以处理。

边缘计算节点可以同时以高分辨率计算天气、可见性、交通拥堵和基础设施运行状况信息，并且仍然可以通过云为居民或访客高效快速地共享信息。在许多应用中，某种形式的边缘计算已经存在。然而，其作为新的技术应用场景将有助于完善这一技术，以便于开发出更易于集成的更复杂的解决方案。

智慧住区服务可以作为基于地域属性的边缘计算节点，对本住区的人员、环境、设备运行以及民生等情况进行统计和分析，为政务、公共及商业服务提供重要的基础数据信息的同时，也通过与商业、教育、医疗、娱乐等专业系统的对接，为居民提供个性化、智能化的服务体验。

4. BIM 技术

随着住区工作与物业服务业发展越来越多样化、个性化、细分化，为了满足各层次用户不同的服务需求，以建筑信息平台为载体构成的物业或住区信息化管理与服务平台将更便捷、智慧。通过建筑信息模型（BIM）、物联网、定位网、云计算、新一代通信设施、VR、人工智能、数据挖掘、知识管理、网格化管理等高新技术的协同构建，可以实现"现实住区"与"虚拟住区""实体物业"与"虚拟物业"的紧密结合。

BIM 技术的全称为 Building Information Modeling，其主要是以建筑工程项目的各项相关信息数据作为模型的基础。与普通三维模型不同之处是 BIM 模型是一个信息模型，具备信息集成的功能，可以将建筑、施工、管理、运维等涉及建筑全生命周期的各个方面的信息集成到建筑信息模型中。BIM 技术是应用建筑工程中的各类信息，将各类信息整合并整理在 BIM 信息系统之中。智慧建筑是国内外城市可持续发展的新型模式，智慧建筑以低耗能、低污染和可持续发展等方面的建筑理念，主要是运用信息和通信技术手段感测、分析、整合城市运行核心系统的各项关键信息，从而对包括民生、环保、公共安全、城市服务、工商业活动在内的各种需求做出智能响应。其实质是用先进的信息技术实现城市智慧式管理和运行，进而为城市中的人创造更美好的生活，促进城市的和谐、可持续成长。智慧建筑的理念主要是城市历史发展和文化形成的智慧，解决城市生活宜居、便捷、安全的智慧，以及城市可持续发展与提升核心竞争力的智慧。智慧建筑模型主要用于通过模拟仿真指导智慧城市的建设；同时可用于智慧建筑的建设成果评估，以及智慧建筑的运营和后期维护管理。

5. 微服务

微服务是一种架构风格，一个大型复杂软件应用由一个或多个微服务组成。系统中的各个微服务可被独立部署，各个微服务之间是松耦合的。每个微服务仅关注于完成一件任务并很好地完成该任务。在所有情况下，每个任务代表着一个小的业务能力。

微服务具有以下通用特性

1）通过服务实现应用的组件化（Componentization Via Services）：微服务架构中将组件定义为可被独立替换和升级的软件单元，在应用架构设计中通过将整体应用切分成可独立部署及升级的微服务方式进行组件化设计；

2）围绕业务能力组织服务（Organized Around Business Capabilities）：微服务架构采取以业务能力为出发点组织服务的策略，因此微服务团队的组织结构必须是跨功能的（如：既管应用，也管数据库）、强搭配的 DevOps 开发运维一体化团队，通常这些团队不会太大（如：亚马逊的"Two Pizza Team"—不超过 12 人）。

3）产品而非项目模式（Products not Projects）：传统的应用模式是一个团队以项目模式开发完整的应用，开发完成后就交付给运维团队负责维护；微服务架构则倡导一个团队应该如开发产品般负责一个"微服务"完整的生命周期，倡导"谁开发，谁运营"的开发运维一体化方法。

4）智能端点与管道扁平化（Smart End Points And Dumb Pipes）：微服务架构主张将组件间通讯的相关业务逻辑 / 智能放在组件端点侧而非放在通讯组件中，通讯机制或组件应该尽量简单及松耦合。RESTful HTTP 协议和仅提供消息路由功能的轻量级异步机制是微服务架构中最常用的通讯机制。

5）"去中心化"治理（Decentralized Governance）：整体式应用往往倾向于采用单一技术平台，微服务架构则鼓励使用合适的工具完成各自的任务，每个微服务可以考虑选用最佳工具完成（如不同的编程语言）。微服务的技术标准倾向于寻找其他开发者已成功验证解决类似问题的技术。

6）"去中心化"数据管理（Decentralized Data Management）：微服务架构倡导采用多样性持久化（Polyglot Persistence）的方法，让每个微服务管理其自有数据库，并允许不同微服务采用不同的数据持久化技术。

7）基础设施自动化（Infrastructure Automation）：云化及自动化部署等技术极大地降低了微服务构建、部署和运维的难度，通过应用持续集成和持续交付等方法有助于达到加速推出市场的目的。

8）故障处理设计（Design For Failure）：微服务架构所带来的一个后果是必须考虑每个服务的失败容错机制。因此，微服务非常重视建立架构及业务相关指标的实时监控和日志机制。

9）演进式的设计（Evolutionary Design）：微服务应用更注重快速更新，因此系统的设计会随时间不断变化及演进。微服务的设计受业务功能的生命周期等因素影响。如某应用是整体式应用，但逐渐朝微应用架构方向演进，整体式应用仍是核心，但新功能将使用应用所提供的 API 构建。再如在某微服务应用中，可替代性模块化设计的基本原则，在实施后发现某两个微服务经常必须同时更新，则这很可能意味着应将其合并为一个微服务。

这些新技术的应用已经使智慧住区和智能家居有一个崭新的面貌，促成了智慧居住区 2.0 的创新改革。智慧居住区 2.0 是基于物联网智能家居统一标准的创新解决方案。

首先采用全行业通用的数据格式标准，智能硬件设备对自身功能自描述、自发布、自组网，适用于有线或无线传输网络，完全实现智能硬件的全功能的控制。

其次采用以嵌入式瘦服务器的基于 Web 服务的物联网控制技术，不再需要集中控制和组态软件技术，不再需要人的干预，完全实现"物联网是机器生成数据"。

智慧住区建立基于微服务体系架构的综合信息云服务平台，服务器将双向自动生成 APP，在接入公共互联网后，使全住区智能家庭能够共享全行业的物联网服务。这为实现智慧城市理想的全社会信息共享，进行高效和谐的协作创造了条件。

（四）智慧住区建设运营

目前，国内智慧住区行业主要有以下四种类型的企业切入。

第一种以大房产物业为主，通过物业管理切入模式，针对自身的楼盘进行住区智慧化改造。从大房地产商转型过来的他们很有品牌优势，但亦有挑战，虽然具有专业的物业管理能力但缺乏智能硬件、软件平台研发和平台运营的能力。在每个城市整体上有规模，但在具体到每个城市并不一定有规模优势。在快速获取、活跃、黏住小区业主用户的能力方面，通过补贴、免物业费等活动获取用户的能力强；同时，物业企业具备覆盖社区的人员和资源优势。如何充分发挥物业企业的优势，把物业管理服务的低频交互，变成与社区居民生活相关的高频服务，在与大规模的公共商业服务商的竞争中建立特色，获得成功是物业企业面临的挑战。

第二种是以垂直业务切入的模式，在某项专业的业务上具有专业的运营能力，但缺乏智能硬件和物业管理能力，商业模式可行但落地困难。企业面临获取用户的成本比较高，黏度主要靠活动和补贴来进行，缺乏线下运营资源，并要与大型综合互联网商业服务企业竞争。目前这种模式的企业基本处于维持阶段，这种模式，要承载智慧住区的全面需求有相当的挑战。

第三种是以传统大硬件厂商转型而来的企业。具备研发智能硬件的能力，但较少具备跨品牌、多品类设备互联的能力。这类公司缺乏社区服务运营能力，与物业公司相比，在对小区资源的争夺上停留在产品竞争力和配套软件层面，缺乏对后续运营的支撑。在获取、黏住小区用户能力方面，缺乏系统的运营和内容、APP 的打开率低，活跃用户能力弱，缺乏没有商业二度变现能力。

第四种是智慧住区技术开发综合第三方运营商。以住区物联网平台＋智慧物业管理＋电子政务平台＋生活服务平台等四种平台叠加整合在一起，为业主、物业和地产提供了一套的全平台全生态智慧住区整体解决方案。他们将试图整个住区安防硬件和智能家居打通，用统一的物业管理平台进行串联，快速获取中小型物业的合作。通过硬件全面覆盖住区，获取用户能力，同时对获得的用户进行精准的住区广告，住区电商和各类生活服务等留存用户。这类企业面临较大的持续性研发投入和平台运行成本，同时在获得新客户，特别是物业企业及开发商客户的周期和成本较高，后向服务分成的商业模式没有经过实践检验。

二、智慧住区标准化

（一）标准组织

（1）国际标准化组织（ISO）

ISO 国际标准化组织的英语简称，其全称是 International Organization for Standardization。ISO 一词来源于希腊语"ISOS"，即"EQUAL"—平等之意。国际标准化组织（ISO）是由各国标准化团体（ISO 成员团体）组成的世界性的联合会。制定国际标准工作通常由 ISO 的技术委员会完成。ISO 与国际电工委员会（IEC）在电工技术标准化方面保持密切合作的关系。

中国于 1978 年加入 ISO，在 2008 年 10 月的第 31 届国际化标准组织大会上张晓刚首位当选 ISO 主席的中国人，中国正式成为 ISO 的常任理事国。

中华人民共和国在 1978 年 9 月 1 日以中国标准化协会的名义参加 ISO，并在 1982 年 9 月当选并连任理事国（1983—1994 年）。1985 年和 1989 年，分别改由国家标准局和国家技术监督局参加。2001 年起，在 ISO 代表中华人民共和国会籍的会员机构是国家标准化管理委员会。

ISO 与负责电子设备标准的国际电工委员会密切合作，中国香港和中国澳门均是 ISO 通讯成员（Correspondent members）。

（2）国际电工委员会

国际电工委员会（International Electro technical Commission，简称 IEC）成立于 1906 年，是世界上成立最早的非政府性国际电工标准化机构，是联合国经社理事会（ECOSOC）的甲级咨询组织。

1947 年 ISO 成立后，IEC 曾作为电工部门并入 ISO，但在技术上、财务上仍保持其独立性。根据 1976 年 ISO 与 IEC 的新协议，两组织都是法律上独立的组织，IEC 负责有关电工、电子领域的国际标准化工作，其他领域则由 ISO 负责。IEC 成员国包括了绝大多数的工业发达国家及一部分发展中国家。这些国家拥有世界人口的 97%，其生产和消耗的电能占全世界的 95%，制造和使用的电气、电子产品占全世界产量的 90%。IEC 的宗旨是促进电工标准的国际统一，电气、电子工程领域中标准化及有关方面的国际合作，增进国际的相互了解，为实现这一目的，出版包括国际标准在内的各种出版物，并希望各国家委员会在其本国条件许可的情况下，使用这些国际标准。IEC 的工作领域包括了电力、电子、电信和原子能方面的电工技术。

（3）全国智标委智慧居住区分技术委员会

全国智能建筑及居住区数字化标准化技术委员会智慧居住区分技术委员会主要负责居住小区内基础设施的数字化技术应用、智能家居系统、智能化系统管理与服务平台技术要求领域国家标准制修订工作，由住房和城乡建设部负责日常管理和业务指导。

（二）国内标准

与智慧住区相关的国内标准有国家推荐性标准、地方标准、团体标准等。

（1）国家标准

相关国家标准如表 1 所示。

相关国家标准   表 1

序号	标准编号	标准名称
1	GB 4717—2005	火灾报警控制器
2	GB 4943.1—2011	信息技术设备安全第 1 部分：通用要求
3	GB 10408.1—2000	入侵探测器第 1 部分：通用要求
4	GB 10408.2—2000	入侵探测器第 2 部分：室内用超声波多普勒探测器
5	GB 10408.3—2000	入侵探测器第 3 部分：室内用微波多普勒探测器
6	GB 10408.4—2000	入侵探测器第 4 部分：主动红外入侵探测器

序号	标准编号	标准名称
7	GB 10408.5—2000	入侵探测器第5部分：室内用被动红外探测器
8	GB 10408.6—2009	微波和被动红外复合入侵探测器
9	GB/T 10408.8—2008	振动入侵探测器
10	GB 10408.9—2001	入侵探测器第9部分：室内用被动式玻璃破碎探测器
11	GB/T 12628—2008	硬磁盘驱动器通用规范
12	GB 12663—2001	防盗报警控制器通用技术条件
13	GB 14287.1—2014	电气火灾监控系统第1部分：电气火灾监控设备
14	GB 14287.2—2014	电气火灾监控系统第2部分：剩余电流式电气火灾监控探测器
15	GB 14287.3—2014	电气火灾监控系统第3部分：测温式电气火灾监控探测器
16	GB 14287.4—2014	电气火灾监控系统第4部分：故障电弧探测器
17	GB/T 14858—2011	黑白监视器通用规范
18	GB 15209—2006	磁开关入侵探测器
19	GB/T 15412—2017	应用电视摄像机云台通用规范
20	GB/T 15566.1—2007	公共信息导向系统设置原则与要求第1部分：总则
21	GB/T 15566.11—2012	公共信息导向系统 设置原则与要求第11部分：机动车停车场
22	GB/T 16649.1—2006	识别卡—带触点的集成电路卡第1部分：物理特性
23	GB/T 16649.2—2006	识别卡—带触点的集成电路卡第2部分触点的尺寸和位置
24	GB/T 16649.3—2006	识别卡带触点的集成电路卡第3部分：电信号和传输协议
25	GB/T 16649.5—2002	识别卡—带触点的集成电路卡第5部分：应用标识符的国家编号 体系和注册规程
26	GB 16806—2006	消防联动控制系统
27	GB 16808—2008	可燃气体报警控制器
28	GB 17859—1999	计算机信息系统安全保护等级划分准则
29	GB/T 20299.1—2006	建筑及居住区数字化技术应用第1部分：系统通用要求
30	GB/T 20299.2—2006	建筑及居住区数字化技术应用第2部分：检测验收
31	GB/T 20299.3—2006	建筑及居住区数字化技术应用第3部分：物业管理
32	GB/T 20299.4—2006	建筑及居住区数字化技术应用第4部分：控制网络通信协议应用要求
33	GB 20815—2006	视频安防监控数字录像设备
34	GB 22134—2008	火灾自动报警系统组件兼容性要求
35	GB/T 22239—2008	信息安全技术信息系统安全等级保护基本要求
36	GB/T 24363—2009	信息安全技术信息安全应急响应计划规范
37	GB/T 26942—2011	环形线圈车辆检测器

序号	标准编号	标准名称
38	GB/T 28181—2016	公共安全视频监控联网系统信息传输、交换、控制技术要求
39	GB/T 28827.1—2012	信息技术服务运行维护第 1 部分：通用要求
40	GB/T 28847.1—2012	建筑自动化和控制系统第 1 部分：概述
41	GB/T 28847.2—2012	建筑自动化和控制系统第 2 部分：硬件
42	GB/T 28847.3—2012	建筑自动化和控制系统第 3 部分：功能
43	GB/T 30094—2013	工业以太网交换机技术规范
44	GB/T 30147—2013	安防监控视频实时智能分析设备技术要求
45	GB/T 30428.1—2013	数字化城市管理信息系统 第 1 部分：单元网格
46	GB/T 30428.2—2013	数字化城市管理信息系统 第 2 部分：管理部件和事件
47	GB/T 31070.1—2014	楼寓对讲系统第 1 部分：通用技术要求
48	GB/T 31242—2014	设备互连用单模光纤特性
49	GB/T 31778—2015	数字城市一卡通互联互通通用技术要求
50	GB/T 32581—2016	入侵和紧急报警系统技术要求
51	GB/T 33242—2016	数字城市智能卡应用技术要求
52	GB/T 33778—2017	视频监控系统无线传输设备射频技术指标与测试方法
53	GB/T 34043—2017	物联网智能家居 图形符号
54	GB/T 35134—2017	物联网智能家居 设备描述方法
55	GB/T 35136—2017	智能家居自动控制设备 通用技术要求
56	GB/T 35143—2017	物联网智能家居 数据和设备编码
57	GB 50016—2014	建筑设计防火规范
58	GB 50052—2009	供配电系统设计规范
59	GB 50057—2016	建筑物防雷设计规范
60	GB 50084—2017	自动喷水灭火系统设计规范
61	GB 50093—2013	自动化仪表工程施工及质量验收规范
62	GB 50116—2013	火灾自动报警系统设计规范
63	GB 50166—2007	火灾自动报警系统施工及验收规范
64	GB 50174—2017	数据中心设计规范
65	GB 50200—1994	有线电视系统工程技术规范
66	GB 50222—1995	建筑内部装修设计防火规范
67	GB 50254—2014	电气装置安装工程低压电器施工及验收规范
68	GB 50255—2014	电气装置安装工程电力变流设备施工及验收规范

序号	标准编号	标准名称
69	GB 50256—2014	电气装置安装工程起重机电气装置施工及验收规范
70	GB 50257—2014	电气装置安装工程爆炸和火灾危险环境电气装置施工及验收规范
71	GB 50303—2015	建筑电气工程施工质量验收规范
72	GB 50311—2016	综合布线系统工程设计规范
73	GB/T 50312—2016	综合布线系统工程验收规范
74	GB 50314—2015	智能建筑设计标准
75	GB 50339—2013	智能建筑工程质量验收规范
76	GB 50343—2012	建筑物电子信息系统防雷技术规范
77	GB 50348—2014	安全防范工程技术规范
78	GB 50370—2017	气体灭火系统设计规范
79	GB 50371—2006	厅堂扩声系统设计规范
80	GB/T 50378—2014	绿色建筑评价标准
81	GB 50394—2007	入侵报警系统工程设计规范
82	GB 50395—2007	视频安防监控系统工程设计规范
83	GB 50396—2007	出入口控制系统工程设计规范
84	GB 50464—2008	视频显示系统工程技术规范
85	GB 50526—2010	公共广播系统工程技术规范
86	GB 50606—2010	智能建筑工程施工规范
87	GB 50611—2010	电子工程防静电设计规范
88	GB/T 50622—2010	用户电话交换系统工程设计规范
89	GB 50635—2010	会议电视会场系统工程设计规范
90	GB 50736—2012	民用建筑供暖通风与空气调节设计规范
91	GB 50799—2012	电子会议系统工程设计规范
92	GB 50846—2012	住宅区和住宅建筑内光纤到户通信设施工程设计规范
93	GB 50898—2013	细水雾灭火系统技术规范
94	GB 50918—2013	城镇建设智能卡系统工程技术规范
95	GB 51161—2016	民用建筑能耗标准

（2）行业标准

相关行业标准如表2所示。

行业标准 表2

序号	标准编号	标准名称
1	CJ/T 166—2014	建设事业集成电路（IC）卡应用技术条件
2	CJ/T 243—2016	建设事业集成电路（IC）卡产品检测
3	CJ/T 304—2017	建设事业智能卡操作系统技术要求
4	CJ/T 306—2009	建设事业非接触CPU卡芯片技术要求
5	CJ/T 330—2010	电子标签通用技术要求
6	CJ/T 331—2016	城市公用事业互联互通卡通用技术要求
7	CJ/T 332—2016	城市公用事业互联互通卡清分清算技术要求
8	CJ/T 333—2010	城市公用事业互联互通卡密钥及安全技术要求
9	CJ/T 347—2010	家用燃气报警器及传感器
10	CJ/T 429—2013	汽车库和停车场车位引导装置
11	CJ/T 455—2014	电子标签产品检测
12	DG/TJ 08—1105—2010	移动通信室内信号覆盖分布系统设计与验收规范
13	DL/T 598—2010	电力系统自动交换电话网技术规范
14	DL/T 1398.1—2014	智能家居系统第1部分：总则
15	DL/T 1398.2—2014	智能家居系统第2部分：功能规范
16	GA/T 72—2013	楼寓对讲电控安全门通用技术条件
17	GA/T 367—2001	视频安防监控系统技术要求
18	GA/T 368—2001	入侵报警系统技术要求
19	GA 374—2001	电子防盗锁
20	GA/T394—2002	出入口控制系统技术要求
21	GA/T 644—2006	电子巡查系统技术要求
22	GA/T 645—2014	安全防范监控变速球型摄像机
23	GA/T 646—2016	安全防范视频监控矩阵设备通用技术要求
24	GA/T 678—2007	联网型可视对讲系统技术要求
25	GA 701—2007	指纹防盗锁通用技术条件
26	GA/T 761—2008	停车库（场）安全管理系统技术要求
27	GA/T 833—2016	机动车号牌图像自动识别技术规范
28	GA/T 938—2012	安防指静脉识别应用系统设备通用技术要求
29	GA/T 992—2012	停车库（场）出入口控制设备技术要求
30	GA 1081—2013	安全防范系统维护保养规范
31	GA/T 1084—2013	大型活动用液晶彩色监视器通用规范

序号	标准编号	标准名称
32	GA/T 1093—2013	出入口控制人脸识别系统技术要求
33	GA/T 1126—2013	近红外人脸识别设备技术要求
34	GA/T 1127—2013	安全防范视频监控摄像机通用技术要求
35	GA/T 1132—2014	车辆出入口电动栏杆机技术要求
36	GA/T 1178—2014	安全防范系统光端机技术要求
37	GA 1210—2014	楼寓对讲系统安全技术要求
38	GA/T 1216—2015	安全防范监控网络视音频编解码设备
39	GA/T 1260—2016	人行出入口电控通道闸通用技术要求
40	GA/T 1302—2016	停车服务与管理信息系统通用技术条件
41	GY/T 106—1999	有线电视广播系统技术规范
42	HJ 2507—2011	环境标志产品技术要求 网络服务器
43	JG/T 162—2017	民用建筑远传抄表系统
44	JG/T 439—2014	家居配线箱
45	JG/T 452—2014	车辆出入口栏杆机
46	JGJ 16—2008	民用建筑电气设计规范
47	JGJ/T 154—2007	民用建筑能耗数据采集标准
48	JGJ 242—2011	住宅建筑电气设计规范
49	JGJ/T 285—2014	公共建筑能耗远程监测系统技术规程
50	JGJ/T 334—2014	建筑设备监控系统工程技术规范
51	JGJ/T 417—2017	建筑智能化系统运行维护技术规范
52	JT/T 830—2012	视频光端机
53	SJ/T 10603—1994	彩色监视器通用技术条件
54	SJ/T 11141—2012	LED 显示屏通用规范
55	SJ/T 11230—2001	集成电路卡通用规范第4部分接口设备基本应用
56	SJ/T 11310—2005	信息设备资源共享协同服务第1部分：基础协议
57	SJ/T 11311—2005	信息设备资源共享协同服务第4部分：设备验证
58	SJ/T 11343—2015	数字电视液晶显示器通用规范
59	SJ/T 11546—2015	拼接显示墙技术要求及测量方法
60	SJ/T 11608—2016	人脸识别设备通用规范
61	YD/T 1019—2013	数字通信聚烯烃绝缘水平对绞电缆
62	YD/T 1258.2—2009	室内光缆系列第二部分：终端光缆组件用单芯和双芯光缆

续表

序号	标准编号	标准名称
63	YD/T 1258.3—2009	室内光缆系列第三部分：室内布线用单芯和双芯光缆
64	YD/T 1258.4—2005	室内光缆系列第四部分：多芯光缆
65	YD/T 1258.5—2005	室内光缆系列第五部分：光缆带光缆
66	YD/T 1258.6—2006	室内光缆系列第六部分：塑料光缆
67	YD/T 1528—2016	光纤收发器技术要求
68	YD/T 5139—2005	有线接入网设备安装工程设计规范
69	YD/T 926.1—2009	大楼通信综合布线系统第一部分：总规范
70	YD/T 926.2—2009	大楼通信综合布线系统第二部分：电缆、光缆技术要求

中国工程建设标准化协会发布了《智慧住区建设评价标准》T/CECS 526—2018。住房和城乡建设部标准定额研究所于 2017 年 6 月批准开展《智慧住区与智能建筑产品系列标准应用实施指南》，旨在更好地梳理智慧住区及智能建筑的标准体系，合力引导和规范用户贯彻标准的执行，为行业建设者、设计院、用户及相关方面提供专业化指导，促进智慧住区及智能建筑的良性发展。

（3）地方标准、文件或导则

具体如表 3 所示。

地方标准或文件 表 3

序号	标准或文件名称	颁布单位
1	智慧社区建设指南	住房和城乡建设部
2	四川智慧社区建设指南（试行）	四川省
3	智慧小区建设技术要点（试行）	重庆市
4	智慧社区指导标准（试行）	北京市
5	智慧社区建设指南（试行）	上海市
6	长沙市智慧物业、小区标准建设指导意见	长沙市
7	绿色智慧住区建设指南	山东省
8	智慧小区建设标准	内蒙古

（4）团体（联盟）标准

2017 年 10 月，湖北省武汉市举行了第 48 届世界标准日庆祝宣传暨标准引领智慧住区建设推进会（简称推进会）。推进会上，该市发布了 3 项智慧家庭及住区联盟标准，分别是《智慧家庭及住区业务分类规范》《智慧住区业务信息模型技术要求》和《智慧住区业务运营系统技术要求》，11月1日起实施。

"这3个联盟标准，一个是业务分类，一个是技术规范，一个是平台建设，从整体看缺一不可。"武汉中国光谷数字家庭研究院联盟理事、武汉新新海健康科技有限公司总经理顾卓奇说，以智慧医疗为例，通过卫生部门建设的市民健康档案平台，将远端采集的数据传到医院，医生才能为住区及家庭用户提供健康服务及管理。这些标准联盟，让医疗设备有了一个统一标准，不再各自为政，如果医疗设备没有统一标准，就很难完成远端数据采集，从而无法进行数据分析提供健康服务。

（三）国际标准

目前，关注社区、住区的国际标准化工作的主要在ISO/TC 268（城市与住区可持续发展技术委员会）。2012年，ISO响应各方需求建立了ISO/TC 268（城市与住区可持续发展技术委员会），下设4个标准工作组，1个分技术委员会，发布了8项国际标准，在研14项。主要涉及住区可持续发展需求和架构、可持续发展目标、技术工具支持等方面的标准化工作。主要发布的国际标准如下：

1）Sustainable cities and communities-Vocabulary（ISO 37100：2016）《城市与住区可持续—术语》；

2）Sustainable development in communities-Management system for sustainable development—Requirements with guidance for use（ISO 37101：2016）《住区可持续发展—可持续发展管理系统—使用指导要求》；

3）Sustainable development of communities-Indicators for city services and quality of life（ISO 37120：2014）《住区可持续发展—城市服务和生活质量指标》；

4）Sustainable development in communities-Inventory of existing guidelines and approaches on sustainable development and resilience in 5 cities（ISO/TR 37121：2017）《住区可持续发展—指导目录、城市可持续发展及扩展方法》；

5）关于智能建筑的国际标准，主要由ISO/TC 205负责，具体由建筑物环境设计技术委员会建筑物控制系统设计工作组归口管理。包括了建筑环境设计、能效评估、通信协议等方面的要求，具体如表4所示。

（四）智慧住区标准体系

我国智慧住区标准体系包括基础标准、通用标准和专用标准三个组成部分，该标准体系包含3个层次19个主要方面，其相互关系如图6所示。

其中，基础标准是指在智慧住区各专业范围内其他标准的基础并普遍使用，具有广泛指导意义的术语、标识符号、分类编码、体系结构、基本原则等的标准。

国外标准体系 表4

序号	标准号	标准阶段	标准英文名称	标准中文名称
1	ISO 16484-1：2010	出版阶段	Building automation and control systems（BACS）—Project specification and implementation	《建筑自动化和控制系统工程规范及实现》
2	ISO 16484-2：2004	出版阶段	Building automation and control systems（BACS）—Hardware	《建筑自动化和控制系统硬件》
3	ISO 16484-3：2005	出版阶段	Building automation and control systems（BACS）—Functions	《建筑自动化和控制系统功能》
4	ISO 16484-4	预备阶段	Building automation and control systems（BACS）—Applications	《建筑自动化和控制系统应用》
5	ISO 16484-5：2012	出版阶段	Building automation and control systems（BACS）—Data communication–Protocol	《建筑自动化和控制系统数据通信协议》
6	ISO 16484-6：2005	出版阶段	Building automation and control systems（BACS）—Data communication–Conformance testing	《建筑自动化和控制系统数据通信一致性测试》
7	ISO 16484-7	预备阶段	Building automation and control systems（BACS）—Impact on energy performance of buildings	《建筑自动化和控制系统建筑能效》

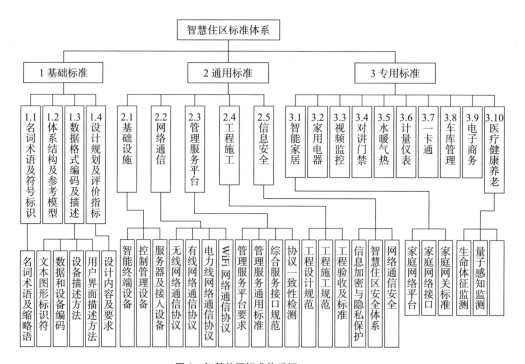

图6 智慧住区标准体系框

通用标准是指针对智慧住区标准化对象制定的全行业通用，覆盖面较大的共性标准，如通用的设计、施工、验收要求，通用的质量要求，以及通用的技术架构等。专用标准是指针对某一具体标准化专业对象作为通用标准的具体规范、延伸制订的专业标准，如某个范围的技术要求，某种产品的应用技术以及管理技术等。

在我国，与智慧住区和智慧建筑相关的标准非常多，根据《智慧住区实及智能建筑产品系列标准 应用实施指南》中显示，关于智慧住区和智能建筑已经颁布的标准有 194 项，其中国家标准 101 项（强制标准 71 项，推荐标准 40 项），行业标准 73 项（包括 GA），地标 3 项（DB），团体标准 2 项，国际标准 15 项，正在编制的智慧住区及智能建筑标准有 4 项，待编标准有 4 项。表 5、表 6 显示了在编标准和待编标准。

国内智慧住区及智能建筑在编标准　　　　　　表 5

序号	计划号	标准名称	备注
1	20131089—T—333	住宅用综合信息箱技术要求	报批
2	20150068—T—333	物联网智能家居设计内容及要求	报批
3	20150070—T—333	物联网智能家居用户界面描述方法	报批
4	20152044—T—333	智慧城市建筑及居住区综合服务平台通用技术要求	送审

国内智慧住区及智能建筑待编标准　　　　　　表 6

序号	标准名称	
1	智慧建筑 BIM 技术应用	
2	建筑及居住区数字化技术应用	智能收件箱
3	建筑及居住区数字化技术应用	智能化停车数据规范
4	建筑及居住区数字化技术应用	能源计量器具系统安全

（五）标准化建设建议

结合当前我国智慧住区行业现状，充分借鉴国外的先进发展经验，立足于本国国情，从多重维度来提出强化智慧住区标准化建设的对策。

（1）重点推进智慧住区建设运营模式研究

随着移动互联网技术的发展，百姓对生活的舒适性、便捷性要求越来越高，需要通过信息技术支撑或解决居住小区物业管理、住区 O2O 等最后一公里管理与服务问题，目前全国建成有近 30 万居住区，居住区内的服务对拉动经济、提升管理具有重要意义。

目前，国内房产商、运营商和物业管理者在智慧住区的建设中，呈现出各自不同的发展特色和不同的盈利点，可以简要概括为物业模式、第三方模式和运营商模式，其共同点是在平台建设、信息服务、已有资源开放方面，但在标准化规范、可复制推广及可持续运营方面存在难度。我们的研究主要基于智慧住区包含的政务服务、公共服务以及商业服务，建立统一的综合服务平台，在此基础上开展住区管理与服务。

（2）开通住区一卡通

住区一卡通系统使用满足国产密码算法的智能卡，作为唯一标识，统一实现住区内的身份识别，节省资金、携带方便、信息准确，确保住区服务智能便捷。通过住区一卡通清算中心与中心级互联互通数据处理中心实现接入，满足住区一卡通跨城市、多领域互联互通便捷应用。住区应用领域包括门禁、停车场、电梯控制、物业缴费、3表缴费、电梯控制、巡更、配送柜、住区周边小额消费等应用。

（3）加强住区综合服务平台建设

智慧住区建设的核心是围绕住区内的居民开展，建立住区综合服务平台的目标就是为了更便捷、更高效地向居民提供服务，因而平台将实现居民在住区的更多需求。规划的住区综合服务平台架构目前尚处于前期规划阶段，智慧住区综合服务平台的结构如图7所示。

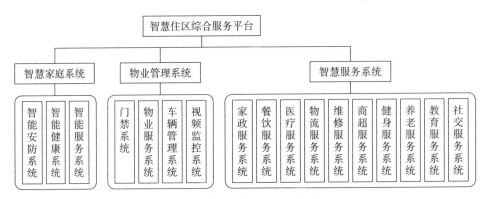

图7　智慧住区综合服务平台结构

（4）重视技术人才培养，加大培训力度

应用了丰富现代信息技术的智能系统，终究要在住区有落地之处，且负责运维的只能是物业管理相关人员。但是长期以来智慧住区相关的人才素质偏低，难以保障智慧住区软硬件资源最大限度地发挥作用，面临极大的人才储备挑战。比如重要的智能安防系统，一旦误触误碰，造成通信系统瘫痪，以现有物管人员的水平很难去恢复，势必使智慧住区的运行效果大打折扣。

因此，在智慧住区建设中应联合企业加强引入能胜任智能型操作的员工，大投入培训可提升的员工，扩大传统物业排斥的高技术人才储备，就是在为智慧住区的"智慧运维"而铺路，因为没有好的后期维护，再好前期模式都谈不上成功。总之，改变生活方式的智慧住区建设必然是富有挑战的，打造新的住区管理与服务新模式也需要新的思维方式。而不论是否漫长，找到合适的组织方式、进行有效的服务整合、开发针对性的特质产品以及推动技术相关配套的发展，都是智慧住区建设必须走的路。

（5）完善智慧住区标准体系建设

近年来，智慧住区建设借助智慧城市建设热潮迎来重大发展机遇期。层层政策利好，加上模式创新、技术推广力度的不断加大，我国智慧住区建设呈现出了快速发展的势头。但同时，因行业标准的缺失，加上大量并不具备产业基础企业的过度参与，我国的智慧住区建设也遇到了问题与挑战。目前的智慧住区建设实践普遍存在单一系统智能化、单产品切入、线上与线下相互脱节、与大数据没有关联等缺陷，无法真正带给住区居民一体化的智能生活体验。尽管很多企业都将智慧住区作为重要战略选择并相继公布了其智慧住区产品。但由于缺乏统一的行业规范标准，不仅让消费者面对纷繁复杂的各类智慧住区产品时一头雾水，就连一些企业对此也莫衷一是。因此，确立统一协调、共同遵从的标准，实现各专业系统之间的互联互通，是智慧住区行业急需解决的现实问题。表7给出了待制定的标准体系。

待制定的标准体系 表7

智慧住区	基础技术要求	建筑及居住区数字化技术应用家庭网络信息化平台
		建筑及居住区数字化技术应用家居物联网协同管理协议
		建筑及居住区数字化技术应用安全
		……
	通用技术要求	建筑及居住区数字化技术应用监控
		建筑及居住区数字化技术应用家庭节能系统通用技术要求
		建筑及居住区数字化技术应用智能硬件技术规范
		……
	专用技术要求	光纤入户模式的智慧住区智能访客系统
		建筑及居住区数字化技术应用工程实现
		建筑及居住区数字化技术应用一致性测试
		居住区 BIM 应用设计要求
		……

三、智能家居标准化

（一）标准组织

（1）中国国家标准化管理委员会（SAC）

中华人民共和国国家标准化管理委员会是中华人民共和国国务院授权履行行政管理职能、统一管理全国标准化工作的主管机构，正式成立于 2001 年 10 月。其主要职责是下达国家标准计划，批准发布国家标准，审议并发布标准化政策、管理制度、规划、公告等重要文件；开展强制性国家标准对外通报；协调、指导和监督行业、地方、团体、企业标准工作；代表国家参加国际标准化组织、国际电工委员会和其他国际或区域性标准化组织；承担有关国际合作协议签署工作；承担国务院标准化协调机制日常工作。

（2）中国标准化研究院

中国标准化研究院（初名国家科委标准化综合研究所）始建于 1963 年，直属于国家市场监督管理总局，从事标准化研究的国家级社会公益类科研机构，主要针对我国国民经济和社会发展中全局性、战略性和综合性的标准化问题进行研究。其职责主要是开展标准化发展战略、基础理论、原理方法和标准体系研究。承担节能减排、质量管理、国际贸易便利化、视觉健康与安全防护、现代服务、公共安全、公共管理与政务信息化、信息分类编码、人类工效、食品感官分析等领域标准化研究及相关标准的制修订工作。承担相关领域的全国专业标准化技术委员会、分技术委员会秘书处工作。承担相关标准科学实验、测试等研发及科研成果的推广与应用工作。组织开展能效标识、顾客满意度测评工作，承担地理标志产品保护研究及技术支持工作。负责标准文献资源建设与社会化服务工作，承担国家标准文献共享服务平台运行和标准化基础科学数据资源建设与应用工作。同时，其工作直接支撑着国家市场监督管理总局以及国家标准化管理委员会的相关管理职能，包括我国缺陷产品召回管理、国家标准评估、全国工业产品、食品生产许可证审查等。

（3）中国标准化协会

中国标准化协会（China Association for Standardization）于 1978 年经国家民政主管部门批准成立，是由全国从事标准化工作的组织和个人自愿参与构成的全国性法人社会团体；中国标准化协会是中国科学技术协会重要成员单位之一，接受国家质检总局和国家标准化管理委员会的领导和业务指导；是联系政府部门、科技工作者、企业和广大消费者之间的桥梁和纽带，现已形成一定规模，是多方位从事标准化学术研究，标准制、修订，标准化培训，科学宣传、技术交流，编辑出版，在线网站，咨询服务，国际交流与合作等业务的综合性社会团体，同许多国际、地区和国家的标准化团体建立了友好合作关系，开展技术交流活动，在国际上有广泛的影响。

（4）闪联产业联盟

闪联产业联盟（简称闪联）成立于 2003 年，由联想、TCL、康佳、海信、创维、长虹、长城、中和威八家大企业联合发起，致力于信息设备资源共享协同服务标准（Intelligent Grouping and Resource Sharing），即闪联（IGRS）标准的制定、推广和产业化。目前，闪联共有会员单位 222 家。闪联（IGRS）标准是新一代网络信息设备的交换技术和接口规范，在通信及内容安全机制的保证下，支持各种 3C（Computer，Consumer electronics & Communication devices）设备智能互联、资源共享和协同服务，为未来的终端设备提供商、网络运营商和网络内容服务提供商创造健康清晰的赢利模式。

（5）Zigbee 联盟

国际 ZigBee 联盟是一个非营利业界组织，成员超过 150 多家公司，包括国际著名半导体生产商、技术提供者、代工生产商以及最终使用者，如飞思卡尔半导体、因创、飞利浦、信心能源、施耐德电气、藤萝、德州仪器、上海顺舟科技等。该联盟的主要目标是通过加入无线网络功能，为消费者提供更富弹性、更易用的电子产品。ZigBee 联盟发布的家庭自动化（Home Automation，HA）标准 ZigBee-HA，是智能家居领域的一种通用国际技术标准，该标准主要应用于智能家居系统设计。采用 ZigBee-HA 国际无线通信技术的智能家居系统，能融合 ZigBee、蓝牙、WiFi 等无线技术，而且可以提升家庭安全监控感测器电池的寿命，简化智能家居解决方案的安装和管理维护作业，并在安全性和网络承载能力有所突破。ZigBee 联盟还于 2012 年 4 月推出了 ZigBee Light Link Standard（Zigbee 灯控标准，以下简称 ZLL）。它通过全球主要照明设备制造商的共同开发，定义了一种先进的灯控应用信息传递协议，而且纳入一种简单的配置机制——开箱即用，系统配置像按一下按钮一样简单。ZLL 产品可实现颜色设置、调光级数和亮度设置、存储情景模式和自动灯控。

（6）NBIoT 和 Lora

NB-IoT（Narrow Band Internet of Things，窄带物联网）是 IoT 领域的一个新兴技术，支持低功耗设备在广域网的蜂窝数据连接，也被叫作低功耗广域网。其构建于蜂窝网络，只消耗大约 180kHz 的带宽，可直接部署于 GSM 网络、UMTS 网络或 LTE 网络，以降低部署成本、实现平滑升级。NB-IoT 支持待机时间长、对网络连接要求较高设备的高效连接，具有覆盖广、连接多、速率快、成本低、功耗低、架构优等特点，可以广泛应用于多种垂直行业，如远程抄表、资产跟踪、智能停车、智慧农业等。NB-IoT 使用 License 频段，可采取带内、保护带或独立载波等三种部署方式，与现有网络共存。

LoRa（Long Range Radio，远距离无线电）是 Semtech 公司创建的低功耗局域网无线标准，它最大特点就是在同样的功耗条件下比其他无线方式传播的距离更远，实现了低功耗和远距离的统一，在同样功耗下比传统无线射频通信距离扩大 3～5 倍。具有如下特性：（1）传输距离：城镇可达 2～5km，郊区可达 15km；（2）工作频率：ISM 频段包括 433、868、915 MHz 等；（3）标准：IEEE 802.15.4；（4）调制方式：基于扩频技术，线性调制扩频（CSS）的一个变种，具有前向纠错（FEC）能力，Semtech 公司私有专利技术；（5）容量：一个 LoRa 网关可以连接上千上万个 LoRa 节点；（6）电池寿命：长达 10 年；（7）安全：AES128 加密；（8）传输速率：几百到几十 Kbps，速率越低传输距离越长。

（二）国内标准

（1）国家标准

国内智能家居缺乏统一的标准，一般参考绿色建筑、智能化楼宇的标准进行智能家居的界定。但是对于智能家居单品或者软件系统，达到怎样的效果才可以被称之为智能家居，目前国内缺乏相关规范。通信领域，信息产业部于 2006 年颁布了首批 2 个标准：《基于公用电信网的宽带客户网络设备技术要求第 1 部分：网关》YD/T 1449.1—2006；《基于公用电信网的宽带客户网络总体技术要求》YD/T 1448—2006。建筑与住区信息化领域，国家标准化管理委员会于 2006 年颁布了由国家建设部制定的《建筑及居住区数字化技术应用》系列国家标准，包括四个子标准：《建筑及居住区数字化技术应用第 1 部分：系统通用要求》GB/T 20299.1—2006、《建筑及居住区数字化技术应用第 2 部分：检测验收》GB/T 20299.2—2006、《建筑及居住区数字化技术应用第 3 部分：物业管理》GB/T 20299.3—2006、《建筑及居住区数字化技术应用第 4 部分：控制网络通信协议应用要求》GB/T 20299.4—2006。

（2）行业标准

随着越来越多的智能家居产品进入市场，互联互通程度低正成为限制智能家居进一步发展的难题。在全国工商联家具装饰业商会主办的首届中国家居业互联网与智能技术大会上，业内人士呼吁智能家居行业应建立统一标准，实现互联互通。电子信息领域的行业标准有：《家庭主网通讯协议规范》SJ/T 11312—2005、《家庭主网接口一致性测试规范》SJ/T 11313—2005、《家庭控制子网通信协议规范》SJ/T 11314—2005、《家庭控制子网接口一致性测试规范》SJ/T 11315—2005、《家庭网络系统体系结构及参考模型》SJ/T 11316—2005、《家庭网络设备描述文件规范》SJ/T 11317—2005、《信息设备资源共享协同服务　第 1 部分：基础协议》SJ/T 11310—2005、《信息设备资源共享协同服务　第 4 部分：设备验证》SJ/T 11311—2005；建筑与住区信息化领域的行业标准有：《家用及建筑用电子系统（HBES）通用技术条件》CJ/T 356—2010、家电领域行业标准有：《网络家电通用要求》QB/T 2838—2006；家电行业，国家发展和改革委员会于 2006 年颁布了由中国家用电器研究院制定的《网络家电通用要求》QB/T 2836—2006。该标准解决了白色消费电子产品中的网络家电终端产品内部与家庭网络接口的技术要求，其技术标准也部分支持了信息产业部颁布的家庭网络标准技术标准。

（3）地方标准

2014 年底，重庆通过了《智能家居监控系统技术要求》和《智能家居监控系统测试规范》两项地方标准的评审。上述两项重庆市地方标准，是基于我国智慧住区相应的物联网技术发展情况，针对重庆地区相应产业环境现状及发展方向，所提出的智慧住区建设系列标准中的一部分。也是南岸区质监局在开展"南岸区国家级物联网应用服务标准化试点项目"创建工作以来，紧贴"智慧城市"建设，高起点、前瞻性地推动物联网推广应用工作所取得的首批成果。这两项标准的发布实施，将物联网在智能家居上的这一典型应用，向"云平台"方向进行延伸，思考了智慧住区在应用、技术以及平台建设方面各项要求的集成与协调，是大力提升智慧住区建设规范性、系统性和共享性的一个良好开端。首个地方性标准提前出炉，有望促进行业标准、国家标准尽快颁布，为智能家居发展扫清道路。

与智能家居相关的地方标准如表 8 所示。

智能家居地方标准　　　　　　　　　　　　　　　　　　　　　表 8

序号	标准编号	标准名称
1	DB35/T 1294—2012	小区数字化智能家居管理系统
2	DB44/T 1446—2014	智能家居系统设计导则
3	DB44/T 726—2010	数字家庭智能家居终端设备自动识别规范
4	DB50/T 488—2013	智能家居监控系统测试规范
5	DB50/T 489—2013	智能家居监控系统技术要求
6	DB33/T 334—2011	安全技术防范（系统）工程检验规范

（4）团体（联盟）标准

海尔 U+ 是海尔集团在信息化时代推出的一个重要业务单元。它以 U-home 系统为平台，采用有线与无线网络相结合的方式，把所有设备通过信息传感设备与网络连接，从而实现了"家庭小网""社区中网""世界大网"的互联，并通过物联网实现了 3C 产品、智能家居系统、安防系统等的智能化识别、管理以及数字媒体信息的共享。海尔智能家居使用户在世界的任何角落、任何时间，均可通过打电话、发短信、上网等方式与家中的电器设备互动。

华为 H-Link 是华为优化家庭组网和解决智能家居设备互联互通的专有解决方案，以支持华为 HiLink 智联协议的华为路由器为中心，构建智能家庭网络。华为 H-Link 具有如下特点：（1）快速接入：以通过 Hi 按键一键将支持华为 HiLink 智联特性的智能家居产品加入以路由器为核心的华为 HiLink 智联网络；（2）分布式组网：在华为 HiLink 智联网络内，所有设备的 WiFi 名称、WiFi 密码自动与路由器保持一致，当上网设备在这个华为 HiLink 智联网络中移动时，热点自动切换，信号无缝覆盖，保证您视频、语音、数据业务的流畅体验；（3）统一 APP：通过统一的华为 HiLink APP 可轻松查看华为 HiLink 智联网络中所有设备的上网状态，方便易用；（4）智能配置：在华为 HiLink 智联网络中的所有智能家居产品，其组网配置可以由路由器统一管理，仅需修改主路由器的配置，就能同步修改所有华为 HiLink 智联设备配置。

小米智能家居是围绕小米手机、小米电视、小米路由器三大核心产品，由小米生态链企业的智能硬件产品组成一套完整的闭环体验。目前已构成智能家居网络中心小米路由器、家庭安防中心小蚁智能摄像机、影视娱乐中心小米盒子等产品矩阵，轻松实现智能设备互联，提供智能家居真实落地、简单操作、无限互联的应用体验。

（三）国际标准

当前智能家居产业国际标准尚无完整体系，在许多环节上都是现有多种标准共存，下面从家庭网络、综合布线、通信技术三个方面总结现存的相关国际标准。

（1）家庭网络标准

从技术角度来看，智能家居系统的关键是对家庭网络的引入，智能家居系统的实现离不开家庭网络，近年来，遵循统一标准已成为业内共识。目前，国际上用于智能家居和家庭网络中占主导地位的标准有：Home Plug、HAVi、Home PNA、DLNA、ECHONET、PLC 等协议。

Home Plug 是家庭插电联盟（Home Plug Powerline Alliance）的电线通信标准接口之一。家庭插电联盟由松下、英特尔、惠普、夏普等 13 家公司于 2000 年 3 月成立，致力于为各种信息家电产品建立开放的电力线互联网络接入规范。Home Plug 标准包括一系列的 PLC 技术规范，包括 Home Plug1.0、Home Plug1.0-Turbo、Home Plug AV、Home Plug BPL、Home Plug Command & Control，形成了一套完整的 PLC 技术标准体系。该技术使家庭的计算机、摄像机、音响、电话等设备以电力线共享高速的互联网连接，代表了电力线通信在智能家居的发展方向。

Home PNA 是家庭电话线网络联盟（Home Phoneline Network Alliance）制定的一种家庭网络计算机互联标准。家庭电话线网络联盟 1998 年由 3com、AMD、IBM 等 11 个公司共同建立，涉及的领域包括：网络、电信、电脑硬件及其他电子工业，致力于协调采用统一标准，统一电话线网络的工业标准。Home PNA 标准利用现有电话线路进行网络连接，主要应用是共享 Internet 访问、共享数据和应用程序以及共享外设（如打印机、存储设备等），是众多家庭网络接入方式竞争方案之一。HomePNA3.0 于 2003 年推出，2005 年被国际电联（ITU-T）定为国际标准。2011 年 HomePNA 发布了在 HomePNA3.1 基础上制定的最新宽带接入标准"快速 EoC"，目标锁定在多住户单元和酒店业的宽带接入市场上。

DLNA（Digital Living Network Alliance）联盟即数字生活网络联盟，于 2003 年由索尼、微软、英特尔等电子公司、软硬件公司联合成立，期望通过其规范可以让各种不同品牌、类型的个人 PC、消费电器、移动设备可以相互沟通，协同互联，使得数字媒体和内容服务无限制共享和增长成为可能。DLNA 旨在使用已成熟的技术标准，如 IP、UPnP、WiFi 等，并与其他工业标准化组织联络，制定媒体格式、传输和协议互操作性的指南和规范，建立一个基于开放的工业标准的互操作性平台。

（2）综合布线和总线技术标准

总线是智能家居实现的重要基础，其将家庭内的各种电子、电气设备与通信设备（包括安保、电话、视听设备等）连接在一起，形成一个完整的家庭网络。家庭智能化要求诸多家电和网络能够彼此相容，总线协议是其关键所在。

现场总线控制技术是一种全分布式智能控制网络技术，是智能家居中控制技术的重要应用。当前智能家居领域常见的现场总线标准有：LonWorks、X10、EIB（电气安装总线）、BACNET（楼宇自动化控制网络）、CAN（控制器局域网）、PROFIBUS（处理现场总线）、CEBuS（消费者现场总线）、APBus 等。

LonWorks 协议是由美国 Echelon 公司于 20 世纪 90 年代初提出的现场总线技术，它支持多种物理介质如双绞线、电力线、光缆、射频、红外线等，并可在同一网络中混合使用，组网方式灵活。LonWorks 应用范围主要包括楼宇自动化、工业控制等，在组建分布式监控网络方面有较好的性能，目前全球已建立的 Lonworks 节点已超过 50 万个。由于其技术的先进性获得广泛支持，经过美国国家标准学会（ANSI）认可，成为控制网络的标准。在综合布线技术标准方面，ITU 发布了 G.hn 通用标准，涵盖了家庭电力线网络、电话线和同轴电缆等基础设施。G.hn 标准于 2010 年 6 月获得了 ITU 的 191 个成员国支持，该标准可以把现有的双绞线、同轴电缆以及电源线进行资源整合，实现统一的传输，解决运营商现有楼宇及家庭内网络布线困难，实现基于现有管线资源提供高带宽、多业务的联网技术。

（3）通信技术标准

智能家居涉及的通信标准涉及有线和无线两方面。有线通信技术标准主要有IEEE 802.3有线网络标准、PLC（电力线通信）标准等。无线通信技术标准主要有IEEE制定的802.11系列标准（WiFi标准）、802.15.1标准（Bluetooth标准）、802.15.4（短距低速无线个域网标准），其中基于802.15.4标准是ZigBee等规范的基础。另外HomeRF、M2M标准也得到了较多的应用。

ZigBee是基于IEEE802.15.4标准的低功耗局域网协议，目前除了应用于智能家居之外，也可以应用在智能电网和智能大楼上。根据国际标准规定，ZigBee技术是短距离、低功耗的无线通信技术。其特点是近距离、低复杂度、自组织、低功耗、低数据速率，主要适合用于自动控制和远程控制领域，可以嵌入各种设备。ZigBee协议从下到上分别为物理层（PHY）、媒体访问控制层（MAC）、传输层（TL）、网络层（NWK）、应用层（APL）等。ZigBee技术能融入各类电子产品，应用范围横跨全球民用、商用、公用及工业用等市场。生产商可以利用ZigBee这个标准化无线网络平台，设计简单、可靠、便宜又省电的各种产品。

（四）智能家居标准体系

智能家居标准在国际上也没有统一，目前也只是在个别领域有些规范，例如消费电子产品的CEB行业标准、lonworks的工业标准和EIB的低压电气的安装标准等；家庭网络标准繁多，如UPNP、DLNA、UOPF、ECHONET、Home PNA、PLC等协议。

智能家居产业在发展过程中，逐渐显示出了一些问题。

（1）各自为政成瓶颈。到2020年，中国智能家居市场规模将达到3576亿元的预期，吸引着众多企业涌入智能家居领域，造成智能家居市场三分天下的格局。以传统楼宇对讲厂商为主的企业，凭借先天优势轻松整合以安防报警为主的子系统；具有品牌、资金和渠道优势的家电厂商，也早就悄然布局着家电网络化的工作；灯光控制、窗帘控制模块的生产厂商，则将目光投向了"处女地"智能开关和接口模块。三家电信运营商以及国家电网、地方广电也开始涉足智能家居方案。单品各自为政、企业定位不同，导致智能家居市场混战的局面，消费者对智能家居的概念理解不清，并不敢轻易去尝试，整个智能家居业的发展并未像想象中那么迅速。

（2）企业博弈控制权。各个领域的接口平台不一致，"谁来为单品做连接"成为关键，一场控制权之争在智能家居领域展开。已经有不少企业开始联手试水。

谷歌宣布了语音助手 Google Assistant 将与 LG 的一些家用电器进行整合。国内的平台企业也不甘落后，土巴兔副总裁徐建华表示，目前土巴兔在互联互通方面开始布局，已经跟一些硬件厂家、地产、物业、生活服务业在进行全面合作。

（3）行业标准待制定。制定规范的行业标准，成为破解系统联通瓶颈的一味良药。目前还没有任何一种协议来解决智能家居中所有的问题，没有任何一种方式把不管是智能家电还是数字化设备链接起来，也没有兼容的标准。尚处空白的行业标准，使不同单品之间难以兼容共同为消费者服务。为此，一些企业已宣布共组物联网联盟阵线，透过信息共享加快物联网通用标准制定的进程。尽管有巨头的合作起到良好的示范作用，但这还远远不够。智能家居物联网标准的统一需要大小企业的集体参与。

标准产业化是标准制定的最终目的。2004 年由海尔集团牵头，联合了网通、清华同方、上广电、春兰、长城、上海贝岭等企业联合成立"e家佳"联盟，主要负责信息产业部"家庭网络标准工作组"家庭网络标准的推广和产业化。2008 年，国家标准化管理委员会批准成立全国智能建筑及居住区数字化标准化技术委员会（SAC/TC426）。该技术委员会主要负责建设领域数字化技术标准的制修订工作，重点开展家用电子系统的标准编写及归口管理。IGRS 标准工作组由联想、TCL、康佳、海信、长城五家国内电子信息骨干企业发起。

虽然三个标准组织都积极开展了的网络家电相关标准推广活动，但从目前颁布的标准看，三个组织的侧重点有所不同。"e家佳"联盟侧重家庭网络的技术实现，制定了从家庭网络通信技术规范，到网关、终端设备、设备描述等一系列较为完备的技术指导。全国智能建筑及居住区数字化标准化技术委员会从宏观的上规范智能家居的功能和要求，突出智能家居与智能小区、智慧城市的有机关系。IGRS 标准工作组制定的标准和 UPNP 标准相类似，侧重于信息设备的资源共享；有所不同的是，IGRS 开创性地提出了信息设备互联的安全规范，从而使设备互联具有了安全保障。

建立智能家居标准体系架构有助于加强智能家居标准建设的指导作用，突出早期设计决策，这些决策对随后的所有工作有重要的影响，同时对系统作为一个可运行实体的最后成功有重要作用。因此，本报告整理构建了智能家居标准体系，如图 8 所示。

本标准体系的范围是家居内部的智能家居设备互联、信息共享和通信、数据、设备等方面的技术规范要求，以及家居内外智能家居系统进行信息交互，实现应用服务的数据格式、通信协议和应用管理描述等方面的技术规范要求，确立了智能家居领域已经制定和待制定的国家标准和行业标准。

智能家居标准体系包括基础标准、通用标准和专用标准三个组成部分，该标

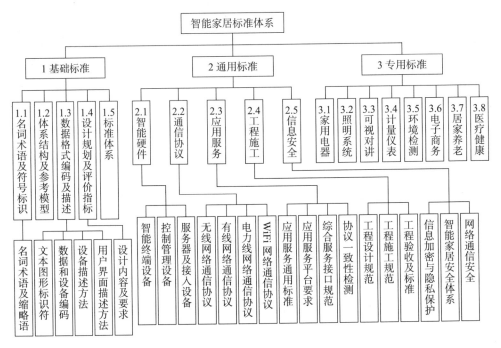

图8　智能家居标准体系框架图

准体系包含3个层次18个主要方面，其相互关系如图8所示。

基础标准是指在智能家居专业范围内作为其他标准的基础并普遍使用，具有广泛指导意义的术语、标识符号、分类编码、体系结构、基本原则等的标准。

通用标准是指针对智能家居标准化对象制定的覆盖面较大的共性标准。如通用的设计、施工、验收要求，通用的质量要求，以及通用的技术架构等。

专用标准是指针对某一具体标准化专业对象作为通用标准的具体规范、延伸制订的专项标准。如某个范围的技术要求，某种产品的应用技术以及管理技术等。

基于物联网的智能家居应用系统涉及许多相关专业技术，需要一系列基础标准和行业通用标准相配套。制定我国智能家居标准体系，需要把国际智能家居应用发展动态和我国智能家居产业发展战略相结合，在深入分析国际相关标准体系的基础上，以实现我国智能家居发展战略为前提，联合相关专业部门开展我国物联网智能家居标准体系研究；以保证实际需要为目标，实现必要的与国际标准的互联互通和与国家标准的兼容；结合国情和产业的实际，为促进我国智能家居技术发展，提出需要优先制定的标准，并采取"共性基础标准＋产业通用标准"双管齐下的模式发展和制定。共性基础标准规范描述的是应用执行过程中所涉及共性且基础性的技术，包括物联网体系架构中各层面关键模块的标准化。产业化标准规范描述的是与智能家居紧密结合、面向物联网的特性需求，该部分需要考虑与现有相关标准的兼容性、衔接性，以保证产业标准体系的配套性，从而发挥标准体系的综合作用。智能家居共性基础标准和行业通用标准这两部分互相扶持，共同推进智能家居规模化和产业化发展。同时物联网应用及技术的不断成熟，也促进了这部分标准的完善，最终形成符合智能家居行业特点的物联网标准。

（五）标准化建设建议

结合当前我国智能家居行业现状，充分借鉴国外的先进发展经验，立足于本国国情，从多重维度来提出强化智能家居标准化建设的对策。

（1）推动建立智能家居产业联盟，完善行业标准化构建

当前，由于各个生产厂商之间在设计、研发等环节所沿用的标准不一致，导致其生产的产品通用性较差，在一定程度上降低了用户的体系，制约了智能家居产品的有效推广。因此，当前智能家居产品的发展瓶颈在于如何根据用户的需求来展开产品标准化设计，从而驱使生活方式得到改善。

因此，对于当前智能家居的发展龙头企业——互联网巨头、家电企业及手机行业等，应建立面向智能家居行业的产业化联盟，通过联盟建设将品牌进行共享，规范产品在设计中采用的标准，增加产品系列化、模块化设计，强强联合，成立产业联盟，实现标准共享，从而为后续的行业标准提供规范指导。除此之外，联盟应发挥自身效应，结合城市发展规模，首先在一线城市开设智能家居的综合体验店，促使更多用户体验智能家居所带来的便捷感，为智能家居的推广产生推动作用。

（2）建立健全智能家居标准化体系

当前，缺乏统一的行业标准是影响智能家居发展的关键所在。虽然，国内外智能家居的建设标准林林总总，层出不穷，但是上述标准在设计中均存在较大的弊端，主要体现在兼容性层面，设备之间难以实现互通，难以契合我国智能家居设备的运行。因此，为真正推动智能家居行业在我国的快速发展，制定行之有效的标准化文件势在必行。为此，国家应做好智能家居标准的顶端设计，制定智能家居通信协议标准、终端接口标准、控制技术平台标准、系统架构标准及平台技术化标准等，从而为规范智能家居市场化运行及可持续发展提供指导意义。

健全智能家居标准化体系建设是推动智能家居有效发展的核心路径。与欧美发达国家相比，我国智能家居行业仍处于发展起步阶段，虽然整体发展的方向及既定目标明晰，但是缺乏标准化体系建设导致行业发展混乱，众多企业将不成熟的智能家居产品推向用户端，使得整体家居行业的前景被消磨。因此需要从通用化规范、基础性文件、专用性规范等视角来制定完善的标准化文件，从而推动智能家居产品的建设，逐步规范市场行为，赢得客户青睐。

（3）强化端口等产品标准化，构建智能家居平台

物联网时代下，我国智能家居产品在用户实践中存在诸多问题，参差不齐的质量给用户带来了使用困扰，其市场的认可度逐步降低。因此，应推进产业化标准的建设，使得不成熟、不稳定、无法获得良好体验的智能化产品无法获得出厂资格，对一些成熟的机构建立相应的保护机制，推动相关企业来执行操作，降低产品的故障率，从而为推动智能化产业的发展提供必经之路。

各智能家居企业应该增加大局意识，不要各自为营，要互助合作，统一网络协议、端口标准等，做到智能家居真正意义上互联互通，从而形成有边界的系统方案。

随着互联网技术的普及和发展，建立智能平台变得易如反掌，不同智能家居企业生产的多种智能单品可以很容易实现数据的共享和互通，如抽油烟机和空气净化器的开关联动；照明系统与自动窗帘的联动等。随着智能手机使用量越来越大，功能越来越强大，开发简单易学易用的智能家居控制APP，利用智能手机监控和控制智能家居，从而降低使用难度。

（4）多方面协同进步，推动智能家居标准化发展

在信息安全方面，随着移动终端功能的日益完善，消费者对信息保护的意识也越来越强。部分消费者对于智能家居产品的信息安全、平台安全的担忧阻碍了智能家居产品全面走向市场。因此在制定智能家居标准，要确保智能家居系统信息传输和储存的安全，消除安全漏洞，这是今后智能家居标准化发展的方向之一。在检测认证方面，对智能家居产品的强制性认证和自愿性认证应尽早实施并推广，规范智能家居产业发展。推动成立一种介于房地产、家电生产企业、综合布线家装公司、网络公司、智能控制商之间的工业设计公司，能根据用户的意愿进行相应的智能家居设计。

四、智慧住区及智能家居应用

（一）智慧住区及智能家居与新型智慧城市建设的关系

（1）智慧住区与新型智慧城市建设的关系

1）"智慧住区"是"智慧城市"的一个"细胞"

城市是人类文明发展的产物，住区作为城市发展最基本的组成部分，自然成了居民生活和工作的载体，其智慧化是城市智慧化水平的集中体现。根据互联网、物联网、云计算等高新技术诞生的"智慧住区"是"智慧城市"的一个"细胞"。

所谓"智慧住区"，就是按照"便民、惠民、利民"的原则，建成智慧住区基础设施网络、智能高效便民的服务体系、安全高效的住区管理服务体系，实现住

区居民"吃、住、行、游、购、娱、健"生活七大要素的数字化、网络化、智能化、互动化和协同化。一方面，能够极大地提升住区安全管理的能力和水平，并且夯实建设智慧城市的基础；另一方面就是能够极大地方便辖区居民，提升公共服务的质量和效率，让居民拥有更多更好的保障。

智慧住区的建造，也是将"智慧城市"的概念引入了住区，提高住区大众的幸福感，通过打造智慧住区为住区大众提供便利，加速和谐住区建造，推动区域社会进步，它将是一个以人为本的智能服务体系，使住区居民的工作和生活愈加便捷、舒适、高效。互联网、移动互联网、数据时代的高速发展为传统经济、传统产业带来新的活力，商业形式和商业模式都随之发生了巨大改变。互联网思维不只改变了世界，也改变了人们的生活方式。在新环境下，住区周边商业的发展呈现了新趋势：住区商业发展倾向于多功能结合体；连锁式经营将成为住区商业的主导方法；单一功能的零售业态将逐步淡出；住区商业朝着电子商务方向发展。

目前，部分城市在建设中存在重城市公共设施建设轻智慧住区建设的现象。有的住区管理模式还跟三十年前一样，除了家家户户接入有线电视、安装防盗门之外，几乎没有"智慧管理"的影子。智慧住区充分凭借物联网、传感网等网络通信技术把物业服务、安防、通信等体系集成在一起，并通过通信网络连接物业管理处，为住区住户提供一个安全、舒服、便利的现代生活环境，构成大规模信息智能处理的一种新管理形式的住区。智慧住区也是社会生活中最基本的组织形态和发展模式，是社会发展的基础，因为现行社会形态原本是由众多智慧住区构成，各个智慧住区建设得好，城市就会发展得好。各个城市还是要集中精力和财力把住区工作做好、做实、做完美，只有多创建"智慧住区"，让居民充分享受到社会现代化发展的成果，才能引领社会发展进步。

2）建筑企业及地产开发商应积极参与智慧住区和智慧城市建设

早在 20 世纪 80 年代初，建筑业作为城市经济体制改革的突破口，伴随着改革开放不断取得新的发展。建筑业作为国民经济的支柱产业，在推动经济社会发展、改善城乡面貌、提高人民群众物质文化生活水平、吸收农村富余劳动力就业，打造"中国建造"品牌等方面发挥了巨大作用。

1978 年，建筑业的总产值和增加值分别为 569 亿元和 138 亿元，到 2017 年分别增长了 376 倍和 403 倍。2017 年世界 500 强企业中，建筑业企业有 13 家，中国建筑业企业占据了 8 席，其中前 6 名都是中国企业。同时，以奥运工程、世博会工程、高速铁路、港珠澳大桥等为代表的一大批高、大、精、尖工程项目和在"一带一路"沿线国家不断扩大的工程承包业务，都充分彰显了我国建筑业的现代建造实力。

在新的历史方位下，建筑业必须从过去粗放式发展向高质量发展转变，实现产业优化升级。当前，以BIM（建筑信息模型）技术、大数据技术、移动互联网技术、物联网技术等为代表的信息技术正成为推动建筑业转型升级高质量发展的重要动力。据不完全统计，2017年第四季度，全国已有1265个工程项目应用了BIM技术。同时，将大数据、云计算、物联网、BIM等先进技术应用到施工现场而形成的"智慧工地"方兴未艾。这些信息技术的综合应用和智慧居住区一样，让传统的建筑工地焕然一新，成为一个以人为本的智慧场所。

《中共中央国务院关于进一步加强城市规划建设管理工作的若干意见》要求，推进城市智慧管理。智慧居住区作为智慧城市构成要素，建设好智慧居住区是做好城市智慧管理的重要基础。建筑业作为城市建设的主力军，在推动智慧城市建设、打造智慧居住区的过程中，要注重以下工作。①以智慧城市建设发展为导向。作为"千年大计"的雄安新区，是未来城市建设的样板。已经发布的《河北雄安新区规划纲要》明确提出了"建设绿色智慧新城"的目标。雄安新区建设的实践将为其他城市的建设提供有益参考和建设标杆，建筑业要积极参与绿色建筑、智慧建造、海绵城市、综合管廊以及既有建筑节能改造和市政公用设施、建筑智能化改造等项目的建设，实现新时代新一轮的建筑产业升级。②不断提升现代建造水平，为社会提供高质量产品。目前，国家正大力倡导推广装配式建筑，并对装配式建造、绿色建造、智慧建造提出了新的要求。建筑业企业作为参与工程建设的主体之一，要与建设、设计等相关方以及专业分包单位做好配合，通过推进建筑设计标准系列化、部件生产工厂化、施工现场机械化、产业工人技能化、现场管理专职化，齐心协力为社会和人民群众提供绿色、低碳、智慧的高质量建筑。③大力推动国产三维图形平台和适用建筑业CIM（城市信息模型）技术的研发和应用。目前，除了个别企业拥有自主开发的三维图形平台，其他BIM应用软件基本都采用国外平台。这对于应用了BIM技术建设的工程项目来说，其建筑数据存在着很大的信息安全风险。因此，应大力支持并组织业内专家学者进行CIM软件的自主研发，尤其是具有自主知识产权的核心技术的研发，以此提高建设领域自主创新能力，保障城市数据安全。

建筑业作为关系人民群众生命财产安全的重要产业，有责任为人民群众奉献更高质量的绿色优质产品、有义务为人民群众创造更美好的生活空间。建筑业企业应更积极、深入地参与智慧居住区和智慧城市建设，为满足人民日益增长的美好生活需要贡献力量。

3）智慧住区标准化助力智慧城市建设

智慧城市的推进是从智慧住区、智慧交通、智慧商圈开始，逐渐实现互联互通，形成一个整体。随着物联网、云计算及移动互联网等新一代信息技术在住区的应用不断发展，住区变得更加智慧。在智慧城市建设的大背景下，智慧住区的不断完善在很大程度上反映了智慧城市的发展，可以说智慧住区是智慧城市的缩影。

为了促进智慧住区的发展，住房和城乡建设部印发了《智慧住区建设指南》，指导各地开展智慧住区建设，作为智慧城市试点工作的重要组成部分。通过综合运用现代科学技术，结合当地实际，整合住区各类资源，加强住区服务能力建设。示范点应当具备完善的基础设施，高效的住区服务和治理水平，多元化的住区公共服务，智能化的便民利民服务能力，以及具备良好的政策、组织、人才、资金等保障条件。

随着移动互联技术的发展，百姓对生活的舒适性、便捷性要求越来越高，需要通过信息技术支撑或解决居住小区物业管理，住区O2O等最后一公里管理与服务问题。目前，全国建成有近30万居住区，居住区内的服务对拉动经济和提升管理具有重要的意义。

目前，国内房产商、运营商和物业管理者在智慧住区的建设中，呈现出各自不同的发展特色和发展盈利点，可以简单地概括为物业模式、第三方模式和运营商模式，其共同点是在平台建设、信息服务、已有资源开放方面，但在标准化规范、可复制推广以及可持续运营方面存在难度。基于智慧住区包含的政务服务、公共服务以及商业服务，建立统一的综合服务平台，在此基础上开展住区管理与服务。

智慧住区建设的核心是围绕住区内的居民开展，建立住区综合服务平台的目标就是为了更便捷、高效的向居民提供服务，因而平台将实现居民在住区的更多需求。

（2）智能家居概念及功能介绍

1）智能家居概念

伴随科技的迅速发展及人们生活水平大幅度提高，现代人们越来越不满足于现有的生活现状，取而代之的是对更加舒适的高品位生活环境的迫切追求。通过媒体的宣传，智能家居不仅被部分居民所接受，也成为房地产商追逐的焦点。

智能家居是以住宅为平台，利用新一代传感器技术、信息技术、云技术、人工智能技术、音视频技术将家居生活有关的设施集成，构建高效的住宅设施与家庭日程事务的管理系统，提升家居安全性、便利性、舒适性、艺术性，并实现环保节能的居住环境。

智能家居的"智能"体现在家居生活的各个方面，如家居安防、灯光调节、家用电器智能控制、全宅背景音乐、多媒体资源共享、能源管理、厨房和卫生间的智能化管理等方面。

2）智能家居功能介绍

①家庭安全防护系统

此系统主要包括家居报警（防盗报警、消防报警、求助报警、煤气泄漏报警等）以及门窗自动监控、可视对讲系统等。该系统与户主手机、计算机系统以及小区保安系统相连，能够实现对突发的紧急事件及时报警，对发生的盗窃、火灾、煤气泄漏、紧急呼救等发出报警，实现户主、小区保安第一时间得到险情。

可视对讲系统则是户主通过可视对讲器对所有来访者进行监测。如有人来访，门铃声通过手机提醒户主，户主不光可以看到来访者亦可通过手机来开门。

智能门锁、防盗传感器和摄像头进行协作，能大大提升家庭入户和门窗的安全性。

安全防护系统完全代替了原始的钢筋防盗网，为户主带来家居的安全性和舒适性。

②家庭化数字娱乐系统

该系统把智能云电视作为家庭媒体智能中心、网络控制中心，同时连接上音响设备及游戏系统。通过云电视"云"里海量的音乐资源、视频资源、电视节目资源等，足不出户，便可尽得娱乐。

③家庭自动控制系统

此系统主要包括对灯光、窗帘、家庭电器（空调、冰箱、洗衣机、晾衣架、厨房电器、扫地机器人等）的自动控制。该网络化系统可以实现远程控制家庭照明及电器使用状况、家电能源合理分配等。户主即使不在住宅内也可以远程操作家庭的一切电器。

自动控制系统根据户主习惯自行控制家电，既节约能源，又很大程度上为户主带来方便。

④暖通与能源管理系统

此系统主要对家庭能源设备，比如地暖、中央空调、新风系统等进行智能化的调配，根据人体舒适度进行智能调节，从而降低能源损耗，提升家庭能源的利用效率，相比传统的人工控制，智能化控制能带来 50% 的能源节约率。

⑤家居健康与医疗服务系统

此系统集成智能健康硬件设备、互联网医疗服务一体，为家庭成员的日常健康情况实施检测，比如体重、体脂率、血压、血糖等，出现问题可通过互联网医疗终端、小区医疗站进行初步咨询诊断，以及实地医院回来后的二次诊疗服务。同时给予科学的营养和锻炼类的建议，从预防到治疗都发挥积极地介入作用，维持家庭成员的健康情况。

（二）智慧住区及智能家居问题分析

（1）智慧住区问题分析

1）缺乏有效的顶层设计

"智慧住区"是在"智慧城市"理念的基础上进一步具体提出的，出现的时间较短，从行业到企业，各自都有自己的理解，尚未形成相应的行业标准，导致尚未形成普遍认可的"智慧住区"服务基本体系架构。

2）服务系统集成化程度低

智慧住区服务体系包含众多的应用系统，不同的系统有着很强的专业性，而且由于不同的系统归不同权力部门管理等各方面原因，造成各个系统间互相融合，整合程度非常低下，基本还处于条线管理状态，而完善的智慧住区服务体系需要深入整合资源，提供高度整合、集约的管理平台，从而降低建设与管理成本。

3）服务人才体系不健全

"智慧住区"服务人员需要较强的信息化等专业知识，而传统的住区服务人员普遍年龄偏大、学历偏低，而服务人员引进机制尚不健全，对住区服务人员认可程度低，从而住区服务人才短缺、素质偏低、结构亟待优化。

（2）智能家居问题分析

1）行业发展水平低、多适应噱头营销

以房地产精装房为代表的智能家居产品在2017—2018年增长迅猛，但是房地产企业大多把智能家居产品作为营销噱头，不能真实反映产品本身，失去实际功能，从而严重影响了行业的健康发展。

2）支撑智能居家发展的基础科学缺乏

智能家居产品进入普通用户家庭，需要针对用户的需求做产品的重新调整。目前智能家居产品的设计主要参照别墅领域的智能家居产品，很难满足普通用户小住房面积，少电器设备的智能化需求。因而很难形成刚需。另一方面，研究工业工程的产品设计的科学，缺乏智能化设计的理论基础，如老人住宅的智能化产品设计指标，儿童卧室的智能化产品设计依据，缺乏从生理、心理上的科学指导理论。

3）标准化工作与生态利益博弈

目前，在中国形成了小米生态、阿里生态、华为生态等比较有影响力的智能家居生态。在每个产品生态内可以实现智能家居产品的互联互通和协同工作。每一个生态都有核心技术和商业运行模式。每个生态都希望其市场占有率最大化。智能家居生态促进了中国智能家居行业的发展，同时又阻碍了智能家居行业标准化。生态企业的核心是不希望把核心技术标准化，也不希望完全可在其他生态上复制，因为这样就失去了技术优先和行业壁垒。可以判定在智能家居市场没有完全发展起来，标准化工作和生态利益之间要进行很长时间的博弈。

（三）智慧住区及智能家居建设建议

互联网和房地产结合要改变生活模式、居住模式，不只是一个简单的灯泡、摄像头，应该是一个系统的工程，这里面包含着智慧家居、智慧住区和智慧工程三大模块，其中智慧家居和智慧住区在之前被提及的很多，但是其实智慧工程才是更系统，更全面，更具有颠覆性、挑战性的部分，它将是"智慧住区"概念的根本和基础。

传统智能家居仅仅是停留在对于单套房屋的硬件改造，而O2O住区也只是基于前端的表象改变，并不能对系统的"智慧家"概念形成支撑。其将有两项后期必须要改进的方面：（1）房屋和住区无法在软硬件上形成系统性统一，这就对后期各个部分的协调和兼容造成了极大的隐患；（2）基于对智能化硬件购买及住区O2O的线上线下资源的整合仅仅是智能家居和O2O住区的前段设备的采购和定制，其产品只存在于表面，背后并无强有力的后端支持，即没有强大的专属后台软硬件系统支撑，这就将对前端的稳定性、统一性造成了巨大的威胁。

要想智能化设备系统稳定的运行，那后期必须要做深入改造。智慧工程之所以成为智慧住区建设的重中之重，是因为智慧工程是"智慧住区"中智慧家居、智慧住区的前提和根本，三者缺一不可，相辅相成组成"智慧住区"。而与其后期改造，还不如通过更早的设计阶段介入，在开发、机电施工等方面就进行系统规划设计，做好内核，将前端产品与后端支持融为一体。

同时，我国智慧住区建设的国家标准、技术规范和行业法规还很不健全，市场上所采用的技术标准也多种多样，比如智能照明的技术协议，就有 ZigBee、MacBee、蓝牙 5.0、WiFi、2.4G 等数种之多，这些协议各有优劣势又相互排斥。尽管一些企业都在努力完成智能化产品的标准统一，推动产业升级，但由单一产业链的整合转变为各个生态圈间的融合发展的路途还是较为漫长的。因此要建立起规范和标准的报审制度。凡国家、行业或地方没有现行规范或标准，需要参照有关国际标准或技术规范的，系统集成商应主动报送建设主管部门审查，获得批准后才能付诸实施。另一方面，必须从行政上和技术上对智能建筑的市场和质量进行有效的监督和管理。

要做到这一点，首先应加强对系统集成商的资格审查，重点审查其规模和人才构成，考核其从业技术水平。对于智慧住区建设单位，则应将智慧住区设计与施工纳入质量监督体系，对设计阶段、施工阶段、系统运行管理阶段均应实施监督。工程完成后还应按有关的质量评定标准和验收综合论述进行评定和验收。

智慧住区要建立大数据服务平台提供服务，通过标准接口实现与第三方平台的数据交换与共享，集住区物业管理与服务、便民服务、商业服务、政务服务及生活资讯等于一体，实现用户一站式服务。依托智慧城市大数据中心相关平台和应用支撑，汇聚城市管理台相关部门业务数据，进行集中展示和分析，提升智慧城市运行管理、政务服务、城市综合管理决策和产业转型升级等方面的综合能力。

通过建设大数据服务平台来推动大数据产业结构优化升级,催生基于大数网络经济的新兴产业,促进投资,拉动经济增长;推动公共服务便利化,让百姓办事不求人,实现衣食住行医疗教育等公共服务便捷化,市民生活幸福指数明显提升;基于大数据推进政府各项改革转变执政理念,创新治理方式,由电子政务向智出政务升级,不断提高政府工作的效率和政能。

智能家居作为智慧住区建设的一部分,当下在发展过程中也存在着一些问题,第一是目前的行业标准不统一;第二是各企业之间的所谓的"生态",这些"生态"之间往往没有打通融合。因此要建立起统一的规范和标准的建设制度,确保智能家居与设备系统之间的互联互通,有效提升家居的安全性、便利性、舒适性、健康性。

五、智慧住区及智能家居工程典型案例

(一)青岛玺景园小区智能化系统工程

青岛玺景园海拔 88 米,是青岛主城区项目最高海拔之一,也是青岛市水平最高的社区。该小区容积率 0.8,具有花园、观海平台、双车位车库,构建了吸尘系统、新风系统、空调系统,是健康居所,养生住宅。

(1)安全防范系统

安全防范系统主要由闭路电视监控系统、周界防范子系统以及家庭防盗与安全子系统构成。

1)闭路电视监控系统

该系统是获取现场信息最主要的手段,主要与有源红外对射和泄露电缆一起通过联动方式完成对小区的周界防范、小区的出入口以及小区内公共活动场所的监视。选用的设备包括定焦摄像机、云台三可变摄像机、数字硬盘录像机等。闭路电视监控系统是在小区的主要通道、重要公建及周界安置摄像机将图像传送到管理中心。

2)周界防范子系统

设置该系统的主要目的是任何时候小区保安管理人员均可随时监控整个小区活动动态。周界防范子系统是电视监控系统的延伸,采用由远红外对射和泄露电缆作为探测器,主要监控对象是小区周边和停车场。因此形成完整的电子监控网,确保电视监控合理布局。同时利用该探测器,有效地联动闭路电视监控和投灯,保证管理者的管理模式。

3)家庭防盗与安全子系统

构成小区的第三道防线是融入数字家居控制管理系统中的家庭防盗与安全子系统。它除了具有传统可视楼宇对讲的全部功能外,还有更多的安全和防盗接口以及在线式巡更。主要的设备有数字家居控制器，各种相关的报警探测器以及计量表具。

（2）一卡通系统

一卡通系统在方便业主消费、便于物业管理方面起着很大作用。小区的一卡通系统由停车场管理系统和小区消费子系统组成。

1）停车场管理系统

此系统主要是完成业主车辆的停车管理与收费。车辆的停车管理主要检测车辆是业主车辆还是外来车辆。根据车辆的来源引导去不同的停车位，同时可以按照时间段计费最终完成收费。主要的设备有道闸机、读卡控制器、图像对比系统等。

2）小区消费子系统

此系统主要是指业主在小区内的消费管理。比如业主可以享受每月 40 小时的健身免费服务，利用一卡通系统记录业主使用健身房的时间 40 小时内免费，超过 40 小时按照一定标准收费，超过 80 小时又是另外一个收费标准等。主要的设备有读卡控制器和计费软件。小区消费系统主要包括小区物业管理系统和资金结算系统。

①小区物业管理系统：主要是为小区居民提供以 IC 卡为依托针对家庭日常消费和保安的管理系统。家庭 IC 卡物业管理系统的设计以安全为核心、简便易用为目标，为小区居民提供安全、周到的服务。该管理系统包括 IC 卡取电、IC 卡取水、IC 卡取煤气、IC 卡支付有线电视费、可视门铃和闭路电视监控等功能。建立小区家庭 IC 卡物业管理系统，首先要在小区设立收费中心，该中心负责向小区居民发放储值 IC 卡，用户可根据自己的需求购买一定量的储值卡。当此储值卡中还有余额时，用户就可以使用电、水、煤气和有线电视。否则就不允许使用，必须到收费中心对其 IC 卡重新充值才能使用。

②资金结算系统：住区"一卡通"的一个显著特点，就是最大限度地减少现金的流量和管理成本。对每个持卡消费者的消费情况，系统都自动记录在数据库里。每隔一定时间产生资金结算数据并上传至银行，银行处理后将结果返回系统，根据处理结果再进行处理。系统对不符合消费规定的持卡消费者，自动将该卡列为黑名单处理，使该卡没有消费权限。与银行资金结算有多种方式，系统采用了批量代扣费清算方式。此方式是由物业公司将联名卡通过 IC 芯片消费的数据传给银行，银行通过批量代收付费方式批量从客户联名卡的磁条账户中扣收。

（3）数字家居控制管理系统

数字家居控制管理系统将家庭中的电器进行集中控制且具备家庭安全检测功能，比如煤气泄露、紧急求助、计量表的抄表与数据传输，以及作为业主终端提供小区信息接收与发送的功能。主要设备有家庭智能终端主机、数字可视系统、各种功能模块以及相关的管理软件。

数字家居的实现不仅要有相关控制设备，还需要有具备相关接口的电气设备。家居控制管理系统采用最新的神经元科技与软件技术相组合，具有超常规的创意设计，将家庭安全、家庭智能化和家庭通讯与网络设施集成在一起，系统操作十分简单和方便。所有报警信息与智能化的控制都通过多媒体语音方式提示、指导用户使用。

该系统采用家庭总线结构，所有的报警和自动化模块都可以连接到家庭总线上来。系统采用 C-Bus 智能照明系统。C-Bus 系统是一个二线制的智能照明管理系统。所有 C-Bus 单元均内置微处理器由一对通讯信号线（UTP5）连接成网络。每个单元均设置唯一的单元地址并用软件设定其功能，通过输出单元控制各负载回路，输入单元通过群组地址和输出单元建立对应联系。当有输入时，输入单元将其转变成 C-Bus 信号在系统上广播，所有的输出单元接收并做出判断，控制相应输出回路。

（4）小区背景音乐与灯光控制系统

这两部分功能的主要作用是为小区提供一个舒适、优美的环境。灯光控制系统的主要用途是为小区在某些重大的节日或欢庆场所营造一个喜庆的气氛。将灯光的变化与背景音乐的旋律相配合可使业主充分体会小区的人文设计思想。该系统主要设备有室外音响、音源、灯光控制器、联动模块等。

（5）环境检测系统

通过这个系统和数字家居控制管理系统发布小区的环境参数，对业主的各种活动提出相关的参考意见，促使人们更科学地安排生活。主要设备有环境参数探测器、相关控制器、环境参数信息发布软件等。系统可以通过环境参数探测器检测小区空气质量，及时提供给业主相关信息，以方便业主安排运动、休闲和调节室内环境的时间。

（6）小区局域网系统

该系统可以为业主提供各种增值服务，比如 VOD 点播、小区特色视频服务等。主要设备有网络布线、各种服务器以及相关软件。系统可提供的服务有：高速上网、视频点播、网络电视、网上炒股、企业 VPN、电子信息公告、网上购物等。

（二）南京钟山高尔夫别墅数字园区项目

钟山国际高尔夫项目坐落于南京市东部紫金山脚下，是南京市唯一在市区内的高尔夫球场别墅项目，占地面积达 3671 亩，包括：纯独栋绝版景观别墅、国际级赛事标准的 18 洞高尔夫球场、9 洞市区灯光球场、超五星级索菲特钟山高尔夫酒店、铂金级高尔夫会所。

南京钟山国际高尔夫别墅一期紫檀园共有 18 栋纯独栋别墅，错落分布于球场的中段，8 号球道与 9 号球道旁侧；邻近酒店和会所，更方便休闲娱乐；靠近环陵路景观大道，交通方便，生态宜人。18 栋别墅外立面造型变化丰富，错落有致，色彩方面主要采用了米黄、乳白和暗红三种色调，厚重大方，与酒店及会所遥相呼应，最大程度实现别墅风格与地形、地貌的完美结合。景观方面，保持完整的地形、水文、植被的原貌，造就了树影婆娑、花香鸟语、丘陵起伏的独特景观。

该小区在智慧化建设方面，主要实现了如下功能：

（1）安全防范系统

1）网络数字图像资源共享性。利用数字化网络传输技术和射频调制技术，针对小区业主居住情况按需开放网络数字图像和电视监控图像。

2）图像监控智能切换和存储。在周界和园区道路通过设置固定摄像机全面实现道路和周界无缝监控，同时分别根据摄像机设置部位设置不同时段和多种模式的录像方式（定时录像、视频侦测录像、报警联动录像等）。

（2）智能家居系统

在软件开发中采用多种预置模式的控制方式（例如外出模式、晨起模式、晚间模式、回家模式、冬季模式、夏季模式等）和分区控制模式（客厅、客卫、主卧、主卫、书房、餐厅、儿卧、厨房等）。

在每个别墅的车库中，都单独架设了交换机，所有的家庭应用从多个无线局域网（对整个别墅的覆盖）热点，到厨房中的视频监控设施（以便女主人在厨房监控孩子在院子里的情况），再到内部电话、内部和小区物业的电话、外部电话，以及有线电视、IPTV 等业务，都通过该交换机实现。

（3）物业管理系统

在物业中央控制室有 20 多个屏幕，每个屏幕可以分切 16 个画面，既可全屏显示，也可画中画显示。物业管理人员通过手柄推动方式，让监视器镜头进行拉远或推进，任何进入到整个别墅区"大区"范围的车辆，都可以通过推进显示，看清车牌号码，以及车辆中人的衣着打扮，同时，在所有公众区域的任何活动，都能够得到有效监控。

此外，除了保安在小区门口对进出车辆进行管理，业主车辆进入该小区时，首先是监控扫描车牌，并通过和数据库对比，确认该车辆是否是园区车辆，并确认主驾人的身份。同时，在 10 米范围内，还可通过红外探测方式，和业主车上装载的终端进行密码对接，如果确认该车及主驾人是本别墅区业主，小区大门将自动打开，否则，将有保安上前进行确认。

进入小区后，当业主到达自己的别墅，会进行第二次身份确认，确认方式和在小区入口处类似。不同之处在于，当确认为该别墅主人车辆时，别墅门禁打开的同时，车库门也随即打开，业主可以直接将车开进车库，进入家中。

（三）上海万科城智慧住区平台

上海万科城项目位于闵行区，规划占地总面积为 146936 平方米，总住宅建筑面积为 303779.9 平方米。万科城项目是个大型居住小区，配套设施比较齐全。万科作为国内房地产龙头企业，在智慧住区方面进行了积极探索，期望把万科城项目打造成为智慧住区的典范，提升万科小区品质，提高物业管理水平。小区中的 WiFi 定位系统采用粗略定位和精确定位混合模式，以满足基本业务需求的情况下实现成本的最低化。整个定位系统的主要设备包含有：定位终端（定位标签和智能终端）、定位 AP、定位服务器三种。其中：定位 AP 需要借助于接入交换机进行 POE 供电，同时上传定位信号到定位服务器；定位服务器安装在小区中心机房，用于处理定位信号和与小区视频监控系统的接口处理；监控电脑放在监控室用于物业管理人员监控和调度使用。

（1）智慧物业管理系统

智慧物业管理系统具有如下功能：

①采用基于 WiFi 网络的定位技术，人员、车辆可携带便携式 WiFi 卡片。

②能够进行访客管理，可通过对访客进行定位、活动轨迹跟踪查看，以实现安保人员为访客提供及时服务，同时还可提升小区安防级别。

③保安、保洁人员管理，通过定位技术可看到保安是否按照规定线路巡逻，可即时通知保安为附近的业主提供服务；可查看到保洁员所在的位置，可精确到楼。

④车辆管理。可通过对地面车辆的定位，让物业人员了解到小区地面不同停车区域范围内空余车位的数量，以便让安保人员对进出小区的临时车辆进行及时的疏导。

⑤视频联动，WiFi 定位系统和住区监控系统联动，当有报警事件发生时，系统自动弹出报警点附近的视频，让物业或业主第一时间看到现场情况。

⑥刷卡位置查看，系统与小区一卡通系统对接，实现访客刷卡时位置信息的实时查看。

（2）智慧家居系统

智慧家居系统具有如下功能：

①无线上网，定位系统允许业主在小区特定场景（如小区公园、草坪、室外健身地等）下接入 WiFi 网络，提供上网服务。

②适用于业主的管理功能，监控与业主关联的家人、宠物的活动轨迹功能，业主自购卡片的管理功能，对用户数据、卡片信息的批处理功能。

③给儿童佩戴定位标签后，如果儿童擅自跑出住区大门，系统自动发出报警，

减少儿童被拐卖案件的发生。

④业主通过手机 APP 或者 Web 实时查看家人位置，接受老人或小孩发出的主动求助信息，快速响应。

（3）智慧资产管理

业主或住区贵重资产贴上优频定位标签后，可纳入住区 WiFi 定位监护系统，业主或物业可实时查看贵重资产位置。当贵重资产发生位移或者振动时，系统自动发出报警信息，提醒业主或者物业注意防盗，有效制止盗窃现象。

（4）智慧养老服务

老人居住的环境有两种最常见，一是住在家里，另外就是住在养老院。居家养老的老年人佩戴优频 WiFi 定位卡后，家属可对老人进行实时位置监护。

WiFi 卡有警情按钮，老人摔倒或发生其他危险状况，可随时触动按钮报警，家属或小区物业接受报警信息，避免险情恶化。

（5）扩展服务

短信提醒功能，若一旦发生目标离开重点区域或者出口，或进入危险区域，发送短信给相关工作人员进行及时处理。系统通过 API 将实时报警信息上报给短信推送平台，提供触发条件，最终由短信系统完成短信的发送。

（四）美的佛山花湾城 5M 智能家居住区

作为从家电起家的顺德本土企业美的集团及美的控股旗下重要成员企业美的地产，其实早在 2015 年便发布了 5M 产品战略，充分整合"家电＋地产"的产业资源优势，运用互联网思维打造的社区系统。而美的花湾城便是这个 5M 智慧健康社区的首个尝鲜者。5M 智慧健康住区包含"云智慧管理 Multi-Smart、多功能健康园林 Multi-Health、超人性化家居 Multi-Home、全方位住区服务 Multi-Service、全系统精工品质 Multi-System"五大系统，可以用一个 APP 智慧调节居家电器，记录家人起居习惯。

（1）M-Smart 云智慧管理

M-Smart 指在 5M 智慧健康住区及智慧家居内整合智能化终端，互联网、云计算技术及 M-Smart 平台，方便业主控制生活的各个方面。例如，5M 智慧健康住区的安保系统与智慧家居同步，可以透过云平台和智慧家居系统在物业管理应用程式上提供各项服务。

（2）M-Health 多功能健康园林

M-Health 指整合居住区的儿童游乐场及公园主题家庭健身区，方便家长和儿童与居住区公共区域进行各项运动。由于健身、亲子及社交需求增加，根据儿童的需求及年龄分别设置专属亲子乐园。亲子乐园针对不同年龄段的业主，规划运动健身区及功能区等不同区域，创造健康和谐的住区。

（3）M-Home 超人性化家居

M-Home 是美的置业打造的超人性化家居系统，主要包括实用的玄关系统、愉悦的厅房系统、温情的厨房系统、舒适的卫浴系统。从高效的空间规划到细节的至上的家居系统，都体现出了 M-Home 的超人性化设计，另外，M-Home 实现了对家居系统的全面远程操控。

首先，用手机 APP 连接 MiNi 网关，对全屋家电实现一键操控。开门后自动打开灯光，空调调到舒适温度，自动准备热水均可通过手机 APP 来实现。

第二，通过客厅设置的四路场景触控面板，轻松实现外出、就餐、会客、娱乐等四路场景随意切换，同时实现对灯光本地及远程控制。

第三，一块发光的触控水晶面板连接四路灯光，通过 APP 或智能网关远程控制全屋灯光。

第四，当家里的老人、小孩出现意外时，可一键报警，紧急状况一键呼救。

第五，客厅配置红外线感应探测器，手机 APP 一键操控开启或关闭，开启状态时一旦有人非法闯入，探测器发送非法入侵警报至业主手机，让业主第一时间掌握家中动态。

（4）M-Service 全方位住区服务

M-Service 包含了全方位住区服务、健康医疗、住区管理等一站式住区服务系统，通过应用管理平台即可享受公共信息发布、线上报修、一键缴费、访客预约、快递收发等全方位的物业服务，感受指尖上的便捷生活。

（5）M-System 全系统精工品质

M-System 是 5M 智慧健康住区对品质精益求精的态度，物业开发阶段通过实施四大项目管理系统、质量控制系统及其他系统确保住宅的最佳品质。

5M 智慧健康住区实现了跨产业技术资源整合，含智能监控设备与智能电器间的互联互通，智慧家居和智慧住区间的联通，并通过生态链整合实现了智慧服务和智能住区的联通，打造真正全景智慧新生活。

第五篇

创新篇

"智慧重庆"：人工智能无处不在

近年来，重庆市委市政府在充分挖掘利用大数据智能化产业价值的同时，坚持以人民为中心，努力推动人工智能在智能城市、民生服务、社会治理等领域的广泛应用，致力于实现管理有序的智能城市和透明高效的智能政务，最终让城市更令人向往、让人民拥有更多的获得感。

一、智能城市：让管理更加有序

"未来的城市发展必然是一个集社会、经济、文化等高度协同和谐的生态系统，也是一个交通、能源、建筑智能化的智慧城市。"中国城市建设研究院顾问总工程师、中国城市经济学会副秘书长汤铭潭如此判断。

在重庆市的一些公交站台上，一块电子站牌上面不仅标注着各路公交、各个站点的名称，在这些站点上方，还有一个个绿色的公交车图标随时变动——要坐哪班车，目前最近的一趟以及随后的几趟运行到什么位置了，还要等多久？乘客一目了然。而在渝中区交巡警支队建设的智慧交通综合管理平台上，汇集了渝中区所有堵点的监控画面，所有红绿灯都联了网，红绿灯可根据车流量手动或自动进行调整放行。

"智慧交通"只是"智慧重庆"建设的一小部分内容。目前，"智慧重庆"已初见成效，智慧卫生、智慧教育、智慧景区等多个智慧城市应用服务已投入使用，通过数据共享让群众出行、就医、教育等更便捷、更高效。

在渝中区，通过传感器、物联网、信息化手段和移动通信技术手段来处理、分析和管理整个城市的所有部件和事件信息，让城市管理变得更加智能、高效。重庆以真三维地图为基础，将城市管理、社会管理、公众服务数据与真三维地图关联起来，同时融合地名文化、企业、经济、医疗、养老、人口、安全事件、交通环境、购物等数据信息，搭建起数字城市管理平台，通过该平台用户可在地图上直接录入、办理和查询，使得一图容纳海量网格信息，一应知晓实时动态。

记者了解到，重庆 18.67 平方公里的悦来片区，是首批国家智慧城市试点区和全国服务业综合试点地区，也是重庆智慧城市的样板间，目前已经实现了 24 小时实时监测，可以对城市安全、管道漏损、道路秩序管理方面进行管理。在市容环境管理上，还引入了智能厕所、智能垃圾桶等。在这个平台上，还实现了对关键设施设备的秒级监控，出现电梯故障、管道漏损、井盖变形等问题，都会发出警告，直接生成工单派发至维修人员手机 APP。

而在重庆九龙坡区，全市首个人行地下通道超声波智能液位系统投入使用。超声波智能液位系统可以利用超声波传导的特性，实时精准监控引水井的水位高度，并在水位达到一定高度时，联动饮水井中的两只抽水水泵，将水排出。

江北区则着力建设智能城市运行管理平台，启动智能环保、智能交通、智能警务、智能消防等智能化项目应用，为城市装上智能"大脑"，推动智慧城管升级，不断提升城市感知、监控预警和应急响应能力，实现大数据与全业务融合系统、市政设施综合管理系统、环卫智能管理系统、危险源监控系统、城市照明系统、智能停车系统等功能，真正实现市政工作既是"管家"，又是"保姆"，其创新性和示范性被授予"2017 年中国最具幸福感城市治理创新范例奖"。

重庆市政府一位负责人表示，早在 2014 年 8 月，重庆就出台了《重庆市深入推进智慧城市建设总体方案（2015—2020）》，由此拉开了重庆大力加快智慧城市建设的序幕。目前，"智慧城市"建设正渗透进重庆城市建设的每一个领域。诚如其言，"智慧重庆"创新了城市管理方式，既提升了这座城市的品质，又让这座城市越来越令人向往！

二、智能政务：让群众更加满意

加快推进智慧政务，加强数字化治理，提高政府决策和管理服务，让城乡社会治理更科学、更智慧、更精准，正是打造"智慧重庆"的应有之义。

走进重庆市合川社会治理大数据中心，展现在眼前的"一总六分两平台 N 共享"的"政法云"让人为之叹服。该系统由全区的综合治理大数据作支撑，打通了公安、交通、工商、银行等 30 多个部门的信息壁垒，囊括了人、地、事、物、情等模块，可对人口信息、房屋信息、单位场所、事件处理等 13 个类别进行精细化管理，让基层治理实现线下治理与线上治理的有机结合，社会治理介入环节可由此前的"末端"延伸至"中端"甚至"前端"，及时化解隐患矛盾，有效提高了政府的管理水平和应急能力。如今，像寻找走失老人这种事情，在这一系统面前不再复杂。

近年来，重庆政法系统抓住人工智能的发展机遇，不断提升政法工作智能化信息化水平。目前，重庆已建成投用的社会安全事件应急联动指挥系统共接入联网视频监控镜头 10.2 万个（含新建高清视频监控镜头 4.7 万余个），实现全市重要目标周边公共区域、城镇中心区域、案件频发地段等的监控覆盖及对社会行业、单位镜头的整合，2016年利用视频监控破获刑事案件7369件；与此同时，在大渡口、九龙坡、渝北、合川、万州等16个区县开展社会综合治理信息系统建设试点应用，收集数据信息1.5亿余条、受理流转办理社会矛盾纠纷6万余件，6000余名综治干部、1万余名网络员在线使用综治系统。重庆市还提出，到2020年，全市要实现重点公共区域视频监控覆盖率、联网率达100%，重点行业、领域的重要部位视频监控覆盖率、联网率达100%，新建、改建高清摄像机比例达100%。

在政府管理领域，重庆建成了线上线下相结合的全市网上行政审批平台，入驻平台的市级部门（单位）和区县政府机构达4600家，实现除涉密和涉及公共安全以外的439项所有行政审批事项全覆盖，全市网上行政审批平台累计办件量已超过700万件。目前，重庆市社会公共信息资源共享平台已汇聚53个部门，1655类、26705项信息资源，总数超过200亿条，其有效支撑全市跨层级、跨区域、跨部门、跨系统、跨业务的数据共享交换与业务协同，成为重庆实施以大数据智能化为引领的创新驱动发展战略的重要基础。

民生保障改善与社会治理变革需要大数据智能化的引领和支撑，政府治理体系与治理能力的现代化也亟须大数据智能化的技术创新与制度安排。重庆在着力培育智能产业、提升智能制造水平的同时，聚焦政府管理、民生服务、社会治理等板块，携手阿里巴巴、腾讯、百度等行业巨头，推动大数据智能化的广泛应用，让广大老百姓拥抱智能时代、共享智慧生活。首届中国国际智能产业博览会上，不少专家高度评价了"智慧重庆"，认为重庆运用大数据、智能化率先在产业升级、社会治理等领域进行探索，为推动中西部地区特色发展、跨越式发展提供了经验，为人民群众创造高品质生活提供了支撑和保障，切实提高了人民群众的获得感、幸福感、安全感。

（来源：经济参考报）

智慧城市，数字深圳的历史机遇

一、数字经济时代的基础设施

20世纪最后一个年头，第一届中国国际高新技术成果交易会（以下简称：高交会）在深圳举办。一路走来，高交会见证了中国的技术创新与经济发展动能。

到第21届高交会，人工智能（AI）、第五代移动通信技术（5G）等毫无疑问成了瞩目的话题。

技术最终是要以人为本，也就是从实验室走出来，落地到"提升城市运转效率、驱动经济增长"这件事情上来。正如华为公司董事、企业BG总裁阎力大在高交会"新时代、新技术、新经济"主题论坛上谈到的那样，数字经济已经成为撬动经济发展的核心动力，未来10年数字经济更加是全球经济增长的主引擎。

阎力大谈到了去年华为和牛津经济研究院联合做的一个关于数字经济研究，研究分析了全球79个国家或者地区过去15年的历史数据，得出的两个数据很有意思：数字经济的增速是全球GDP增速的2.5倍，而对于数字化技术的长期投资回报是非数字技术投资的6.7倍。

诚然，物理意义上的城市发展，仍然离不开石油、水电煤等基础设施，但数字经济时代也必然对应着新的基础设施。

阎力大说：华为打造了以云为基础，集成了包括IoT、大数据、视频、融合通信、GIS等多种新技术的"数字平台"，可以理解为这是数据"石油"的开采、炼化与加工的一体化平台。

构建数字经济时代的基础设施，这是华为给出智慧城市解决方案的底层逻辑。透过深圳的城市发展迭代，与以华为为代表的科技企业对城市的赋能，我们可以窥见智慧城市的历史必然性。

二、智慧城市发展的龙岗样本

作为改革前沿阵地，深圳是一个特别的存在。

从改革开放初期的蛇口工业区，到令美国忌惮的南山区网红街道，深圳经历了从工业化和市场驱动，到信息化和科技驱动两个发展阶段。这两个阶段，是顶层设计上，自上而下的开放政策激活了城市经济能量，孕育了一批批站上改革浪潮的企业。

现在到了城市发展的第三个阶段，也就是以 5G 与 AI 为代表的技术，重构城市的物理空间与数字空间的阶段。当然，这三个历史发展阶段并不是完全割裂的，而是在继承的基础上，有更多的延展。

在第三个历史阶段，是华为这样乘改革开放红利崛起的科技企业，反哺与赋能城市走向智慧化：以 5G 为代表的新连接和 AI 为代表的普惠智能，使智慧城市更加充满了想象力。

华为提出了"孪生新时代"的智慧城市哲学。什么是数字孪生？华为公司 EBG 中国区智慧城市业务总裁胡芳在华为智慧城市峰会 2019 的现场演讲中谈到，在物理世界的全要素镜像到了数字世界后，很多奇妙的体验和额外的价值，它会扑面而来，这个时代正在发生着悄然的变化。

在胡芳看来，我们从物理世界迈向数字世界的时候，其实首先是我们的个人完成了一个数字化的过程，完成了一个数字化的影射。我们对消费数据、购物数据、聊天数据、个人空间数据都可以精准地勾勒出一个数字世界的自己，同时很多企业也开始了数字化的转型，也开始形成了数字世界的映射。但是反观我们的城市，城市的数字化是相对滞后的，随着物联网的普及和智能设备的大众化，泛在的联接重新勾勒出全方位的数据组织，人与物、物与物、各种类型、各种来源的数据，为我们架构起了城市孪生新时代的基础。

胡芳所说的数字世界的映射并不只是存在于理想状态，而是已经成为落地的解决方案。在参观和体验了深圳的龙岗智慧中心后，我和同行的小伙伴都在感慨数字孪生所搭载的技术、能力与场景，以及所释放的新的价值。

无处不在的城市感知，已经在龙岗蔚然成型。华为是龙岗智慧城市建设背后的"基础构筑师"，华为聚合各个领域优秀的合作伙伴资源，为龙岗带来了一座即时反应、独具特色的智慧城市。

龙岗的智慧样本，可以说是华为"1+1+N"（即"1 个数字平台 +1 个智慧大脑 +N 个应用"）的智慧城市解决方案整体架构的集大成者。

据龙岗智慧中心的讲解介绍，智慧龙岗运行中心 IOC（智能运营中心）项目是典型的城市大数据分析应用系统，经历了数据归集、数据治理、数据加工、数据分析、数据应用等过程，应用数据复制备份平台、大数据管理服务平台、大数据集成治理平台、大数据挖掘分析平台、大数据可视化平台等，依托于智慧龙岗的前期建设项目，如数据共享交换系统、时空信息平台、人房法基础库、OA 系统、信息安全态势感知、各垂直业务系"智慧大脑"和"神经中枢"。这个智慧中心也是一个能看、能用、能想的大脑，对龙岗区来说，这个智慧中心就是其"智慧大脑"和"神经中枢"。这个大脑融合了存储运算、数据分析；参谋决策、指挥调度；展示体验、科普教育等功能，是数据的"集散地"，是事件的"分拨器"，是产业的"驱动器"。

这个智慧大脑可以监测整个城市的运行态势，以支撑政府的各项决策，在发生事故时，各级部门可以进行统一的指挥调度。智慧中心的应用更是覆盖了警务、城管、消防、查违、环水、教育、医疗、交通等多个层面。

这些应用给民众带来的幸福感和安全感是实实在在的。比如，实体办事大厅转变成了在线的手机端便民应用，截至 2018 年底的数据，自龙岗智慧警务系统应用以来，85% 的案件由视频采集线索，67% 的案件由视频协助破案，群众在龙岗的安全感空前提高，这套系统受到公安部的肯定并在全国推广。智慧消防系统则通过"人防＋技防"，精准定位人员队伍、消防水源、消火栓等信息，大大减少消防民警的工作量。该系统全面推广以来，全区发生火灾环比下降约 23%。

类似的案例不一而足。正如胡芳所说，伴随着新技术的发展和城镇化的进程，如何挖掘城市的新价值，如何挖掘城市的核心价值，让我们的智慧城市建设进入一个全新的时代，其实是每个智慧城市的事业人所追求的，也是每一个把智慧城市当做企业战略的企业的责任担当。

三、孪生新时代的"四新"理念

在数字孪生这样的智慧城市哲学基础上，华为给出的方法论被总结成"四新理念"。

华为全球智慧城市解决方案部总裁康宁在高交会同期举行的 2019 亚太智慧城市发展高峰论坛上谈到了四新的内涵：在智慧城市场景，华为通过提供"新联接""新沃土""新体验"，打造"新价值"。具体而言如下。

"新联接"：包括全域感知和全联接，通过物联网、5G、AI、BIM 等技术实现城市"数字孪生"。

"新智能"：整合城市 ICT 资源，为城市构建智能的新沃土数字平台，使各种新技术可以通过组件化灵活部署，从而降低新技术使用的门槛和集成难度，实现技术价值的最大化。

"新体验"：基于沃土数字平台，联合生态伙伴打造一个百花齐放的生态系统，助力智慧城市建设。

"新价值"：基于 IOC（城市运营中心）提供一个城市全景视图，将城市运行的关键指标可视化，可从宏观、中观和微观各个层面洞察城市的运行状况，从而实现基于数据更好地管理城市的新价值。

支撑"四新理念"的是华为在研发、销售、制造、交付、物流等环节的数字化已经有 30 多年的探索实践经验。对华为来说，新的智慧城市发展节点到了。

2008 年，智慧城市声势浩大地开启了建设的浪潮，但那时候更多的是垂直的领域，形成了很多数据的孤岛，不过那是重要的一个起点。

2013 年，中国设立了第一批智慧城市试点。一路摸着石头过河到了 2016 年，智慧城市评价模型发布；2017 年，基础评价标准体系的国家标准出台。国标的出台在更大程度上规范和指引了各地智慧城市建设情况，能避免当前建设中出现的盲目冒进状况。

这个阶段开始，数据孤岛才被逐渐打破，数据慢慢走向了融合。而华为从智慧园区、数字化销售、全联结办公等 9 个领域系统性地开展了数字化转型，不断把这些 IT 实践与技术创新沉淀到沃土数字平台中。

归根结底，智慧城市是为了解决政府、市民和企业这三大主体的实际需求，同时涵盖了面向政府的智慧治理、面向市民的智慧民生和面向产业的智慧经济三大板块。

不只是龙岗，亦不只是深圳，诸多城市都走到了智慧城市发展的拐点。尤其在被称为 5G 商用元年的 2019 年，随着云服务、大数据、物联网等关联技术快速发展，城市智能化已驶入高速公路。

四、数字深圳的历史机遇

因为时代的历史机遇，深圳成为中国第一个经济特区，也是建设中国特色社会主义的先行示范区。数字经济时代，深圳也迎来新的历史机遇。

阎力大谈到，华为扎根于深圳，联合生态伙伴，支持政府以数字经济为抓手，推进"先行示范区"建设。在这里，首先建设了新信息基础设施，通过数字平台，打通了深圳市市级与各区、各委办局的数据，实现了数据融合共享，在此基础之上，华为联合众多生态伙伴，在政府服务、教育、医疗、交通、水务、海关等领域，提供了丰富的业务应用方案。

现在，深圳市政府已经建设了城市智能运营中心（IOC），目前汇聚了全市各区、各部门 100 多类业务数据、28 万路视频监控、全市 300 多个 GIS 业务图层和 80 多个重要的业务系统，构建了深圳市"1+12+N"一体化指挥体系。

数字深圳正在释放更多数据价值，比如深圳地铁每天承载着 500 多万人次的通勤出行，现在有 16 条线路、284 公里线路同步在建。既要"建得快""建得多"，又要保障施工安全和运营。华为和深圳地铁成立了联合创新中心，基于 5G、AI、视频、大数据等技术，围绕地铁生产、运营、运维、管理场景，开发了智慧运维、智慧工地、智慧车辆等解决方案，实现了远程监控、风险预警、减少了安全事故的发生。

城市的本质是人的聚集，人是技术和文化最重要的载体。可以看到，华为的智慧城市解决方案始终是以人为本，围绕如何让城市中的生活更高效更幸福。

深圳市自建市至今，一直是全国人口最年轻的城市，也是一个族群来源最广、最富于梦想和创造力的移民城市。在深圳的历史脉络中，在华为的5G与AI战略里，我们逐渐看到未来智慧城市的雏形。

（一）走进龙岗"城市大脑"见证IOC的最佳实践

这里，拥有全球首例地铁5G超宽带车地无线通信；

这里，借助AI、5G、物联网等技术推动工地现场科学化和智能化管理；

这里，构建了开放兼容的统一政务云平台；

这里，建设了先进、安全、智能的标杆园区；

这里，就是深圳！

华为&深圳共建国家新型智慧城市建设示范区，为每个家庭、每个企业、每一个人带来智慧美好世界，用科技让生活更美好。

日前，笔者有幸来到了深圳龙岗智慧中心，参观了龙岗新型智慧城区运行管理中心，近距离感受了龙岗"城市大脑"的智慧与魅力（图1）。

图1 深圳龙岗智慧中心

小故事背后的大思考。截至 2018 年底，自龙岗智慧警务系统应用以来，85%的案件由视频采集线索，67% 的案件由视频协助破案，群众在龙岗的安全感空前提高，这套系统受到公安部的肯定并在全国推广。

在深圳龙岗区，华为联合合作伙伴帮助政府整合了 89 个单位的业务系统，聚合的政务数据量超过 37 亿条，扎扎实实做数据融合，建设以"慧治""惠民"为特色的智慧城市。

（二）IOC：城市的智慧大脑

城市运行中心 IOC 是城市的智慧大脑，具有五大中心的功能，即数据中心、运行中心、监测中心、分拨中心和指挥中心。

IOC 提供了一个城市全景视图，将城市运行的关键指标可视化，可从宏观、中观和微观各个层面洞察城市的运行状况。结合不同部门和不同系统的监测与预警信息，识别背后的隐患与风险，是事件分拨、统一调度、联动指挥的中心。

IOC 将业务最佳实践与分析模型进行积累，激活沉淀多年的政府大数据，服务于政府日常工作与重要决策，为"惠民、善政、兴业"的目标提供有力支撑（图 2）。

图 2　城市运行中心 IOC

2018 年 11 月，龙岗区在全国率先建成集运行指挥、体验展示、数据存储于一体的智慧中心，为城市发展植入了"智慧大脑"，并以互联网思维、大数据思维，积极发展"智慧龙岗"大系统、大生态。

有了"智慧大脑"，如何在社会治理、服务群众的过程中发挥真正的作用？

（三）用数据"筑基"，为基层治理"铺路"

龙岗区大数据平台累计接入结构化业务数据 2534 项，数据总量超过 37 亿条，容量达 2.7TB，形成了坚实有力的政府数据"底座"（图 3）。

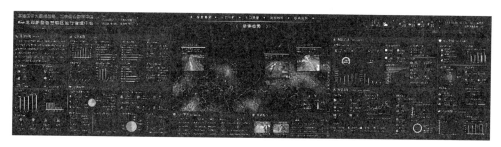

图 3　总体态势感知页面

同时，按照建设"智慧大脑、掌上政府、指尖服务"的数字政府目标，主动适应移动化、智能化、数据化的时代需求，探索实践"2+N 掌上治理"新模式。以"掌上大数据""掌上天眼"两个基础平台为支撑，在警务、城管、消防、查违、环水等 N 个领域探索移动端掌上应用。

以"掌上大数据"和"掌上天眼"作为"大脑"和"眼睛"。集成龙岗概况和经济、民生、生态、机构队伍等 17 个主要板块，并不断扩充实时人口播报、综合事件、宏观经济态势等专题分析；"掌上天眼"已集成 3 万余个高清视频监控、601 个高空全景点，对接"明厨亮灶"、行政服务大厅、重点监控场所等视频资源，实现"一键可知全局"。在 2018 年抗击台风"山竹"过程中，为各级领导提供实时视频数据。

以"掌上 + 行业应用"作为延伸的"抓手"。建设社区警务 APP，首创警格地图，划分出 1874 个警格，选定了警格专职民警 1479 人，所有治安要素都通过空间运算落到警格，应用 384 万余次，发现隐患问题 5.8 万处，抓获在逃人员 37 名、嫌疑人 241 名，侦破案件 105 宗，路面警情同比下降 25%。

建设"掌上城管"。市民通过微信公众号随手拍，参与城市管理，成为发现城市管理问题的"耳朵和眼睛"。2018 年以来，市民上报的城管问题案件立案 4 万多宗。为全区 9500 多名环卫工人配备智能手环、750 多辆环卫车安装 GPS 终端，实现清扫保洁作业精细化监管。

建设"掌上水务"。189 名河长通过"河务通"APP 可实时查看全市河湖的水质变化、相关工程进度等动态；104 名河流巡查执法人员，以及相关社会公众等可第一时间发现、上报和处置问题。已记录日常巡河发现问题并及时处理的事件 4 万余起，其中上报并处置的执法事件 24 起、整治事件 1385 起。

建设"掌上消防"。通过手机端实时监测各类探测设备运行状态，目前已接入火灾自动报警监测点位超 33 万个，可在移动端实现火患自查、自改、自整、自评，及时推送火警信息实现"早发现、早救援、早疏散逃生"。

建设"明厨亮灶"。已完成 2351 家 200 平方米以上餐饮单位和学校食堂的建设工作，手机可实时查看厨房运行状态，保障居民舌尖上的安全。

（四）用数据"充电"，为民生服务"赋能"

龙岗区扎实推进信息系统整合和数据共享，横向统筹全区数据资源向大数据中心汇聚，建立了 34 类专题 365 个数据图层，包括 495 余万条人口数据、41 余万条法人数据等。纵向协调垂直系统数据资源向基层回流，以数据融合驱动支撑民生服务大数据分析和智慧化应用。

优化就医体验。率先在全市实现市区两级区域卫生信息平台双向联动，可实现网上预约、实时查看就诊记录、查询全生命周期的健康档案等便民服务；率先在全市开始建设区域远程医疗服务中心，引入北京宣武医院、南方医科大学附属医院等知名医院，服务内容涵盖远程影像诊断、远程会诊、远程医疗教育等。

同时，在龙岗区人民医院西药房建设首个智慧药房，改变传统纯人工配药服务模式，由智能发药设备配合人工完成处方调配，实现药房工作智能化，极大缩短门诊取药时间，带给患者全新体验。

推进智慧社区试点。在大运软件小镇、南坑社区、怡锦社区开展智慧社区（园区）试点。引进多家规划主体形成竞争格局；将公益 WiFi、政务外网、视频专网、视频门禁等资源下沉社区，利用网格人口数据和视频门禁开卡数据比对分析。将众多物联数据报警信息形成事件对接到社区指挥平台，提升社区安全指数。

无处不在的城市感知，正在深圳龙岗蔚然成型。通过智慧中心的建设，华为及其合作伙伴创造性地为龙岗带来了一座即时反应、独具特色的智慧城市。本次参观让我近距离感受了龙岗"城市大脑"的智慧与魅力，直观和生动地感受到华为在新型智慧城市领域的真实演进，以及它对城市民生福祉以及区域经济的巨大提升。

目前，华为正将 5G、AI 等创新技术与城市场景深度融合，实现城市全要素数字化，在此基础上建设城市数字平台统筹信息资源，以城市场景为驱动，以 AI 为引擎，开发各类智慧应用，从而开启一个基于数字孪生的智慧城市新时代。

（供稿：华为技术有限公司）

杭州萧山城市大脑：
助力萧山打造数字经济新名片

萧山区是杭州市市辖区，连续多年被评为"中国十强县（市，区）"，是 G20 杭州峰会举办地，"大湾区建设"和"拥江发展"主战场、亚运筹备核心区、民营经济强区，也是人才聚集高地、数字经济发展新兴区。

作为"后峰会、前亚运"的主战场，萧山区迎来前所未有的发展机遇，习近平总书记指出，"城市管理应该像绣花一样精细"。党的十九届四中全会做出推进治理体系和治理能力现代化的重大部署，浙江省委十四届六次全会做出高水平推进省域治理现代化的决定，这些都对萧山城市治理提出了更高的要求。

面对机遇和挑战，萧山区明确发展定位，聚焦数据资产价值的挖掘，打造国内区县标杆级的数据资源中心，赋能部门业务应用，提升城市治理能力，驱动政府数字化转型，努力打造新型智慧城市"萧山样板"，助力萧山区打造数字经济新名片。

从 2013 年开始，萧山区就开始智慧城市的探索工作。特别是，作为"杭州城市大脑·交通小脑"的发源地，在 66 平方公里试点区域主要道路晚高峰平均车速提升 15.4%，为全市乃至全国交通数字给出萧山方案。

2019 年，萧山区坚持高站位谋划、高标准立项、高质量推进的工作思路，围绕区委区政府提出的"全省一流、全国标杆"建设目标，发布了《萧山区智慧城市规划（2019—2021）》，联合总集运营商城云科技，以及阿里云、浙江大华等大批优秀企业，共同打造"城市大脑·萧山平台"。

成效：打造"萧山模式"，输出"萧山经验"

萧山以"数字"作为未来城市大脑建设的核心，以亚运支撑保障为契机，大力提升城市发展格局，以数字重构智慧城市，从数字中来，到实体中去，打造数字生态城，支撑数字政府建设，促进数字经济与产城人有机融合。

通过数据融合、服务创新，研发萧山特色场景，在交通、公安、平安、城管、环保、卫健、文旅等七大领域，落地场景应用 27 个，社会治理能力显著提升，便民利民服务供给持续优化，百姓获得感明显增强。

（一）大脑中枢平台实现智慧化赋能

城市大脑中枢平台通过构建神经网络以及反射弧，感知城市动态信息；通过建设数据资源中心，将政府业务数据资源变成数字资产，目前通过数据归集共享"百日攻坚"大行动，完成数据资源中心建设方案，目前已完成662个目录、18947个字段的梳理；通过挖掘数字资产，创新算法、优化模型；通过提供基础算力算法，赋能部门应用场景，落实便民利民新举措。例如：环保借助尾气仿真计算模型，为市民提供便捷验车；城管通过智能视频算法，实现智能街面管控和工程车违法监管（图4）。

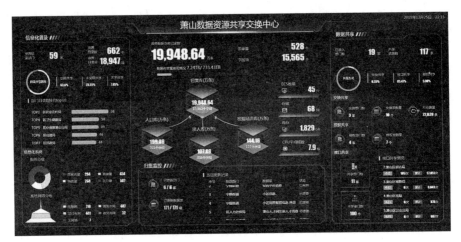

图4 萧山数据资源共享交换中心

（二）智慧治理平台实现城市"五治"新格局

萧山区围绕打造全域"五治"新格局，在镇街层面以宁围街道为试点，推出"宁聚蓝"智慧治理平台，用以解决街道在社会治理中信息统筹共享难、治理力量发动难、事件联动处置难、公共服务落地难、队伍监督考核难等痛点和难点，积极打造基层智慧治理的镇街样板。

系统分为应急指挥、智慧治理、智慧安防、智慧消防、智慧小区、智慧城管、民生服务七大模块，利用物联网、人工智能、AR全景等先进技术，打通多部门数据，实现一张地图掌控全局、一个平台多方协同，满足社会治理28个场景需要。

系统自8月试运行以来，发现并处置的事件数呈上升趋势，日均46件，占日总事件数约30%；处置力量减少近50%，一线执法时长缩减65%。小区火灾数同比下降21.4%，总警情数下降22.2%，平安三率提升18.3%，居住环境明显改善。

图 5 "宁聚蓝"智慧治理平台

（三）工程渣土车管理系统实现"一路清新"

目前萧山区共有在建工地 627 个、工程渣土车 3573 辆、混凝土搅拌车 860 辆，产生工程渣土约 2500 万方，全年累计查处工程渣土类执法案件 1417 起，其中抛洒滴漏案件 446 起，占案件数量的约三分之一。工程车抛洒污染路面，不仅影响市容环境，更会形成道路扬尘，影响市民健康。萧山区城管局整合各类监控数据，运用视频 AI 算法，智能识别并通知违法车辆靠边，防止后续抛洒，并立即清洗即时处置，实现工程车从工地到消纳全过程的实时预警。自系统上线以来，每次查证时间从 3 小时缩短到 10 秒，极大地提高了处置效率（图 6）。

图 6 萧山区数字驾驶舱

（四）处方在线流转平台实现"e 键就医"

萧山区现有慢病患者约 30 万，需要定期复诊、长期服药，门诊续方费时费力。慢病复诊，不仅让患者"疲于奔病"，也让医院"病满为患"。借助医药体制改革和浙江省推出的互联网医院综合监管平台，依托芝麻认证、人脸认证、防盗刷和蚁盾风控大脑、人工智能等技术，打造"e键就医"模式，实现慢病复诊的线上续方，处方在线流转，慢病患者只需用手机即可在就近药店刷医保取药，使群众少跑路、医院运行更高效（图7）。

图7　萧山区数字驾驶舱

（五）目标："全省一流，全国标杆"

萧山城市大脑经过1年多的建设，取得了很多成果，获得了业界的普遍认可和媒体的多次报道，在2019年9月25日云栖大会·数字政府峰会上，作为专题，成功分享"城市大脑·萧山实践"，11月2日晚9点，央视二套《经济信息联播》栏目专题报道萧山区通过智慧城市建设提升社会治理能力，实现"打破数据壁垒城市管理由被动转为主动"。

今后，萧山将深入推进政府数字化转型，以"城市大脑·萧山平台"为支撑，进一步将数据资源转化为数据资产，赋能城市管理，深化新场景开发应用，不断提升城市治理能力，全力打造移动办公之城，移动办事之城，努力创建政府服务数字化，区域治理现代化的萧山样板，把萧山智慧城市建成"全省一流，全国标杆"。

（供稿：城云科技（中国）有限公司）

兰州新区：
以科技＋智慧建设国家级智慧新区

兰州新区是西北第一个国家级新区，承担着西北地区重要的经济增长极、国家重要的产业基地、向西开放的重要战略平台，以及承接产业转移示范区的战略使命。为了深入贯彻落实习近平总书记关于实施国家大数据战略，加快建设数字中国的重要讲话精神，紧紧围绕国家赋予的战略定位，"以科技促创新，以智慧谋发展"，以"善政、惠民、兴业"为实施原则，兰州新区拉开了新型智慧城市建设的序幕。

2017 年，兰州新区开始与华为深度合作，共同规划、编制了兰州新区新型智慧城市建设的顶层设计方案，包含 22 个项目，涵盖了 ICT 基础平台、城市治理、民生服务、产业发展和智慧城市运营，打造以智慧城市为主要载体的数字经济，实现新旧动能转换，推动新区高质量发展。

华为为兰州新区提供了领先的沃土数字平台，为新区的智慧化发展打造了坚实的数字底座。兰州新区数字平台包括云计算、大数据、物联网、GIS、融合视频和集成通信等能力；基于此，统一承载 40+ 部门的信息系统、连接 30+ 单位的政务外网、覆盖全城 45 个 eLTE 无线基站。

目前，一期已上线的 9 个业务项目包括：智慧城市运营中心（城市大脑）、政务大数据共享交换平台、时空信息服务平台、物联网平台、eLTE 市政无线专网、电子政务外网、政务协同办公平台、政务服务联动审批系统和智慧医疗；同时，二期工程中的应急指挥联动系统、网格化城市管理平台以及视频云等项目也正在紧锣密鼓的建设当中。

一、智慧城市为兰州新区发展提供全方位智慧助力

随着新型智慧城市建设进程的不断推进，兰州新区的城市管理水平和人民生活质量不断得到提升，城市资源的利用效率也不断得以优化，真正实现了政府决策的科学化、公共服务的高效化和社会治理的精准化，为新区的发展提供了全方位的智慧助力。

（一）智慧大脑实现城市可视化管理与智能决策

兰州新区智慧城市运营中心是按照"统筹规划、集中共享、协同服务"原则，依照统一体系架构、统一标准规范和统一建设运维的总体思路建设的，历时 1 年多时间，共建成了涉及民生、经济、城市管理和安全等领域的 7 大态势专题、3 大决策分析和 2 大应用。

智慧城市运营中心汇聚了新区的全景数据，并基于数字平台提供的大数据架构和人工智能技术对新区的关键运行指标进行了数据分析和智能建模，可提供城市运行的态势感知、运行监测和决策支持等服务；同时，其也可基于可视化的城市信息模型进行事件管理和应急指挥，还可在应急状况下协同多部门进行统一联动指挥，将应急事件处置效率提升了 50%。

（二）智慧政务助力行政服务效率提升

兰州新区大力推行"承诺制、零收费、信息化、代办制"等措施，将原来的项目审批时限和落地周期从 60 个工作日缩减为 10 个工作日；实现了 569 项行政审批服务事项的"一号、一窗、一网"式办理，将服务效率提升了 100%；开通社区政务服务中心，设立 24 小时自助服务一体机，通过政务下沉使市民办事便利度提升了 50%；建立新区电子证照库，实现了工商执照、机构代码、税务登记、社会保险和统计登记五证合一，让企业办事效率提升了 100%；率先实现国 / 地税综合征管，让纳税人可在手机上开具电子发票，节省了企业时间和成本 30%，实现了办税厅的"安静工程"。

此外，新区还为企业提供了良好的营商环境，例如实行"代办制"，无偿为企业提供全流程服务；实行"零收费"，使项目前期费用下降 70%；实施增量配电改革，大数据企业的用电到户电价仅为 0.28 元 / 度，使企业用电成本减少 60% 以上；试行土地弹性出让，以租赁或先租后让等供应方式降低土地成本，全面落实扶持奖励政策，累计兑现扶持奖励资金 42 亿元。这些举措使新区成为企业落地的温床，现已吸引 600 余家企业陆续落地。

（三）网格化助力城市精细化管理

兰州新区城市综合管理平台以建设网格 + 综合服务管理平台系统为核心，利用地理信息技术叠加各类城市事 / 部件信息，打造了新区的"网格化治理一张图"。目前，新区已累计建立网格 770 个，涵盖了中川园区、秦川园区和西岔园区；按照新区、街道、社区、网格 4 级网格划分，实现了新区网格区域的全覆盖；设立了事件、部件大小类共计 114 类，包含市容环境、治安防控、食药安全和校园周边等 13 大类事件，提供了清晰且明确的案件标准，处置部门可按照事件分类将各相关职能部门纳入系统，以实现案件与处置职能部门的准确对应，提升了效率。

（四）智慧应急提升城市应急管理水平

兰州新区新建的应急联动指挥系统，以数据驱动实现了城市公共安全数据的整合、优化和共享，提升了城市的应急管理水平。新区通过建设多网融合的一体化指挥通信体系，结合全面的通信融合能力、全过程数据汇聚能力、全域视频感知能力以及全方位三维呈现能力，可全面提升公共安全感知，实现应急管理的专业化和智能化，推动形成统一指挥、专常兼备、反应灵敏、上下联动和平战结合的应急管理体制，提高防灾、减灾、救灾能力，保障新区的社会稳定和人民群众的生命财产安全。

（五）统一平台助力财政集约

兰州新区通过打造全国首张"有线光通信网、无线指挥网、物联传感网"三网融合、宽窄复用的城市级一体化政务网络，将连接 34 个单位的政务外网和覆盖全区的 45 个 eLTE 无线基站连为一体，建设起集中、统一的政府高速骨干网络，让公安、金融、能源、交通、医疗和教育等不同领域、不同业务均可物理复用，使新区网络资源集约化程度提升了 8 倍，有效避免了网络割裂和重复建设，实现了"只花一次钱，办成多件事"。

（六）智慧医疗助力资源均衡

兰州新区通过智慧医疗建设实现了 3 个卫生院、61 个卫生服务中心系统的上线，服务已覆盖约 70% 的新区人口。在短短两年时间内，新区不仅基本实现了全域医疗卫生信息的数据共享，以及网上的诊疗、查询、挂号、投诉和绩效考核等健康服务；同时也实现了全区市民医疗卫生服务的"一卡通"和电子健康档案（EHR）的全面共享；此外，新区还在 100 多个社区医疗服务机构安装了生理数据传感器，实现了全面的远程医疗与应急救助，真正实现了"小病在社区，大病进医院，康复回社区，健康进家庭"的居民医疗服务新格局。

（七）智慧助力产业升级

兰州新区以智慧城市建设为契机，规划、建设了 5000 亩的云计算产业园和核心区 1500 亩的丝绸之路信息港，共签约落地华为云计算、国网云数据中心等大数据产业项目 35 个，总投资 353 亿元，2019 年将实现装配机架 2.5 万个，可为 25 万个云计算终端提供服务。预计到 2020 年，装配机架将达 10 万个以上，可为西北乃至"一带一路"沿线国家和地区的 100 万个云计算终端提供优质、高效、安全和可靠的大数据服务，打造"丝绸之路信息港"（图 8）。

图 8　智慧助力产业升级

二、为国家级新区打造新型智慧城市建设标杆

兰州新区抓住新时代新发展的重大机遇，以发展大数据产业为契机，"以科技促创新，以智慧谋发展"，让智慧赋能城市的综合管理、民生服务和经济发展，通过智慧城市建设，助力新区向"智慧之城""丝路信息港城"和"智能制造基地"迈进。

在建设新型智慧城市的进程中，兰州新区所展现出的一系列新亮点、新特色和新成效，获得了业界的普遍认可和赞誉。截至目前，新区已获得"2017 年中国智慧城市创新奖""2018 年中国智慧城市创新奖""2018 年智慧城市十大特别推荐考察目的地奖"等多项殊荣，并作为优秀案例亮相"第四届中国智慧城市博览会"。

奔向智慧的兰州新区，正在不懈努力，为国家级新区打造一个新型智慧城市建设的标杆。

（供稿：华为技术有限公司）

智慧益阳：地级城市的"精气神"

智慧交通，可以去看深圳；智慧旅游，可以去看敦煌；县级智慧城市，可以去看山东高青；国家级新区，可以去看兰州新区。但智慧益阳，足有资格成为中国"潜力型"地市级智慧城市的建设"模板"。

这里的顶层设计，极好地体现了敦本务实的稳扎稳打；这里的上层应用，智慧地体现了益阳的发展战略，以及"急用先行"的理念；这里的数字平台，有力地支撑了城市的新旧动能转换，这里就是"智慧益阳"。

一、智慧益阳的精气神

益阳，一座"普通"的城市，全国334座地级市之一，甚至GDP排名不在湖南前三之列，但益阳在湖南省率先以市域维度整体启动了新型智慧城市建设。

正如益阳市委书记、市人大常委会主任瞿海曾说：益阳，一座并不缺少"精气神"的城市。

"芦苇之乡""楠竹之乡""中国黑茶之乡""中国淡水鱼之乡""花鼓戏窝子""羽毛球冠军摇篮"皆是益阳容易被记住的标签。当然，益阳也并不缺少智慧，"智慧益阳"更已经成为益阳的新城市名片。

这里的26.4万个城市部件，均登记了电子身份证；这里的地理数据既有空间维度，又有时间维度；这里乡村的教育，可堪比"学而思"的"私人定制"；这里的"铁塔"，已经被电信、水利、环保、气象等诸多部门"共享"利用；这里的治安防控"全覆盖、无死角"，且每一个摄像头都充满智慧；这里的30余所公立医院，可通过一个平台入口预约挂号，且还可以实现跨医院调阅病历档案；这里的政务服务，"最多跑一次"。

这里就是"智慧益阳"，也就是智慧益阳的"精气神"。他虽不豪华，但充满体验感；他虽不追求面面俱到，但一定切中要害，以"智慧"解决城市发展中的急之所需。

二、让顶层设计走下神坛

时间回到两年前。2017 年 4 月，益阳市政府与华为签署战略合作协议，随后双方共同编制，形成了"数据为源""民生为本""产业为核""城市为根"的顶层设计方案。有何特色？胡芳，华为企业 BG 中国区智慧城市副总裁，其全程参与了智慧益阳的建设，"智慧城市顶层设计不能是纸上谈兵的阳春白雪，也不是摸着石头过河的下里巴人，智慧益阳更看重统筹规划、急用先行、敦本务实、精打细算。"胡芳说。

具体而言，智慧益阳整体规划了信息基础设施、统一支撑平台，以及民生服务类、产业支撑类、城市管理类等 51 个重点项目。当然，上述应用并非平行展开，而是以"急用先行"为原则逐次推进。

智慧政务即是首期建设的"一号工程"。以益阳市大数据中心和政务云平台为载体，全市 60 个单位的 397 个应用系统均已现实迁移入云，且实现数据融合。形成了独具特色的"一单统表、一厅统管、一窗统受、一网统办、一号统揽"的政务服务新模式，实现群众办事"不跑腿"或"最多跑一次"。

三、平台上的"智慧益阳"

不仅如此，智慧益阳的顶层设计思路，还体现为"统一的支撑平台"，即在统一的 ICT 平台基础上，统筹规划建设了大数据、视频、GIS、融合通信、物联网等资源平台。而雪亮工程、智慧城管、智慧国土、智慧住建，皆是"统筹平台"思维的受益应用。

以智慧城管为例，2017 年 3 月开始建设，5 月即投入试运行，8 月完成竣工验收，并得到住房和城乡建设部关注，创新了"建设运行一体化"模式。而正是因为综合使用了各项统筹的资源"支撑平台"，益阳智慧城管所涉及的城市管理部件库、实时影像数据库、立体空间数据库、管理网格数据库等，才得以快速完成建设。

目前，智慧益阳小到井盖、路灯，大到桥梁、建筑，全市 26.4 万个城市部件，均已登记造册，建立电子身份证，任何变化也均可实时在系统中体现。2018 年 1月～2019 年 3 月，智慧城管平台共受理有效城市管理问题 186285 件，办结率达到 95.6%。

除智慧城管外，地理空间数据交换共享平台也颇体现"统筹"思维的建设优势。益阳国土、城市规划、城管、环保、林业、农业、交通、水利等不同部门，均共享使用同一 GIS 平台进行应用系统开发，从根源上杜绝了烟囱式的建设。

当然，这还并非全部应用特色。智慧益阳的地理数据既有空间维度，又有时间维度。时空数据有何价值？举例说明，在城市规划建设中，可以时间维度调用此前 10 年历史数据，如此地块曾建设过化工厂、垃圾填埋场，则不适于新建学校、幼儿园等。

四、智慧益阳的"精打细算"

上述即是智慧益阳 ICT 基础设施，以及统筹资源平台的顶层设计，但正如胡芳说："智慧城市的核心是城市，而智慧是为城市服务。"

此也正是智慧益阳的另一核心思维，智慧不是技术的堆砌，甚至处处体现精打细算。益阳全市共有河流、湖泊、水库等 4000 余平方公里水域，其中仅水库就有 600 余座。2018 年，益阳市与中国铁塔公司建立合作，以"共享铁塔"模式，并安装使用华为自带"望远镜"的监控设备，可实现对半径 4 公里的水域进行数据采集，极大地降低了投资成本。同时，智慧益阳还实现了"一杆六用智慧塔"，除智慧水利之外，"智慧气象""智慧安防""智慧高速"等应用也都受益于"共享铁塔"模式。

另举一例，雪亮工程也是智慧益阳首批建设的重点工程之一。目前，雪亮工程已完成对"天网工程"的 7000 多个监控点位，以及城管、交通、水务、消防、教育、人防、卫生、运管、海事等 12 部门、30000 多个社会面监控点位的整合。

如此庞大的系统，也是益阳精打细算的"智慧"体现。传统监控设备只类似"录像机"，并不"智慧"，虽可提供实时监控画面，但必须以人工方式进行回看。基于此，华为提供了智能"1 拖 N"监控解决方案，一台智能摄像机，可实现对周边多台非智能摄像机的统一纳管、平滑智能升级。也就是说，中等规模城市通常约有 10 万路监控，仅此解决方案，就可节约数十亿元的"智慧投资"。

效果如何？益阳全市重点道路、重点部位、主要干线、重点场所的实时视频，已接入综治中心大屏，在应急指挥、维稳处突、抢险救灾等方面发挥出其强大功能。由此，2017 年、2018 年，益阳全市刑事发案分别下降 29%、11.9%，破案率分别上升 22%、3%，并实现了"命案必破"。特别在 2018 年 4 月，桃江县公安局通过雪亮工程人脸识别系统，捣毁了一起流窜于广东、重庆、贵州等 10 多个省市的盗窃团伙，抓获犯罪嫌疑人 16 名，破获系列案件 334 起。

五、智慧益阳不是工程而是过程

上述即是智慧益阳，顶层设计统筹规划、敦本务实，智慧应用急用先行、切中要害。好钢用在刀刃上，而智慧也要"精打细算"，需率先植入城市发展中的急之所需。

当前，智慧益阳已经基本建成了智慧大脑、智慧政务、智慧城管、雪亮工程、智慧教育、智慧国土、智慧水利、智慧医疗、智慧农业、智慧住建等项目，智慧交通、智慧旅游、智慧环保等一批项目正在稳步推进。

也就是说，智慧益阳建设不是一个工程，而体现了智慧演进的过程；智慧益阳也不是一次创新，而是一次改革。年 GDP 处于 1000 亿～2000 亿元间的中国地级城市，都颇具发展潜力，也最具智慧城市建设意愿，而"益阳模式"可供借鉴。随着智慧益阳项目的逐步上线，其正成为中国"潜力型"地市级智慧城市的建设"模板"。

（供稿：华为技术有限公司）

廊坊开发区：
植入"智慧大脑"，展现数据图景

　　廊坊经济技术开发区携手华为构建数据驱动的"智慧大脑"——智慧城市运营管理中心（IOC），以1个大脑、2个统筹、3个能力为统领，运用新技术实现了覆盖全区的态势展现和统筹管理，为下一步开展智慧城市整体建设提供了牵引，打开了突破口（图9）。

图9　廊坊经济开发区夜景

　　在当前如火如荼的智慧城市建设中，智慧城市运营管理中心（IOC）似乎已经成为标配，其在监测预警、辅助决策和事件处置中开启了新型智慧城市运行管理模式。

　　廊坊经济技术开发区携手华为建设的 IOC 一期项目自上线以来，定位为全区"智慧大脑"，这标志着廊坊开发区智慧城市建设迎来了一个新阶段。IOC 通过城市指标体系来量化城市运行状态，基于二／三维一体的渲染引擎生动呈现全区的全景概览，可以将廊坊开发区的整体概况可视化呈现在管理者眼前，通过以经济建设为抓手、环境保护为底线，增强开发区的城市管理能力，促进民生幸福。

一、廊坊开发区打破数据沉淀状态

IOC 在充分应用城市大数据、提升城市治理效率和优化城市发展结构上都发挥着关键作用。而廊坊开发区上线 IOC 的初衷，也正是围绕着"数据"这一关键词。

目前，廊坊开发区已经完成了 WiFi 大数据、智慧政务和智慧环保等信息系统的统一建设，可以说有了一定的业务数据基础。但还缺少一个关键平台，来承载开发区相关业务，并对外提供统一的信息化服务。这就是 IOC 被廊坊开发区提上智慧城市建设日程的原因。

"巨系统"是智慧城市领域常常被提及的一个词，的确，其涉及城市多个部门或子系统之间复杂的交互、协同和互操作。数据归集和处理是智慧城市建设的基础工作，从初步归集数据，到促进数据分析和应用，然后再进一步推动数据的精细化，形成一个良好的闭环是智慧城市建设的目标。

然而，廊坊开发区却在这方面遇到了一系列挑战，包括数据分析、应用和展示程度不高、信息碎片化严重，以及缺乏以数据为驱动的情报支撑等。例如，大量政府部门的数据还处于沉淀状态，数据无流动/无融合，无法呈现城市管理运行中的问题，无法为城市管理者呈现城市全面和真实的数据图景，无法提供强有力的决策分析等。

因此，构建统一的以数据为驱动的知识情报，支撑政府运行管理体系，提高跨部门的城市规划、政策制定和领导决策的智能化支持水平，已经成为廊坊开发区发展的当务之急。

二、1 个大脑、2 个统筹、3 个能力

携手华为，廊坊开发区构建了数据驱动的"智慧大脑"——智慧城市运营管理中心（IOC），其以"123 标准"（1 个大脑、2 个统筹、3 个能力）为统领，运用物联网、大数据、人工智能和云计算等新技术手段，建立起 1 个智慧城市的智能运行管理平台，实现了覆盖全区范围的态势展现和统筹管理。

（1）1 个大脑：廊坊开发区智慧城市 IOC 作为为政府管理服务的数字大脑和神经枢纽，其背后依托的是政务网、互联网、物联网，以及城市大数据平台和视频联网整合应用服务平台等现有信息化基础。在此之上，可以动态感知城市的运行动态，搭建科学的大数据指标体系和分析模型，准确、及时地进行预警和预判，为城市管理的精准施政提供决策分析。

（2）2 个统筹：一是统筹全区资源信息，包括物资资源信息、数据资源信息和

人力资源信息等，将资源纳入城市政府管理服务智能运营中心，成为城市管理能力的基础；二是统筹建设一套运行机制，实现跨层级、跨部门和跨业务的管理机制与协作机制，建立"动态感知、智能预警、协同治理、综合评价"的一套智能运营中心运行管理机制，突破城市治理碎片化的困境。

（3）3大能力：3大能力即实现智能运营中心运行管理的运行监测与感知能力、科学分析与决策能力，以及城市协同治理能力。智能运营中心运行监测与感知能力以"一张屏"动态感知城市全方位信息；科学分析与决策能力为政府管理服务部门提供决策依据；城市协同治理能力以"一张屏"动态呈现城市管理服务中的各类事件，实现对城市各类事件的监测、感知、预警、管理、分析与评价。

通过政府管理服务智能运营中心的建设，多渠道、全口径地接入城市管理服务中的各类事件，"一张屏"分级、实时、动态呈现，可以实现对城市各类事件的监测、感知、预警、管理、分析和评价，打造"互联网+"以及智能化、扁平化的城市协同治理能力。

看得出，智慧城市运营管理中心（IOC）"1个大脑、2个统筹、3个能力"将推动廊坊开发区在城市科学化、精细化和智能化管理水平上提升到一个新高度。

三、IOC向城市数据要效益

智慧城市运营管理中心（IOC）对城市数据进行了可视化处理，在给人留下深刻印象的视觉效果背后，其在推动廊坊开发区经济运行、环境保护、城市治理和民生幸福四大领域已经发挥了巨大作用。

（1）经济运行："经济运行"板块创新实现了对整个城市经济运行状态的感知，决策者能够及时进行宏观与微观调控。例如，通过大数据分析，廊坊开发区从科技创新和节能减排等方面数措并举，补齐经济运行短板，积极布局创新产业，引进高端人才，加大政府扶持力度，助力众多项目落地，大幅提升了开发区的整体经济活力。

经济运行多维度态势可以从经济运行速度、经济运行质量、经济结构运行和创新运行4个维度进行监测，通过多维度展示为决策者提供全方位决策支撑，有针对性地进行招商与投资，加快开发区的产业结构转型。目前开发区已形成电子信息、大文化与大健康、新材料与新能源，以及高端装备制造4大新兴产业集群，拥有104家企业，虽然企业数量仅占全区2.5%，但整体纳税贡献率却高达50.2%；此外，节能环保产业、高端装备制造业、新材料产业飞速发展，企业数量和税收产值快速增长，涌现出一批优秀企业。

（2）环境保护：基于GIS地图，智慧城市运营管理中心（IOC）重点呈现了开发区空气质量监测站、河流水质监测断面等环保局监测站点，以及环保重大危险源和危废处置单位的分布，以可视化方式对其实时运行情况进行监测，呈现各监测站点的实时监测数据以及变化曲线。通过建设环境保护一张图，实现了环境监管可视化、绩效评估规范化、环境决策科学化。目前，廊坊开发区的大气环境改善明显，水流域主要污染物浓度逐年下降，绿地覆盖指标已赶超京津冀水平。

以河流水质监测为例，某次开发区凤河流域段某监测断面突然出现异常，主要污染物浓度迅速攀升，这些信息被及时传往开发区 IOC 大屏上。收到告警信息的环保局工作人员紧急调用视频监控系统和水利传感器实时监测污染状态，并派出工作人员前往排查污染源。通过全方位智慧监测体系和协同联动，这起突发事件得到了迅速处理，"第一时间发现问题、第一时间交派问题、第一时间处置问题"得到了淋漓尽致的体现。

（3）城市治理："城市治理"板块通过接入社会治安、城管事件、生产安全和消防安全等城市各方面事件，实现了整个城市治理的全景监控和及时追踪。例如，通过对接开发区大数据、12345 市长热线以及综合执法等系统，可以实时查看当日发生的各类城市事件。

IOC 地理空间信息平台为应急部门提供了接警、核实与处置全流程应急事件处理能力。例如，值班人员接到报警，反馈区内某公司附近发生火情，值班人员可以通过位置检索迅速定位事发地点，有效降低了值班人员的业务学习成本；借助视频监控，能够快速核实事发地点周边情况，提高了应急事件核实效率；一旦确认事件属实，值班人员可以快速获取到附近影响范围内的学校、危化企业等信息，第一时间通知相关负责人组织疏散工作，同时将附近消防设施点位以及其他应急资源告知消防救援人员，辅助实施救援。此外，开发区还通过严抓信访维稳、综合执法、消防安全和生产安全等多个方面，切实提升了城市治理水平。

（4）民生幸福："民生幸福"板块通过居民幸福指数、政务服务、教育环境、医疗环境、社会保障、就业保障、文化体育、生态环境和道路交通这 9 个维度来分析开发区的民生幸福综合情况。廊坊开发区希望通过全面而系统的社会政策创新，保障和改善民生，实现各项社会事业繁荣发展，从而全面推进建立富民、安康、幸福的民生发展体系。廊坊市最新"十三五"规划明确指出，以"全面保障和改善民生"为战略重点，通过 IOC 可以看出，居民幸福指数历年来呈上升趋势，健康指数、福利指数、文明指数以及生态指数均呈现良好发展态势。

廊坊开发区智慧城市运营管理中心通过全景可视化呈现开发区的整体概况，充分挖掘分析数据的价值，并通过数据驱动科学决策，真正为开发区的社会发展植入了"脑力"。

四、以 IOC 牵引，廊坊开发区加速智慧城市建设

廊坊开发区智慧城市 IOC 的建设并未到此为终点，未来还将接入更多的城市运行数据，丰富更多的应用，以城市大数据为基础，优化决策流程，在政府决策、经济发展、城市治理和便民惠民等方面扮演更重要的角色。

加快建设国内一流的数字园区、智慧新城，不仅是廊坊开发区提升发展能级的重要内容，也是优化开发区营商环境与发展环境的有力抓手，更能助力区内企业加快转型升级步伐，培育壮大发展新动能，为全区经济的高质量发展提供强劲动力。

华为智慧城市解决方案已服务全球 40 多个国家、200 多个城市，有着充足的智慧城市建设经验。可以说，廊坊开发区携手华为部署智慧城市 IOC，为下一步开展整体智慧城市建设提供了牵引，打开了突破口。

（供稿：华为技术有限公司）

吴江东太湖度假区积极探索小区治理新模式，打造共建共享共治善治社会治理新格局

十九大报告指出要打造共建共治共享的社会治理新格局，完善"党委领导、政府负责、社会协同、公众参与、法治保障"的社会治理体制，提高社会治理社会化、法治化、智能化和专业化水平。吴江区 2019 年社会治理重点工作中明确指出要推进小区治理达标创优，创新小区治理机制，促进居民运用现代化手段参与到小区公共事务。打造共建共享共治善治的标杆。东太湖度假区作为先试先行单位，努力探索小区治理新模式，研发建设了智慧小区平台。

2018 年 12 月，通过公开招标，度假区智慧信息管理中心协同吴江区大数据局、区社会治理联动指挥中心和乌海市网讯信息科技有限公司启动建设智慧小区管理平台。一期平台 12 个试点小区已于 2019 年 7 月 4 日正式上线试运行。在平稳运行一个月积累一定使用数据后，8 月 8 日组织平台验收。由全国智标委张永刚副主任任组长，中国城市科学研究会、江苏省房地产业协会、江苏省城市管理局、苏州市住房和城乡建设局等单位专家和领导组成的验收组进行验收。通过质询和讨论，验收组一致认为吴江智慧小区治理平台创新了一种社会治理、城市管理、社区自治"共谋共建共治共享共评"新模式，具有一定的示范性和推广价值。

吴江智慧小区治理平台系统贯通了政府监管和执法管理部门的 A 端、社区为民服务与物业管理公司的 B 端和广大小区业主居民的 C 端。把政府执法管理监督部门、社会组织、业主居民个人串联在了一起，形成权责清晰、奖惩分明、分工负责、齐抓共管的社会治理责任链条。

（一）智慧小区平台在 A、B、C 三端各显强大实用功能

（1）业主居民手中的 C 端，就像是小区生活的百事通。主要可以实现五个方面的功能：一是针对小区内环境卫生脏乱、管理秩序混乱、公共设施损坏等情况向物业公司提出诉求；二是针对乱堆物料、违法建设、各类污染、车库住人、安全隐患、群租房、无证经营等情况向城市管理部门提出诉求；三是针对传销场所、私设宗教聚集点、聚众赌博等社会不稳定因素和邻里纠纷、家庭矛盾等社会矛盾纠纷类问题向社会综治部门提出诉求；四是针对业主各类不文明行为如不文明养

犬、不文明晾晒衣服等进行友情提醒；五是可以查阅社区服务须知并可向社区预约服务时间等。

（2）物业公司和社区干部手中的B端，就像是提升服务质效的助推器。主要可以实现四个方面的功能：一是物业公司通过平台接收业主的诉求，完成相关事项后，由业主通过平台进行评价，获得认可后批准结案；二是物业公司接收的诉求如超出物业公司职责范围，可通过平台上推至区联动指挥中心，经由区社会治理联动指挥平台派发至政府相关职能部门；三是社区通过平台接收居民的申请服务预约；四是社区通过平台进行有关事项的主动公开宣传，提高服务办事效率。

（3）政府监管和执法管理部门手中的A端，可以帮助提升小区治理的精细化、智能化水平。住建局物业管理部门：一是通过平台实现对物业公司服务质效的监管；二是通过平台发动广大业主参与到小区自治的日常监督工作中；三是通过平台发动业主参与对物业公司的考评和各类投票选举活动。

城市管理部门：一是水、电、气、通信等各单位通过平台接收各类公共设施损坏等问题工单的上报，及时安排工作人员进行修理和更换，为广大居民提供良好服务；二是城市管理职能部门通过平台及时接收小区居民投诉工单，第一时间进行处置解决相关问题。

社会综合治理部门：通过平台掌握社会矛盾线索，及时化解社会矛盾和纠纷，避免小事拖大、大事拖炸。

街道办事处：一是可以规范小区业委会选举过程，避免业委会选举中的一些乱象。二是可以通过共评活动，督促物业公司履职。

（二）智慧小区平台助力小区自治，努力打造共建共享共治善治的标杆

（1）坚持党建引领，把小区自治纳入到党组织领导之下。通过智慧小区平台，规范业委会选举。避免少数别有用心的业主通过不正当手段选上业委会成员甚至把持业委会，滥用业委会职权，挑拨关系制造矛盾，个人谋取不当利益。动员鼓励退休党员干部、老师等退休公职人员和热心小区治理的乡贤人士积极参选小区业委会委员。争取业委会成员党员人数达到一半以上，在业委会（或小区）成立党支部。可以吸收物业服务公司的党员、小区内其他社会组织的党员加入到业委会（或小区）党支部。通过在小区内建立党支部，加强小区自治的组织领导。通过小区党支部，统领小区文明城市创建相关工作，提升城市文明素质水平。

（2）两个嵌入贯通，赋予智慧小区平台强大生命力和公信力。一是智慧小区平台嵌入智慧吴江APP，小区居民须实名注册后才能登录使用。智慧吴江整体把控用户上传的内容和频率，及时发现网络风险，避免网络安全事故。智慧小区平台在智慧吴江APP原有功能模块的基础上更加进一步丰富了服务内容。智慧小

平台嵌入智慧吴江 APP，双方互助实现多赢。智慧吴江 APP 为智慧小区提供了强大生命力。二是智慧小区平台贯通到吴江区社会治理联动指挥平台中，微循环连通大循环，提升了智慧小区平台的权威性和公信力。小区物业公司职责范围内事务和业主的行为规范，通过智慧小区平台微循环在小区内得到解决。超出物业管理服务职责的问题工单，通过上推工单到区社会治理联动指挥平台走大循环。由区中心平台派遣任务到城市管理各部门和社会治理相关部门进行处置和解决。

（3）三个到小区，提升小区治理水平，提高居民的幸福感、获得感、安全感。一是业主事务问题回归到小区。业主对物业管理服务的诉求，原来业主通过各种途经提出后都汇总到区社会治理联动指挥平台。区中心生成任务工单后派遣到属地镇，镇分中心再派遣到社区，社区书记（主任）再联系物业进行处置。小问题走了大循环，占用耗费了大量政府管理资源。并且社区对物业公司没有奖惩等管理权，缺少相应的抓手，协调指挥效果往往不理想。区中心只对镇（社区）和政府相关职能部门进行考核，压力都在这些被考核单位。现在通过智慧小区平台，业主对物业管理服务的诉求，直接发送到物业公司相关人员的手机上。小问题走微循环，不需要区、镇中心的人工派遣，可以节省大量人力。也不需要社区干部的协调，减轻了社区干部的工作负担。物业公司接到诉求工单后，需要及时处置，处置的速度和质量都需要得到业主的核查和认可。物业公司处置诉求的质效，政府监管部门和小区业主可以通过 A 端和 C 端清清楚楚地了解掌握。这样，处置问题的责任都压实到物业公司了。对物业公司的考评，老办法是通过第三方定期检查和抽样问卷调查的方式进行。这种方式存在偶然性、可操控性、利益输送等多种问题和风险。现在通过智慧小区平台，动员全体业主参与考评，可以做到事事考评，每月甚至每周考评，更加全面细致客观公正。

二是城市管理进入到小区。小区居民通过智慧小区平台对城市管理部门提出诉求，这个诉求由区中心生成工单派遣到职责部门。区中心对各职能局和镇进行强有力的考核，促使相关单位都能尽心尽力地处置小区里的城市管理问题。

三是社会治理的触角延伸到小区。小区居民对身边的社会治理问题如：传销窝点、私设宗教聚集点、赌博色情场所、邻里纠纷、家庭矛盾等，都可以通过智慧小区平台进行上报。争取把千千万万双居民的眼睛都发展成为社会治理问题排查的眼睛。如果是小问题，社区干部进行调解。如果是大问题，系统上推问题到区中心，再由区中心派遣工单到相应责任单位进行处置。

（三）智慧小区平台成效初显，市民乐意使用、同行认同认可、领导充分肯定

智慧小区平台布置上线后，为吸引业主注册使用平台，进行了大量的宣传发动。给试点小区业主每家发了《给业主的一封信》，同时在吴江日报、东太湖论坛、吴

江电视台等媒体上进行宣传。太湖新城物业管理科和乌海网讯公司人员一起深入小区宣传发动，手把手教社区干部和物业公司人员操作使用平台。B端使用方社区干部和物业公司、C端使用方广大业主，都很快认识并信任平台，从而使用平台。

2019年7月15日—21日在丽都花园小区开展小区业主对物业服务满意度测评活动，小区业主通过智慧吴江APP-乐居家园【物业明星】栏目对本小区物业服务进行打分评价。这次丽都花园物业服务满意度测评参与总人数186人，业主参与率达到89.5%。其中测评结果非常满意的93人，很满意的29人，满意的22人，一般的17人，不满意的25人，真实全面地反映出业主对物业公司履职情况的意见。相较传统的测评办法，通过智慧小区平台APP进行测评，省时省钱又省力，业主参与度高，结果更加公正客观。

2019年10月9日，东太湖度假区（太湖新城）阳光悦湖豪苑小区6幢104室业主唐昌华因朋友到访时发现家中的可视对讲门铃存在故障，无法正常使用。通过智慧吴江APP-乐居家园模块向小区水乡物业发送了一条需维修信息，物业客服人员接收到信息后马上指派工程部维保人员至业主家中查看情况，发现系设备水晶头发霉引起的故障，并立刻为业主更换了设备水晶头，门铃恢复正常使用。从业主反映问题到修复完工，前后只用了20多分钟的时间。业主为物业提供的服务表示满意并通过手机平台给予好评。

10月9日，丽都花园居民董咛通过智慧小区平台反映丽都花园小区1幢南面电箱变形损坏，无法关闭。该事件不在丽都花园物业管理范围内，百居顺物业公司将问题上推到区联动中心平台。区中心生成工单后（工单号1910H7891597）派往江苏有线吴江分公司，10月14日由江苏有线吴江分公司完成修复。8月1日，丽都花园居民投诉丽都花园3幢西南转角车库门前有废弃摩托车，影响车库出行。该事件不在丽都花园物业管理范围内，物业公司将问题上推到区联动中心平台。区中心生成工单后（工单号1908H7402011）派给奥林清华社区。8月9日，由奥林清华社区工作人员汇同综合执法部门经多次协调一起将问题解决。

智慧小区平台上线运行3个多月来，已接待来自全国各地同行参观考察十多批次。大家都认为这个平台能够为政府主管部门监管和考评物业公司提供好的抓手，为小区治理提供好的帮手。8月21日江苏省城市管理局陈曦局长一行调研智慧小区治理平台，充分肯定了东太湖度假区的创新实践，认为这个平台在全省有值得推广的价值。

（四）前景展望信心满满，二期即将全面推开；引进激励机制，激励引导广大小区业主居民参与到小区治理工作中来

东太湖度假区12个试点小区推开运行后，在广大居民中引起热议和点赞。松陵街道江城花园小区业委会特地申请也想要尽快开通这个智慧平台。目前，智慧小区治理平台二期项目已进行招标阶段，预计年内可以实现东太湖度假区九十多个小区全覆盖。智慧小区平台建成运行了，能不能最大限度地发挥出应有的作用和能量，还取决于业主居民的参与程度。下一步东太湖度假区研究实施激励机制，与第二期智慧小区全覆盖同步推开。凡是上报有效信息的业主和居民，都可以根据信息所反映问题的性质得到一定分值的积分。这个积分，可以转换成奖励金额，通过 C 端定期发放；二期还要增加部分功能，如"责、权、利"公示模块，详细公开物业公司、业主的相关责任和权利。引进共评系统，由基层网格长带领小区内的业主代表、志愿者和物业公司一起定期对物业公司履职情况进行考评。考评通过对问题进行现场拍照，参加考评人员电子签名等科学公正的方式进行，增强考评的客观公正透明性。通过这种方式，把对物业公司的考评权交到业主手里。考评结果通过多种途径进行公示，政府各部门对考评结论可以加以运用。共评系统发挥出作用了，能够很大程度上倒逼物业公司履职尽责。通过激励补偿机制，鼓励和引导社会组织、人民群众积极参与小区自治和社会治理中来。

东太湖度假区建成运行的智慧小区平台，是充分应用智能化手段，在社会治理体制机制上的一次创新。系统平台把政府执法管理监督部门、社会组织、业主居民个人串联在了一起，形成权责清晰、奖惩分明、分工负责、齐抓共管的社会治理责任链条。东太湖度假区的创新举措，切实提升了社会治理社会化、法治化、智能化和专业化水平，为打造共建共享共治善治的社会治理标杆作出新的贡献。

（供稿：江苏省吴江东太湖生态旅游度假区管委会）

钱塘新区：以"智慧门禁"场景建立城市大脑智慧社区中枢

　　钱塘新区于 2019 年 4 月 4 日正式挂牌，明确为世界级智能制造产业集群、长三角地区产城融合发展示范区、全省标志性战略性改革开放大平台、杭州湾数字经济与高端制造融合创新发展引领区的战略定位，为了贯彻习近平总书记关于运用大数据提升国家治理现代化水平、促进保障和改善民生的重要讲话精神，肩负国家赋予的历史使命，钱塘新区的智慧社区基层治理建设开始如火如荼地展开。

　　新区辖区面积 531.7 平方公里，空间范围包括杭州大江东产业集聚区和现杭州经济技术开发区，其中大江东 2009 年"撤镇设街"，采取"城街合一、以城带街"的运行模式，随着 2019 年 4 月 4 日钱塘新区正式挂牌，全区对老旧小区、安置小区、商品小区的基层治理需求进一步扩大。

　　2019 年，钱塘新区管委会携手杭州高锦科技，共同规划、编制了《钱塘新区住宅小区智慧安防系统建设技术标准》，以"智慧门禁"场景为关键切入点，共同制定"一个平台、一套标准"的建设模式，对全区 115 个小区进行智能化改造，不仅大幅提升小区居民安全防护水平，推进基层治理中的鲜活数据得以被政府应用，同时小区的人、房、车、设备数据实时与杭州城市大脑中枢交互，从微观到宏观、由精细到全面，全方位推动钱塘新区的城市大脑社区中枢在基层治理中的建设新模式。

　　杭州高锦科技凭借成熟的安防领域产品，丰富的智慧小区建设经验以及高质量的服务，为钱塘新区的智慧化基层治理建设提供强有力支撑。目前，在前期充分调研的基础上，已经为新区 40 余个社区、108 个居民小区安装智能门禁系统，实现住户"刷脸"、手机一键开门、门禁卡、身份证开门等便捷进出服务，同时搭建集公安、街道、流口等多部门联动于一体的智能互联大数据库共享平台。借助这一模式，钱塘新区实现了人口管理动态化、规范化，服务管理精准化、数据化，便民服务零距离、多元化，提高了社会治理的信息化、智能化水平，提升了群众安全感满意度。

（一）"智慧门禁"场景助力钱塘新区基层治理智慧化转型

钱塘新区目前实有人口约有 78.18 万人，其中流动人口 57.55 万人，占比 77.9%，如何服务好不断涌入的流动人口、克服政府资源投入的有限性与老旧小区庞大基数的不对称问题、解决物业安保力量薄弱、开放式管理等因素的制约、解决民意统一难、长效管理机制缺乏等诸多问题，新区政府联合杭州高锦提出了一系列创新工作思路和解决办法。

（1）"智慧门禁"场景解决流动人口管理难、服务难

钱塘新区智慧门禁系统，通过在小区的主要出入口安装不同的感知设备，构建了外围门、楼道门、梯控门、车库门 4 道技术防线，多个卡口布控外，还建立小区中枢系统，真正实现"人过留痕，车过留迹"。利用"智能门禁 + 人脸识别 + 大数据"的高科技手段，有效保证按照户籍地、年龄、性别、身份实时采集和统计数据，实现基层社会治理数据采集模式创新。智慧门禁运行，要求小区人员"进门必持卡，持卡先登记"，通过把牢"进门权"，倒逼流动人口变"被动登记"为"主动登记"，显著提升了流动人口数据信息的精准化水平。

智慧门禁系统改变了原来靠公安、派出所、社区多家单位人员上门进行流动人口登记与管理的模式，由人力采集转变为机器采集，由上门被动采集转变为主动登记采集，由采集数据延时、不全、不准转变为实时、准确、全面数据采集，省流口办抽查流动人口登记率达到 100%，真正破解基层管理对流动人口底数不清、情况不明的难题。

（2）"智慧门禁"场景解决小区群租等矛盾隐患发现难、排除难

通过智慧门禁系统的建设，创新推出"智慧门禁 + 出租房管理"模式，实名认证的门禁数据体现租户和出租房屋的关系，通过出租合同登记备案实现出租房屋管理，避免群租乱象。同时，出租房屋的门禁卡都根据出租期限设有有效期，对出租类型、出租对象进行严格限制，一改此前粗放管理，对小区的所有出租房、流动人口信息，对不符合规范要求的房屋进行精准管控，对小区的数据情况及小区安全及有了根本性的提升。

钱塘新区的智慧门禁系统在常态运行过程中，新区出租房屋流动人口登记率、信息准确率均达 90% 以上，除了对出租房屋预警、还可对重点人员、隐患行为、重点车辆、故障设备等进行大数据分析预警能力。通过科技手段让"数据说话"，下放大数据资源，赋能基层行政人员大数据分析能力，使之更有效进行基层社会治理工作开展，切实提升了社会治理日常工作的精准有效性。

（3）"智慧门禁"场景解决雪亮工程"最后一公里"打通难

钱塘新区通过"智慧门禁 + 雪亮工程"，提升居民安全指数。在街道、派出

所的协调下，智慧门禁系统与公安部门的雪亮工程通过社会资源网打通、连接，实现数据有效对接，为打击辖区各类违法犯罪行为提供了信息识别支持，从而使门禁系统能够对重点人员识别，为公安部门及时提供有用线索。利用社会资源网延伸"雪亮工程"进社区，通过智慧门禁数据填补雪亮工程没有深入小区内部的缺口。在小区的外围门、楼道门、电梯门、车场门4个主要出入口，安装不同的智能设备，即时采集的数据归集和汇总到钱塘中枢，将雪亮工程的触手从路面延伸至小区楼道，打通了所有小区的"雪亮工程最后一公里"，有力提升了小区的治安防控水平。

据统计，全区小区的刑事、治安警情分别同比下降47.8%和7.2%。特别是在重点人员管控及破案上效果明显，系统运行以来，一方面智慧门禁系统为小区安全提供了保障，另一方面通过解决一系列治安事件，有效震慑了不法分子，治安案件明显下降，居民安全感满意度明显上升。

（4）"智慧门禁"场景解决全域小区改造民意统一难

钱塘新区智慧门禁系统的良好运行，在给居民带来了巨大的效益同时社区党委、居委会的威望也得到显著提升。在门禁建设、运维过程中，特别是老旧小区改造中，得益于遵从居民同意是前提。现在多数社区的居民对门禁系统并不陌生，新小区一般都具有通用功能的门禁系统。但是老旧小区居民习惯自由出入，对安装门禁比较具有抵触情绪，对此，钱塘新区在"技术""管理""协作"上做工作，通过一套智慧门禁平台，在满足安全等级前提下，优化便捷使用方式，针对商品住宅、老旧小区、安置小区、老年公寓、人才公寓等不同的类型，形成"一区一案"差异化建设推进方式，推出《智慧城市综合服务管理平台智能门禁模块接入规范技术标准》保障新老小区的标准统一性。

建立建设、管理、维护一体化机制，成立了专项推进工作领导小组，对老旧小区改造、新建楼宇交付进行验收、考核工作。运维上建立了一套集"派出所、社区、物业、技术运维、志愿者"的"一体化分级管理运维机制"，平时听取居民群众建议，同时安排技术人员现场演示门禁系统的功能，让部分居民深入了解其对今后生活带来的好处。并充分调动志愿者的积极性，在平时的生活中宣传居民安装门禁系统后的智能性、便利性、安全性，提升居民对智慧门禁的好感与了解。社区民警专职推进门禁系统前期信息录入、互联等工作。

公司技术人员积极配合街道、社区，根据需求，及时开发、完善软件系统。在运行过程中，社区党委依托"确保运维团队响应及时，居民日常无小事、责任大无边"，督办运维团队、发动党员志愿者及时对破坏门禁系统的人员及时进行恰当处理。之后社区居委会的工作人员明显感觉到在开展工作时比以往更顺利，居民参与人数明显增多。居民对社区的关注度、认同感、参与度也有所提高。

（二）助力新区打造新型基层社会治理建设标杆

钱塘新区采取"智慧门禁"场景提升小区治理智能化水平，是对治理老旧小区的一次有益探索。它是在坚持"政府指导、社会协同、公众参与"的治理理念的基础上，依托于高科技技术，同时又创新机制而建立的一套治理模式。有效实现了在无法实现封闭管理、保安力量薄弱、物业管理水平跟不上的现实条件下以最小的社会成本提升了老旧小区管理水平的目标。此外，通过杭州市政府"城市大脑"工程，依托智慧门禁延伸其他小区服务便民类应用，形成社区"一体化自治理"的中枢应用群，是实现"居民自治、多元共治、智慧管理"的有效模式。

目前"智慧门禁"系统每天服务新区 40 余万居民日常生活，日均通行使用量达 150 万余次，流动人口登记率提升到 95%，准确率达到 90% 以上，通过门禁数据分析主动发现、消除小区隐患 5000 余次，"零发案小区"数量提升至新区小区总数的 70%，在推动基层流动人口管理服务、基层平安创建和源头主动治理等方面取得了诸多实际成效。

2020 年，钱塘新区将提升"智慧门禁"场景至"舒心小区"场景，在"智慧门禁"场景满足小区居民日常安全防护需求的基础上，"舒心小区"场景通过对钱塘新区所有小区的"中枢"建设，结合消防、治安、城管、交通、环境等数据，推出"钱塘新区安居指数"，并进行全区大数据研判分析，进一步在"安居"和"惠民"上发挥重要作用，让小区居民深度感受钱塘新区基层治理优秀成果带来的"惠民福利"，让钱塘新区的建设因基层社会治理模式的创新而更加精彩！

为了人民对美好生活的向往，钱塘新区正在路上！

（供稿：杭州高锦科技有限公司）

杭州城市大脑停车系统助力破解"停车难"

近年来，杭州汽车保有量持续快速增长，最近统计已达 288 万辆，但受城市发展空间制约，新建停车位的速度远滞后于汽车的增长速度。发达国家城市汽车保有量与停车位平均比例一般为 1:1.3，相比之下，杭州约为 1:0.8，停车供需矛盾十分突出。市民停车一位难求，严重影响出行质量。与此同时，市民出行无法预知停车场是否有车位，到达目的地发现车位已满，只能等待或者寻找其他车场；还有些时候，驾车驶离停车场又会遇到多次扫码、操作不便、频繁付费、长时间等待等问题。"找位难""离场难"已成为市民出行的痛点。为破解此难题，杭州市城管局按照城市大脑建设总体部署，牵头开展停车系统建设，率先搭建全国首个城市级停车系统。

2019 年 6 月城云科技（中国）有限公司联合阿里云计算有限公司中标杭州城市大脑停车系统 1.0 版项目。"杭州城市大脑停车系统"是全国首个城市级停车系统，杭州城市大脑停车系统是以"便民、利民、惠民"为宗旨，围绕管理、服务、缴费、决策、运营"五位一体"核心功能，通过数据资源整合共享、管理手段优化创新、业务功能拓展完善，搭建全市统一的停车场（库）管理系统，打造高效便民停车服务体系，引导政府、经营单位、停车人共建静态交通生态文明体系，缓解停车难、停车乱现状，促进泊位运营主体经营管理规范化，构建杭州静态交通治理长效机制，提升政府城市交通综合服务管理水平。

杭州城市大脑停车系统总体规划包括"智政"（面向决策）、"智惠"（面向服务）、"智管"（面向管理）、"智停"（面向经营）、"智通"（面向协作）、"智盈"（面向运营）、"智擎"（引擎服务）、"智联"（数据汇聚）、"智数"（数据治理）、"智感"（物联网基础设施）十大模块（图 10）。

（一）汇聚接入百万级数据，打造"全市一个停车场"

为摸清全市停车资源，对全市停车场（库）进行了测绘普查，多方联动累计普查泊位资源 139.5 万个，基本掌握了全市停车场的精确定位、出入口、收费标准等基本信息。按照"应接尽接，可接尽接"的原则，首次汇聚全市停车场车辆进出场记录、照片、账单等停车实时数据，编制统一接入标准，开发通用接口，

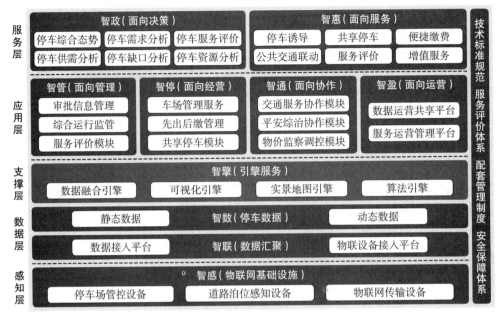

图 10　杭州城市大脑停车系统总体规划

协调数千家车场，对接几十家设备厂商，目前已累计汇聚停车数据 21 亿余条，接入停车场库 1800 余个、道路停车点 1200 余个、实时停车泊位 92 万余个，基本实现杭州全覆盖。

（二）智惠系统实现"车到位"的精细化停车服务

通高德、百度、贴心城管 APP、支付宝、微信等多个渠道，拓展动态车位查询、预约停车、泊位提醒、室内外一体化导航、反向寻车、先离场后缴费等停车服务，由原先"车到库"这种粗放的停车体验，升华到"车到位"的精细化停车服务。首次提出"全市一个停车场"的理念，率先推出"先离场后付费"便捷泊车服务，实现"一次绑定、全城通停"，有效缩短车辆出场时间，提高通行效率，让市民享受"离场不排队"；ETC 支付功能也已正式落地使用，进一步升级了市民停车体验。目前，全市已有 2104 个停车场库、34.7 万个泊位开通了"先离场后付费"服务，完成全年目标总数的 134.4%，用户数达 46 万。推出全市泊位"一点达"应用场景，为市民提供精准的余位信息服务，解决"找位难"问题，目前已在高德、百度、贴心城管 APP 发布了 497 个停车场忙闲数据。

（三）智政系统通过多源数据融合为政府提供决策依据

利用阿里技术平台，在采集的动态停车数据基础上，结合卡口、高德、违停、公共出行等多源数据，打造首个城市智慧停车算法引擎，沉淀智能停车网格划分及停车需求挖掘、停车资源利用规律挖掘及预测、停车资源供需匹配分析、城市客流规律分析等众多复杂算法模型，进行全城停车资源、停车需求、停车缺口、停车难成因的分析，量化回答"停车哪里难、有多难、为何难"，目前已发现停车盲点 26 处、停车难点 167 处，增强了停车管理服务的前瞻性和主动性。通过数据赋能城区，为市一医院、省肿瘤医院、火车东站等"停车难"区域提供数据支撑。以市一医院为例，提供医院周边四个停车场库共计 1293 个泊位实时忙闲信息，上城区利用停车数据实现智能诱导，峰值引流车辆 388 辆 / 天，周边停车场车位周转率从 0.3 提高到 0.9，有效缓解了医院周边"停车难"问题（图 11）。

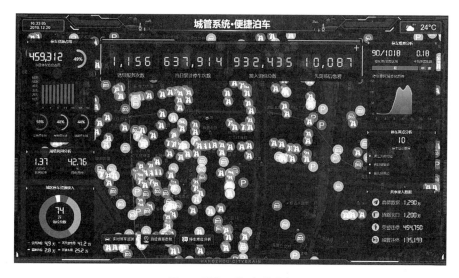

图 11　城管系统·便捷泊车

（四）"智管"系统加强政府管理部门对停车场库有效管理

通过对各类停车场库的信息管理、运营管理、评价管理等内容，加强政府对人员、车辆、车位、服务的统一监管，实现规范化经营。首次汇聚全市停车场库项目立项、设计审批、竣工验收、经营备案以及场库运营等数据，打通停车场全过程、全方位管理数据链，结合场库运营、服务数据，为每个停车场库建立专属电子档案，实现全市停车场从规划、建设到运行的全生命周期管理；建立定量分级的停车场服务评价管理体系，公开公示停车场服务质量、管理问题，监督停车场提升管理的效率与水平；建立投诉处置机制，为停车场提供整改问题依据，从而提升停车场服务水平。

（五）"智通"系统加强政府各部门之间协作能力

在城市大脑停车系统建设过程中，充分考虑对相关部门业务协作的支撑，包括稽查车实时监测、收费异常监测、计时准确性监管等，使服务和监管均达到"全市一个停车场"的效果。基于停车系统汇聚的大量实时停车数据，通过大数据建模，可以自动对比车场收费是否符合备案要求，智能发现全市存在收费价格异常、票据异常的停车场，提升停车价格监管力度；深入挖掘各渠道的车场投诉、评价数据，精准分析车场服务存在的问题，使停车服务质量提升做到"有的放矢"；通过掌握全市车场进出情况，自动实时进行车辆监测，通过海量进出数据实时比对，第一时间发现套牌车、稽查车等违法车辆，助力重点车辆管控。目前，系统已为江干区法院发送稽查车告警 6000 余次。

（六）智停系统为场库经营者提供全方位的经营管理服务

智停子系统作为停车系统的主要组成部分，通过对道路停车泊位、公共停车场库、专用停车场库业务流程的实现、支付方式的拓展以及停车资源的共享，最终为车场经营者提供全方位经营管理服务。实现具体指标包括 SaaS 管理服务、车场管理服务、先出后缴管理服务、共享停车管理等内容。

（七）"智盈"系统—拓展数据应用提高数据资源商业价值

根据"政府主导、统筹规划、资源整合、市场化运营"的原则，组建杭州市城市大脑停车系统运营股份有限公司，负责停车系统长效运营，保证平台可自主造血。杭州市城市大脑停车系统运营股份有限公司已开通停车系统统一客服电话4008267500，实现 24 小时热线不间断。同时初步开展运营业务模式探索，提高大脑公司拓展能力和营收规模，为实现"自主造血"，以系统养系统奠定基础。

目前，城市大脑停车系统已为市民初步打造出"全市一个停车场"的停车体验，通过"先离场后付费""泊位一点达"便民服务场景，有效节省市民停车的离场时间及找位时间。以"先离场后付费"服务为例，每次停车节省约 30 秒，以当前平均每日产生 1.2 万次"先离场后付费"交易计算，相当于每天为公众节省 100 小时无效等待时间，同时加快了停车泊位周转，提升停车资源利用效率。若提升10% 的利用率，以目前接入 90 多万停车位总数估算，相当于释放了约 9 万个停车位，按一个停车位建造成本 20 万元计算，可为社会带来效益 180 亿元。此外，还可减少违停现象，改善市容市貌，促进节能减排。

新华网、人民网、腾讯网以及中国建设报、浙江在线、杭州日报等多家媒体对项目在缓解城市"停车难"以及改善道路交通状况进行的积极探索给予了肯定。在第十届自贸区及海关特殊监管区域新兴产业孵化论坛上，关于杭州城市大脑停车系统如何破解"停车难"的主题演讲，引起了与会嘉宾的广泛关注与探讨。2019年，共有全国各省市79批次考察团主动来杭学习城市大脑停车系统建设经验。

杭州城市大脑停车系统的实践与探索，为解决市民停车"离场难""找位难"等核心痛点提供了有效途径，下一步，将尽快总结梳理相关经验，不断优化提升，并通过城市大脑算法结果，反推全市停车场规划建设，争取利用"城市大脑"将破解停车难的"杭州模式"在全国示范推广。

（供稿：城云科技（中国）有限公司）

第六篇

附　录

国家标准《智慧城市顶层设计指南》等系列标准发布

标准化是推动智慧城市健康发展的基础支撑，在指导顶层设计、规范技术架构、促进融合应用等方面发挥着重要作用。2018 年，国家质量监督检验检疫总局、国家标准化管理委员会批准发布了多部智慧城市建设国家标准，具体包括《智慧城市评价模型及基础评价指标体系第 4 部分：建设管理》GB/T 34680.4—2018、《智慧城市领域知识模型核心概念模型》GB/T 36332—2018、《智慧城市术语》GB/T 37043—2018、《智慧城市公共信息与服务支撑平台第 3 部分：测试要求》GB/T 36622.3—2018、《智慧城市顶层设计指南》GB/T 36333—2018、《智慧城市软件服务预算管理规范》GB/T 36334—2018、《智慧城市 SOA 标准应用指南》GB/T 36445—2018。

《智慧城市评价模型及基础评价指标体系第 4 部分：建设管理》GB/T 34680.4—2018

由全国智标委指导编写并归口管理的关于智慧城市建设方面的国家标准《智慧城市评价模型及基础评价指标体系第 4 部分：建设管理》GB/T 34680.4—2018，已由国家标准化管理委员会在《中华人民共和国国家标准公告》（2018 年第 9 号）予以批准发布，2019 年 1 月 1 日正式开始实施。

该标准的评价指标体系主要包括机制保障、基础设施、社会管理、生态宜居四个一级指标，涉及多规合一信息化平台业务集成度、规划数据业务支撑度、绿色建筑覆盖率、公共建筑运行能耗率、建筑智慧化设计利用率、智慧工程管理普及率、市政管网管线智能化监测管理率、数字化城市管理事部件结案率、建设工程环境质量信息化监控覆盖率、可再生能源利用比重、智慧住区惠及人口百分比等二级指标。

该标准的发布，是贯彻落实《国家新型城镇化规划（2014—2020 年）》，为智慧城市建设提供了标准支撑，有利于促进城市建设的信息网络宽带化、规划管理信息化、基础设施智能化、公共服务便捷化、产业发展现代化、社会治理精细化发展。

《智慧城市领域知识模型核心概念模型》GB/T 36332—2018

由全国信息技术标准化技术委员会编写并归口管理的关于智慧城市建设方面的国家标准《智慧城市领域知识模型核心概念模型》GB/T 36332—2018，已由国家市场监督管理总局、中国国家标准化管理委员会在 2018 年 6 月 7 日发布，并于 2019 年 1 月 1 日正式开始实施。

标准规定了智慧城市领域知识模型的核心概念及模型组成、核心概念以及核心概念之间的关系。本标准适用于智慧城市领域知识模型的构造，也适用于智慧城市信息系统之间的交换共享。

《智慧城市顶层设计指南》GB/T 36333—2018

由全国信息技术标准化技术委员会编写并归口管理的关于智慧城市建设方面的国家标准《智慧城市顶层设计指南》GB/T 36333—2018，已由国家市场监督管理总局、中国国家标准化管理委员会在 2018 年 6 月 7 日发布，并于 2019 年 1 月 1 日正式开始实施。

标准规定了智慧城市顶层设计的总体要求、基本过程及需求分析、总体设计、架构设计、实施路径设计等，适用于智慧城市的顶层设计，也可指导信息化领域的顶层设计。

《智慧城市软件服务预算管理规范》GB/T 36334—2018

由全国信息技术标准化技术委员会编写并归口管理的关于智慧城市建设方面的国家标准《智慧城市软件服务预算管理规范》GB/T 36334—2018，已由国家市场监督管理总局、中国国家标准化管理委员会在 2018 年 6 月 7 日发布，并于 2019 年 1 月 1 日正式开始实施。

本标准规定了智慧城市软件服务的范围、成本构成和预算管理的基本过程。

《智慧城市 SOA 标准应用指南》GB/T 36445—2018

由全国信息技术标准化技术委员会编写并归口管理的关于智慧城市建设方面的国家标准，《智慧城市 SOA 标准应用指南》GB/T 36445—2018 已由国家市场监督管理总局、中国国家标准化管理委员会在 2018 年 6 月 7 日发布，并于 2019 年 1 月 1 日正式开始实施。

内容简介本标准给出了智慧城市技术参考模型、建设阶段、服务水平和典型应用场景采纳 SOA 标准应用的建议。适用于指导智慧城市信息化项目的规划、设计、建设与运维的 SOA 标准应用指南。

2018 年度智慧城市十大样板工程

据统计，截至2019年2月，全国100%的副省级以上城市、93%的地级以上城市，总计约700多个城市提出或在建智慧城市，有290个国家智慧城市试点，中国已经成为世界上最大的"智慧城市"实施国。

然而，我国从推进智慧城市建设以来，取得一些成绩的同时也不断面临新的问题。赛迪网自2013年关注智慧城市领域以来，经过5年潜心观察与调研，围绕城市信息化程度以及实际为百姓服务的便民程度两大层面，从因地制宜、政策规划、顶层设计、基础建设、技术创新、服务创新、惠民服务、运营效应八大维度进行"智慧城市样板工程"评选，以媒体视角评选出"2018智慧城市十大样板工程"。

"2018 智慧城市十大样板工程"之"杭州方案"

"江南忆，最忆是杭州"诠释着对杭州的全部想象。然而，今天的杭州不只是"人间天堂"，而是在中国城市竞争中异军突起的"科技之都"。

2017年6月，杭州市成立数据资源管理局，并联合阿里巴巴集团等建设单位"城市大脑"1.0，2018年升级为2.0，全面开启了智慧警务、城市治理的"杭州篇章"。

杭州市已实现每2分钟便对城市道路交通状况进行一次扫描；升级现有3400多路球机监控后可自动发现110种警情，并形成97种闭环处置模式，从发现至报警平均用时10秒钟。

推荐理由：ET城市大脑唤醒数据"巨狮"，注入算力动能，城市生命体的"最亮双眼、最巧双手和最快双腿"掀开了"杭州故事"的新篇章，向国际输出中国"杭州方案"。

"2018 智慧城市十大样板工程"之"智慧泉城"

如今"打造四个中心，建设现代泉城"不仅是一句响亮的口号，更是实实在在地落地开花。在济南市经信委和浪潮集团等企业共同努力下，济南这座"善感知、有温度、会呼吸的智慧之城"中，已经实现63项线上便民服务，服务全市近150万市民。

这一切成绩背后的驱动力源于政务数据开放和数据共享。济南市政府数据开放平台第一次就大量开放了 53 个部门的 1010 个数据集，成为全国一次性开放单位最多、数据集最大的城市。

推荐理由：吸纳湖的开放，融通数据、互联共享，让城市更美好；学习河的奔畅，联通产业、串珠成链，让服务更温暖。

"2018 智慧城市十大样板工程"之"深圳龙岗智慧应急指挥系统"

无处不在的城市感知，正在龙岗蔚然成型。华为作为龙岗智慧城市建设背后的"基础构筑师"，协助龙岗着力建设数据湖，目前已汇聚各类数据量超 350 亿条，并充分汇集合作伙伴优势资源，形成一个中心 + 三个平台 +N 个应用。

基于"一张图"的城市应急管理体系，由深圳市龙岗区大数据管理局、深圳市龙岗区应急管理局牵头，海克斯康方案应用与系统集成（青岛）有限公司共同参与建设的"龙岗综合应急指挥系统"，为龙岗区智慧应急奠定了坚实的信息化基础，该系统对全区 8 大类应急资源、18 类危险隐患数据、38 个重点总体预案、近万路高清视频资源进行了全面整合与完善，实现了区应急指挥中心与街道委办分指挥中心之间的应急事件接报和联动联勤响应，有效提升了龙岗区综合应急指挥和响应能力。

推荐理由：城市数据千万条，保障安全第一条。让"一张图"的现代化城市预警系统，筑起城市的坚固"天网"。

"2018 智慧城市十大样板工程"之"龙岩市网上公共服务平台（e 龙岩）"

作为全国著名革命老区、国家森林城市、闽粤赣边区域交通枢纽，龙岩市区位好、资源富、生态美、政策优、产业实，龙岩市数字龙岩建设办公室携手神州控股等多家单位，开发了 e 龙岩和"随手拍"应用服务，并被市民们誉为"掌上政府"、吸睛无数。自 2018 年 1 月 1 日正式上线以来，e 龙岩目前注册用户达 54 万人，其中实名认证用户 48.3 万人。

推荐理由：市民掌上办理城中琐事、解决眼中难事、阅读权威资讯、获取身边资源的"掌上政府"和"解忧神器"，龙岩市数字化贯通信息服务"最后一公里"。

"2018 智慧城市十大样板工程"之"数字福州"

2000 年，福建省在全国率先提出以"数字化、网络化、可视化、智慧化"为建设目标，这正是如今"数字中国""数字福州"范本。

为真正践行"顶层设计"统一规划，福州市各单位不再单独建设新的政务 APP，而是在福州市政府和北京思源政通科技有限公司等共同建设下，打造集政务公开、便民服务、信息互动、政民沟通平台为一体的"e 福州"，切实践行"数字中国"中说的"办事像'网购'一样方便"。

截至 2018 年年底，"e 福州"APP 注册用户数已突破百万，福州市 92.44% 的市级政务服务事项实现"最多跑一趟"。

推荐理由：从改革原点阔步前行，数字经济的"种子"在福州生根发芽、茁壮成长。18 年的探索，溯源聚力，让福州市成为"数字中国"建设先行军，借助数字之光璀璨夺目，呈现"处处相连、物物互通、事事网办、业业创新"的数字浪潮激荡之势。

"2018 智慧城市十大样板工程"之"北京市通州区城市大脑——生态环境综合管理平台"

北京副中心与雄安新区建设同被列为"千年大计、国家大事"。2018 年，通州市制定了"数字生态城市行动计划"，明确了"统一平台、统一数据、统一作战、统一管理"的"四统一"原则并确定了六大重点应用。

立足副中心信息化建设实际和共享开放的宗旨，通州区经济和信息化委员会实地走访了住房和城乡建设部、市城管局、市环保局、市城管委和市执法委五部门，并联合神州数码、阿里云等数十家企业在短短四个月时间内，完成了高兼容性、高延展性、高稳定性、高处理能力的"通州城市大脑——生态环境综合管理平台"。

利用人工智能、物联网、视频识别先进技术，对于 155 平方公里的通州核心区域完成环境监测的智能化改造，接入 1437 路视频、1100 个大气预警传感器，每 10 分钟完成一次全区域视频扫描。

推荐理由：用脚步丈量数据通道的里程，用科技节约城市资源，用开放包容的心态运营城市数据，短短 4 个月时间，构建全面感知、智能识别、流程创新的"通州大脑"，树立数字生态城市的标杆。

"2018 智慧城市十大样板工程"之"内蒙古锡林郭勒盟云计算中心及大数据应用平台"

"风吹草低见牛羊，锡林郭勒盟上云"。在锡林郭勒盟大数据发展管理局和锡林郭勒盟政务服务中心、锡林郭勒盟行政公署办公室、软通智慧科技有限公司等共同参与建设下，2018 年开始建设云计算大数据中心、延伸电子政务网络覆盖。

依托云计算大数据中心的全盟一体化"云端锡林郭勒政务服务平台"，目前基本实现了盟旗两级全覆盖，共开通账号 1091 个，可受理全盟各地企业、群众各类事项 690 项，其中"网上一次办"事项 27 项、"不见面审批"事项 34 项、"一网通办"事项 174 项。平台上线后，盟政务服务将更标准、精准、便捷，实现公众和企业办事网上直办、就近能办、同城通办、异地可办。

推荐理由：锡林郭勒全盟上下坚持把"放管服"改革作为推动经济社会持续健康发展的战略举措，全盟统筹推进行政审批、投资审批、商事制度等重点领域和关键环节改革，让市场主体和人民群众有实实在在的获得感。

"2018 智慧城市十大样板工程"之"深圳市福田区新型智慧城区暨'数字政府'建设项目"

《粤港澳大湾区发展规划纲要》中明确指出，深圳、广州、香港、澳门四大中心城市是区域发展的核心引擎。福田区新型智慧城市建设以"福田区智慧城市指挥中心"为核心，在中共深圳市福田区委政法委员会和中电科新型智慧城市研究院有限公司的共同努力下，以"预警监测平台、综合治理平台、决策支持平台、公共服务平台、基础技术平台"为载体，已开发了"100+"应用系统，共同铸就福田区"最强大脑"的"一中心、五平台、百系统"的总架构。

推荐理由：枫桥经验，这一源于乡村治理的智慧已在福田区土地上创新总结出了崭新成果。可感知、会思考、善指挥、有情感、能记忆的"最强大脑"正助力福田将政府决策、社会治理、公共服务与现代科技深度融合，走出了一条共建、共治、共享新格局的"福田路径"。

"2018 智慧城市十大样板工程"之"中新天津生态城"

渤海湾畔的天津滨海新区内，世界首个国家间合作建设的生态城市、我国首个绿色发展综合示范区——中新天津生态城正在崛起。

中新天津生态城的《智慧城市建设实施方案》中提出将围绕"1+3+N"的框架体系，预计到 2020 年建设成为全国智慧城市的试点典范。

推荐理由：经过十年创业，中新天津生态城闯出了一条资源约束条件下城市可持续发展新路。十年蝶变，中新天津生态城在新起点上加速发展，绿色城市、智慧城市、宜居城市、海绵城市的蓝图徐徐展开，已成为引领生态城市建设的"示范田"。

"2018 智慧城市十大样板工程"之"杭州江干智慧警务项目"

杭州市公安局携手浙江大华等多家企业，围绕江干公安日常 26 大类、146 个作战场景和作业流程，基于以"全感知、全智能、全计算、全生态"为能力支撑的智慧警务架构，梳理总结出 12 大类、43 小类业务痛点。量体裁衣、因地制宜，为江干区创新研发 35 个在线警务应用和独家数据模型，以指导一线部门"在线反恐、在线维稳、在线指挥、在线打击、在线防范、在线治安、在线基础"等全流程作业,并从全国上百个警务项目实战经验提炼"感知上线、数据运算、行动落地"的三大关键环节。

推荐理由:以一线真实数据指导实际警务作业,独创多个数据模型有效支撑一线警务行动,切实以人为本、直击民众痛点,打造全天候、24小时在线的可复制警务服务新模式。

（来源：赛迪网）

2018年上海智慧城市发展十件大事

2018年上海智慧城市发展水平指数为105.13,较上一年提高5.6,网络就绪度、智慧应用、发展环境均有不同程度提升,中心城区与郊区发展指数差距进一步缩小。

（1）智慧城市发展水平进一步提升

2018年上海智慧城市发展水平指数为105.13,较上一年提高5.6,网络就绪度、智慧应用、发展环境均有不同程度提升,中心城区与郊区发展指数差距进一步缩小。其中,网络就绪度指数增速明显,较上一年度提高18.67,体现了上海新一轮智慧城市建设着力构建技术先进、模式创新、服务优质、生态完善的信息基础设施布局。同时,智慧应用指数取得突破,较上一年提高4.27,增速显著加大,各区在生活服务、数字经济、城市治理、绿色发展、政务服务等方面打造了诸多创新应用。

（2）全面推进政务服务"一网通办"

以"一网通办"统一受理平台为核心,结合统一身份认证、统一总客服、统一公共支付、统一物流快递,打造"一梁四柱"架构的全流程一体化在线服务平台,实现从"找部门"到"找政府"、从"人找服务"到"服务找人"、从"群众跑"到"数据跑"的转变。目前实现办理事项100%接入,日均办理量达到7.2万件。同步完善相关制度规范,《上海市公共数据和一网通办管理办法》以及电子证照、电子档案、电子印章等管理规定于11月1日正式发布实施。

（3）"市民云"成为全国首个千万级政府公共服务类APP

今年以来,"市民云"作为政务服务总门户的重要组成部分,进行全新升级改版,新增"一网通办"频道,实现了面向个人和法人办事的指南查询、在线预约、亮证扫码、进度查询、服务找茬等功能,发布了从出生到养老（企业从注册到注销）的八大类40个条线部门提供的服务;目前已汇聚政务服务、个人服务、公共服务达到235项,完成对社区（区、街镇）的全覆盖,其中12个区推出了区特色主页。此外还新增了智能客服,方便用户提问快速进入想查看和使用的服务。

（4）"智慧公安"建设全面保障城市安全

综合运用大数据、人工智能等先进技术支撑公安实战,全面强化城市要素智能化感知和数据汇聚智能化处理能力,经过一年时间的建设,目前已具备了PB级的数据存储能力和毫秒级的实时计算能力,布设街面、社区、楼宇（单位）、卡口、网络等领域智能安防感知"神经元"50余万个，研发智能图像识别、风险洞察、智能安检等一批智能化应用，有效提升了社会面整体防控效能，创新实现了"圈层防护、人物干净、宽松高效、有序安全"的智慧安保模式，为推动城市治理从经验管理向数据治理转变、从应急处置向风险管控转变探索了一条新路。

（5）上海大规模智慧学习平台正式上线开通

上海大规模智慧学习平台于2018年12月7日正式上线开通。作为上海智慧城市建设"十三五"规划和教育信息化2.0的重点工程之一，该平台旨在集中展现上海教育与信息化融合成果，衔接学习者各学段教育信息，为教师提供各类教学工具和应用，为优质教育服务机构提供资源整合、综合评价等服务，为学习者提供教育资源推介、微校课堂、个人终身学习档案等一站式服务，从而为市民个性化成长和终身发展提供多样化途径。经过一年多的试运行，目前已在全市超过200所中小学推进使用，注册用户逾9万人，汇聚近8000个学习资源，平台已进入多服务多平台多群体推广阶段。

（6）"上海健康云"打通家庭医生与居民间连接桥梁

"上海市健康管理云平台"（简称"上海健康云"）整合各类社区健康服务，目前用户数突破277万，注册医生10688名，在全市16个区240余家社区卫生服务中心全面开展推广工作。"上海健康云"打造"医防融合、全专结合、全程管理、全民健康"的新型健康服务模式，市民可通过"上海健康云"居民端获取健康档案查询、家庭医生线上咨询、慢病管理、异常体征干预服务、预约接种、亲情账户、预约挂号等服务内容。该平台依托提供的居民端和医生端不同移动应用，突破传统单一的线下签约方式，实现在线签约、有效管理，拉近居民与家庭医生间距离。

（7）食品管理信息化守卫"舌尖上的安全"

以食品安全监管和信息服务平台建设为核心，形成了一套以信息化为基础的食品安全监管管理体系，构建了以上海市食品安全网、行政许可、监督执法、食品抽检、督察督办、专项整治、法律法规、应急处置、食品追溯为核心的"一网八系统"，提升了上海市食品安全监管和信息服务的水平。上海市食品安全追溯平台实现覆盖九大类20项重点食品及食用农产品的数据追溯，截至2018年11月29日，已有57553家企业注册，平台数据量约3.55亿条。

（8）长三角信息化一体化取得新进展

长三角信息化合作专题组根据党中央、国务院关于长三角区域一体化发展的总体要求，不断完善沟通协同机制，在重点工作领域取得一定成效：推动5G先试先用，编制发布《长三角5G协同发展白皮书》，全国首个跨省5G视频通话在上海、苏州、杭州、合肥四城实现互联；实现长三角医保结算对接，建成长三角地级城市空气质量预报、预警信息共享平台；发布《长三角大数据产业发展白皮书》，共同举办长三角开放数据大赛，三省一市累计开放数据集超过100项；完成工业互联网标识解析国家顶级节点建设任务，同步开展长三角优势行业试点应用。

（9）上海智慧工匠、领军先锋评选以匠心绘蓝图

市总工会、市经信两委共同举办第三届"智慧工匠"选树、"领军先锋"评选活动，今年的办赛理念与工匠精神更加契合，赛事设置与"上海制造"更加贴近，报名人数创出新高，参与面逐年扩大。本次活动自2018年9月启动以来，共有680位选手报名参赛，在采用了多赛事平行选拔模式下，吸引了众多智慧城市建设的方案设计和软件技术人才参与。在近三个月的激烈角逐中，来自智慧城市建设方案竞赛、智慧工匠软件工程技能竞赛、智慧城市建设"领军先锋"评选等多场技能竞赛与专业评选，最终选拔出了20名集中在智慧城市建设行业各个领域内的最高水平的工匠标兵和创新先锋。

（10）2018上海智慧城市体验周开启"AI时代的智慧城市"

2018上海智慧城市体验周以"AI时代的智慧城市"为主题，聚焦智能制造、工业互联网、物联网、大数据、两化融合等重点领域，广泛运用"互联网＋"思维，鼓励信息技术与各行业跨界融合，为中小企业创新转型发展缔造有利的社会环境。同时凝聚各方行业专家智慧，加强上海智慧城市建设的统筹规划，形成产业发展合力，打响"上海制造"品牌。还要深化"智慧城市体验周"品牌形象，为市民搭建感知和体验上海智慧城市建设的平台。让百姓积极参与、深刻体会智慧城市建设给生活带来的便利与舒适，开启智慧城市建设常态化体验模式。

（来源：上海经信委）